国家文化产业资金支持媒体融合重大项目

高等职业教育教学改革精品教材
基础课系列

DIANZI SHANGWU
JICHU

微课版

电子商务基础

张赠富　主　编

袁秀珍　陈偶娣　副主编

东北财经大学出版社
Dongbei University of Finance & Economics Press　大连

图书在版编目（CIP）数据

电子商务基础 / 张赠富主编. —大连：东北财经大学出版社，2019.8
（2020.8重印）
（高等职业教育教学改革精品教材·基础课系列）
ISBN 978-7-5654-3514-0

Ⅰ．电… Ⅱ．张… Ⅲ．电子商务-教材 Ⅳ．F713.36

中国版本图书馆CIP数据核字（2019）第080346号

东北财经大学出版社出版

（大连市黑石礁尖山街217号 邮政编码 116025）

网 址：http：//www.dufep.cn

读者信箱：dufep@dufe.edu.cn

大连天骄彩色印刷有限公司印刷 东北财经大学出版社发行

幅面尺寸：185mm×260mm 字数：301千字 印张：13
2019年8月第1版 2020年8月第2次印刷
责任编辑：张晓鹏 李丽娟 责任校对：合 力
封面设计：冀贵收 版式设计：钟福建

定价：32.00元

富媒体智能型教材出版说明

"财经高等职业教育富媒体智能型教材开发系统工程"入选国家新闻出版署新闻出版改革发展项目库，并获得文化产业专项资金支持，是"国家文化产业资金支持媒体融合重大项目"。项目以"融通""融合""共建""共享"为特色，是东北财经大学出版社积极落实国家推动传统媒体与新媒体融合发展的重要举措之一。

"财道书院"智能教学互动平台是该工程项目建设成果之一。该平台通过系统、合理的架构设计，将教学资源与教学应用集成于一体，具有教学内容多元呈现、课堂教学实时交互、测试考评个性设置、用户学情高效分析等核心功能，是高校开展信息化教学的有力支撑和应用保障。

富媒体智能型教材是该工程项目建设成果之二。该类教材是我社供给侧改革探索性策划的创新型产品，是一种新形态立体化教材。富媒体智能型教材秉持严谨的教学设计思想和先进的教材设计理念，为财经职业教育教与学、课程与教材的融通奠定了基础，较好地避免了传统教学模式和单一纸质教材容易出现的"两张皮"现象，有助于教学质量的提高和教学效果的提升。

从教材资源的呈现形式来说，富媒体智能型教材实现了传统纸质教材与数字技术的融合，通过二维码建立链接，将VR、微课、视频、动画、音频、图文和试题库等富媒体资源丰富呈现给用户；从教材内容的选取整合来说，其实现了职业教育与产业发展的融合，不仅注重专业教学内容与职业能力培养的有效对接，而且很好地解决了部分专业课程学与训、训与评的难题；从教材的教学使用过程来说，其实现了线下自主与线上互动的融合，学生可以在有网络支持的任何地方自主完成预习、巩固、复习等，教师可以在教学中灵活使用随堂点名、作业布置及批改、自测及组卷考试、成绩统计分析等平台辅助教学工具。

富媒体智能型教材设计新颖，一书一码，使用便捷。使用富媒体智能型教材的师生首先下载"财道书院"APP或者进入"财道书院"（www.idufep.com）平台完成注册，然后登录"财道书院"输入教材封四学习卡中的激活码建立或找到班级和课程对应教材，就可以开启个性化教与学之旅。

"重塑教学空间，回归教学本源！""财道书院"平台不仅是出版社提供教学资源和服务的平台，更是出版社为作者和广大院校创设的一个自主选择和自主探究的教与学的空间，作者和广大院校师生既是这个空间的使用者和消费者，也是这个空间的创造者和建设者，在这里，出版社、作者、院校共建资源，共享回报，共创未来。

最后，感谢各位作者为支持项目建设所付出的辛劳和智慧，也欢迎广大院校在教学中积极使用富媒体智能型教材和"财道书院"平台，东北财经大学出版社愿意也必将陪伴广大职业教育工作者走向更加光明而美好的职教发展新阶段。

东北财经大学出版社

前　言

当前，我国正在大力推行"互联网+"战略，网络技术飞速发展，移动互联网日益普及，电子商务深入人心，从政府、企业再到公民都在践行电子商务，电子商务已经成为全社会关注的焦点。电子商务类课程已成为高职院校财经商贸类专业的主要课程。

本书从我国高等职业院校电子商务专业教学标准及人才培养方案的要求出发，以电商岗位为主线，以培养技术技能人才的综合素质为目标，理论联系实际，从管理的视角，针对电子商务专业的初学者以及非电子商务专业的大学生，对电子商务知识体系进行了重新整合。本书的主要特点如下：

（1）注重理论联系实际，强调知识的实用性和前瞻性。本书以"实用、够用"为原则，根据高职学生的特点构建知识体系，强调知识的实用性和前瞻性。全书共分为10章，分别是电子商务概述、电子商务模式、电子商务的应用、网络商务信息检索、网上支付、电子商务物流、电子商务安全、电子商务网络营销、电子商务网店运营与管理及移动电子商务。其构建的知识体系既全面系统，又简单实用、贴近生活。同时，本书借鉴和吸收了电子商务业界的最新研究成果和前沿动态，具有实用性和先进性。

（2）内容体例符合高职学生特点，遵循教学客观规律。本书在内容编写上，力图体现电子商务学科的重要知识点和实际动手操作的要点；在体例上，每章都包括学习目标、引导案例、阅读材料、技能训练、本章小结和思考题6个版块，并配有大量图表以便于学生理解。本书重点和难点突出、清晰，在内容编排上层层推进、环环相扣，完全遵循教学的客观规律。

（3）注重培养学生的操作能力和逻辑思维能力。本书每章都配有技能训练和思考题，有利于训练并提高学生的实践操作能力；引导案例和阅读材料能够培养学生的逻辑思维能力，加深其对相关知识点的理解和掌握。本书的专业性和实践性突出，有利于学生动脑动手、强化训练、巩固知识、增强能力。

为更好地服务于广大师生的教学和自学，本书配套了丰富的教学资源，包括电子课件、教学视频、习题、教学案例、技能训练等。选用本书的教师和学生，可以通过扫描二维码获取各项教辅资源。

本书由闽西职业技术学院张赠富老师担任主编，并负责全书结构的设计和最后的统稿，闽西职业技术学院袁秀珍老师和硅湖职业技术学院陈偶娣老师担任副主编。其具体编写分工如下：第1、第7章由张赠富编写，第2、第4、第10章由袁秀珍编写，第3章由闽西职业技术学院林紫茜编写，第5章由陈偶娣和闽西职业技术学院张袁媛编写，第6章由闽西职业技术学院罗长金编写，第8、第9章由闽西职业技术学院熊小江编写。龙岩市电子商务协会会长陈永洋先生和龙岩格威电子商务有限公司刘凌女士提出了许多宝贵的意见和建议，在此一并致以衷心的感谢！

在这里要特别感谢闽西职业技术学院财经商贸学院院长卢德湖教授的支持与帮助；

东北财经大学出版社的张晓鹏编辑为本书的出版付出了大量心血，在此表示最衷心的感谢！

由于编者水平有限，书中难免存在疏漏之处，恳请各位专家、学者批评指正，以使其日臻完善。

编　者

2019 年 5 月

第1章 电子商务概述

□ 学习目标

1.了解电子商务的概念、发展现状和趋势；
2.理解电子商务的运作体系；
3.掌握电子商务的分类。

□ 引导案例

高磊燕的"互联网+农场"

嘉兴有个"90后"办的"月子农场"，里面1只鸡卖398元，15个鸡蛋卖198元，这样的"天价"令人惊呼——咋不上天呐！但这样的鸡和鸡蛋却让不少嘉兴本地、杭州、上海的月子中心喊话：快到碗里来！

"价格永远不变！"这个"90后"农场主高磊燕非常坚定地告诉记者，她的"月子农场"走的就是高价定位，做的就是农业界的奢侈品。

刚参加完嘉兴市政府组织的"嘉兴市家庭农场女负责人的培训班"，高磊燕显得有些疲惫。这个打扮时尚的短发女孩，脸上稚气未脱，却已不乏创业者的自信与坚定。高磊燕大学学的是形象设计，但跟很多同龄人的理解不一样，她对"时尚"的定义不仅仅是光鲜的衣着打扮，她觉得"时尚"同样也是创意农业的标签。

从包装人到包装农业，高磊燕在给自己转型的同时也在给传统农业转型，借的是"互联网+"的东风。

"我爸妈做农业做了十年，但我并不喜欢那种传统的模式。"高磊燕毕业之后曾经帮父母经营过农场。她母亲的"笨天篷"品牌靠着农村合作社的批量生产，以走超市和农贸市场为主的销售方式，早已在当地打开了市场，小有名气。但这种线下走量的传统模式在高磊燕看来并不与时俱进，毕竟现在是互联网时代，线上同类型的禽类产品又多，她觉得转型是应对未来瓶颈期的必行之道。

毕业前高磊燕曾开过个人工作室，主营新娘跟妆，所以不由自主就把新娘群体当成了目标受众和二次客户。

思来想去，她决定把互联网、时尚和传统农业三者有机结合起来，于是就萌发了"月子皇后"这个设想。顾名思义，"月子皇后"针对的是孕产妇市场，为孕产妇提供优质的"月子鸡"和"月子鸡蛋"。"农产品的市场细分现在还不成熟，孕产妇市场会是一个很好的点。"高磊燕决定用自己的方式来试一试，甚至特意去学了兽医。

高磊燕向父母要了20亩地作为"月子农场"，饲养童子鸡。这些鸡不吃普通饲料，只吃玉米、谷子、小麦等五谷杂粮，其中还拌有专门开发的中草药，这是"月子农场"专门开发的病程免疫程序，还申请了专利。除了成长中几次必要的疫苗，完全不使用抗生素，以此保证鸡的健康，提高免疫力。不仅如此，高磊燕还在农场外围种了6亩桃树，打造一个小型的自然生态循环，只用鸡粪浇灌。

这样的饲养方式成本比普通饲养高得多，而且每一批"月子鸡"只产500~600只，客户必须先通过网上预约。所有的鸡至少饲养半年才能出售，有些甚至饲养一年，实行限量销售。高磊燕告诉记者，她一开始就不打算让所有人都接受她的"月子鸡"，所以她的定位一直是高端孕产妇市场，完全采用网络销售和针对性对点销售的方式，有特殊需要又有条件的还能进行私人订制。同时，她也为线上的客户提供领养、众筹等形式，让客户直接参与线下体验，或者通过互联网进行动态监控。

目前，"月子皇后"的产品已经打入一家月子中心和一家月嫂中心，并通过微商城实现了全网销售，接下来还将与婚庆活动、妇幼保健院、母婴平台等绑定进行营销。

资料来源　佚名. 月子农场：398元一只还限量，90后农场主卖的是"战斗鸡"？[EB/OL].[2016-07-20]. http://www.100ec.cn/detail--6346185.html.

□ 案例思考

1.你认为"互联网+农场"是电子商务吗？为什么？

2."月子皇后"的产品是通过哪些方式进行营销的？这些方式都是电子商务吗？

电子商务在不经意间融入了我们的日常生活，经常会听到有人说："我在今年'6·18'电商大促时，只用接近平时一半的价钱就买下了一台空调""我通过智联招聘网找到了工作""我通过手机App给远方的女朋友订购了生日蛋糕""我今天的午饭是通过肯德基网站订购的，58同城快递公司给我送来的""这是我的个人淘宝店，欢迎光临"……

电子商务改变了普通百姓的生活方式。我们足不出户就可以悠然自得地在网上购物，也可以做到家事、国事、天下事事事清楚，甚至可以坐在家中聆听世界一流大学知名教授的精彩授课。电子商务将人类过去的美好憧憬变成了现实。此外，还有以下我们都熟悉的场景：人们回家或到办公室后的第一件事就是上网检查一下电子邮箱（E-mail）和语音信箱（Voicemail），出门或出差前先上网查询一下本地和目的地的天气预报。人们彼此之间通过E-mail、QQ、微信文字或视频等方式进行沟通和交流。购物，水费、电费、电话费的支付，理财和个人账户管理等经济活动通过网上银行和电子商务系统来完成。查询资料、搜索市场或商务信息，首选的不是图书馆和传统媒体，而是通过网络媒体进行搜索。学校里的学生选课、查成绩、查学分、交作业以及与教师交流等是通过网络来实现。病人看病可以不去医院而是直接在网络上进行；对于疑难病例，可以通过网络让全世界最好的专家进行会诊。一天周游世界不是梦，可以通过网络单击世界著名的旅游网站，欣赏世界各地美丽的风景名胜。

电子商务改变了企业的经营管理模式，改变了政府的形象。一位工作于外资企业的白领说："自公司用移动电子商务以来，生意如虎添翼，随时随地都能了解到最新商机，随时随地都能和顾客取得联系。"一位政府部门的公务员说："自实施电子政务以来，政府部门的工作效率大大提高，现在有时甚至可以在一天之内完成过去一年的工作。"

1.1　电子商务的概念

近年来，"电子商务"这个词对普通老百姓来说已经不再陌生。打开百度搜索引擎，搜索"电子商务"这个词，有 5 760 多万个搜索结果，而"服装"也不过是有 9 510 万个搜索结果。可见，"电子商务"和"服装"一样，已经成为我们的日常词汇，电子商务也慢慢融入我们的日常生活。但是，很多人对电子商务的含义、分类和体系框架的了解还不多。现在，我们就一起来对电子商务进行系统全面的学习。

一、电子商务的定义

电子商务是一个不断发展的概念，电子商务的先驱 IBM 公司于 1996 年提出了 Electronic Commerce 的概念，到了 1997 年该公司又提出了 Electronic Business 的概念。但我国在引进这些概念的时候都翻译成为电子商务，很多人对这两者的概念产生了混淆。事实上这两个概念及内容是有区别的，有些人将 E-commerce 称为狭义的电子商务，将 E-business 称为广义的电子商务。

（一）狭义的电子商务（E-commerce）

E-commerce 是指实现整个贸易过程中各阶段贸易活动的电子化。它从涵盖范围方面可以定义为：交易各方以电子交易方式而不是通过当面交换或直接面谈方式进行的任何形式的商业交易；从技术方面可以定义为：E-commerce 是一种多技术的集合体，包括交换数据、获得数据以及自动捕获数据等。它的业务包括：信息交换、售前售后服务、销售、电子支付、运输、组建虚拟企业、公司和贸易伙伴可以共同拥有和运营共享的商业方法等。因此，可以这样理解，狭义的电子商务主要是借助计算机网络进行交易活动。

（二）广义的电子商务（E-business）

E-business 是利用网络实现所有商务活动业务流程的电子化，不仅包括了 E-commerce 面向外部的所有业务流程，如网络营销、电子支付、物流配送、电子数据交换等，还包括了企业内部的业务流程，如企业资源计划、管理信息系统、客户关系管理、供应链管理、人力资源管理、网上市场调研、战略管理及财务管理等。因此，广义的电子商务既包括企业内部商务活动，如生产、管理、财务等，也包括企业对外的商务活动，将上下游业务合作伙伴结合起来开展业务。

广义的电子商务包含的内容较为广泛，狭义的电子商务所包含的内容是广义的电子商务包含的内容的子集。图 1-1 比较形象地反映了它们两者之间的关系。

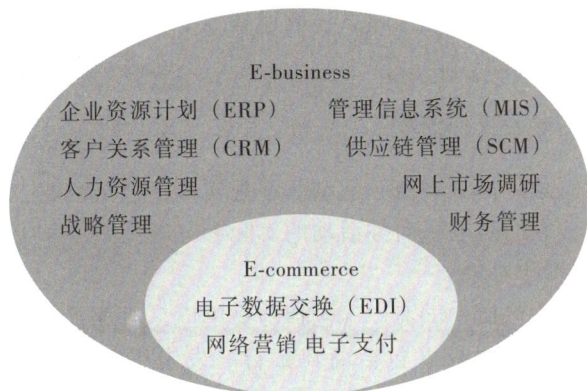

图 1-1　狭义与广义的电子商务定义的包含关系

E-commerce集中于电子交易，强调企业与外部的交易与合作；而E-business则把涵盖范围扩大了很多。从E-business的角度看，客户刷卡消费是电子商务，股民利用网络炒股是电子商务，商场利用商品条码和POS机为客户结账是电子商务，企业实施信息化管理、公司职员利用网络查询企业的数据库也是电子商务。随着时间的推移，各种电子化设备越来越多，各种网络（互联网、电话网、有线电视网、无线网）互联互通，网络速度越来越快，功能越来越强大，电子商务的作用也越来越大。

综上，本书认为，电子商务是指通过互联网等信息网络进行商品交易或者服务交易的经营活动。

二、电子商务的概念模型

电子商务的概念模型是对现实世界中电子商务活动的一般抽象描述，它由电子商务实体、电子市场、交易事务和商流、信息流、资金流、物流等基本要素构成。

在电子商务概念模型中，电子商务实体是指能够从事电子商务活动的客观对象，它可以是企业、银行、商店、政府机构、科研教育机构和个人等，《中华人民共和国电子商务法》（以下简称《电子商务法》）也明确了电子商务的经营主体——电子商务经营者的概念，即电子商务经营者是指通过互联网等信息网络销售商品或者提供服务的自然人、法人和非法人组织，包括自建网站经营的电子商务经营者、电子商务平台经营者、平台内电子商务经营者，而这也包括了近年来出现的一些新业态，如微商、共享经济、直播平台，都可以被纳入到这一概念当中。电子市场是指电子商务实体从事商品和服务交换的场所，它是各种各样的商务活动参与者，利用各种通信装置，通过网络连接成一个统一的经济整体。交易事务是指电子商务实体之间所从事的具体的商务活动的内容，如询价、报价、转账支付、广告宣传、商品运输等。

电子商务的任何一笔交易都包含着物流、资金流、商流和信息流。其中，物流主要是指商品和服务的配送和传输渠道，对于大多数商品和服务来说，物流可能仍然经由传统的营销渠道；然而对有些商品和服务来说，可以直接以网络传输的方式进行配送，如各种电子出版物、信息咨询服务、有价信息等。资金流主要是指资金的转移过程，包括付款、转账、结算、兑换等过程。商流是指商品或服务所有权的转移，它的标志是提货单、房产证等法律文书。信息流既包括商品信息的提供、促销行销、技术支持、售后服务等内容，也包括诸如询价单、报价单、付款通知单、转账通知单等商业贸易单证，还包括交易方的支付功能、支付信誉和中介信誉等。

三、电子商务的参与对象及工作流程

电子商务的参与对象是指从事商务活动的客观实体，包括企业、中间商、客户、银行以及政府管理部门等，它们是电子商务活动的实际参与者。

（一）电子商务的参与对象

电子商务的参与对象包括：①客户（包括购物单位、消费者）；②供货方（包括厂家、商户、电子商务平台）；③银行（包括商户银行、发卡银行、支付网关）；④认证中心（包括身份认证、诚信认证、时间认证）；⑤销售中心（包括电子商务平台、服务提供商）；⑥配送中心（包括现代商品物流配送公司、邮政局）。

（二）电子商务的工作流程

用工作流程图可对电子商务系统中各部分的关系作进一步说明，如图1-2所示。

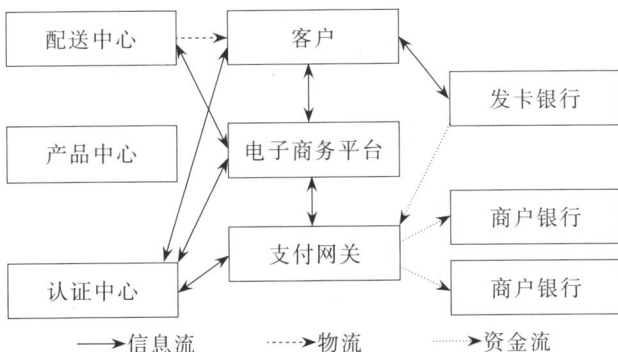

图1-2　电子商务的工作流程图

（1）客户在发卡银行存款，并申请电子信用卡（账号、密码）。

（2）客户持卡在电子商务平台上购物，并下订单，同时在网上收银台交款。

（3）客户交的款项实际上是由发卡银行通过支付网关支付的。

（4）支付网关从发卡银行确认客户在网上收银台付款时所提交的账号和密码确实无误，并从客户账户中划款；发卡银行通知支付网关货款已付。

（5）支付网关将款项转账到电子商务平台商户账户对应的商户银行，然后通知商户该货款已到；电子商务平台中的商户从支付网关取回付款单。

（6）电子商务平台、支付网关、客户的三方身份均由认证中心认证，传送的加密信息和数字交由认证中心在线认证后，确认其合法性、保密性和真实性。

（7）电子商务平台要求产品中心送货到配送中心。

（8）电子商务平台通知配送中心发货。

（9）配送中心将货送至客户，反馈电子商务平台货到证明。

>>>>>>【阅读材料1-1】盘点：2018年电商发展的5大趋势

当前传统电商平台流量增长乏力，巨头之下中小电商生存越发艰难，引流费用高昂，却达不到理想效果，行业急需注入一股新活力。2018年电商行业将迎来何种变局？挣扎已久的电商，归宿又在何方？

数据分析机构iiMedia Research（艾媒咨询）1月9日发布的《2017年度中国微信小程序电商应用专题研究报告》，为电商人指明了道路。数据证实，电商第二战场已在微信生态内迅速开辟，其中蘑菇街小程序电商为报告中的代表案例，解决了中小电商的生存问题，成为"2018年电商发展方向"的代表答案。

而就在2018年1月4日，京东和美丽联合集团宣布组建一家合资公司，专门运营微信中的电商平台，为中小电商们提供一个全新的开放平台。如果说报告展示的是小程序在2017年埋下的"伏笔"，合资公司的消息则是微信电商在2018年高调登上舞台。

趋势一：立足微信完成社交裂变

微信坚持"去中心化"原则，帮助商户接入并运营私域流量，对中小电商而言，坐拥微信9.8亿用户并可灵活运营。在天然的社交生态中，依靠社交分享行为，实现最大程度上的"以客获客"，帮助商家促成低成本流量裂变。2017年小程序电商用户愿意将小程序分享给朋友的比例及原因调查如图1-3所示。

图 1-3　2017 年小程序电商用户愿意将小程序分享给朋友的比例及原因调查

在报告中，以蘑菇街小程序电商 2017 年"双十一"数据为例，通过微信好友分享达成交易的用户占总成交人数的 44%，几乎一半用户来自社交分享行为。单件商品通过快速裂变，在微信端分享人数达 11 万人，呈几何倍数增长，大大提高了电商运营效率。

趋势二：大促爆发阵地开始转移

2017 年冬季购物大促期间，蘑菇街小程序电商凭借亮眼的数据成为电商行业的黑马。"双十一"，蘑菇街小程序新客成交是 App 的 4.2 倍；通过蘑菇街小程序分享带来的成交用户中，超过 65% 为新购买用户；成交总额增长惊人，达平日日均成交总额的 657.6%！"双十二"，蘑菇街再次刷新纪录，客单价相较"双十一"提高 71%，客件数提高 41%。

微信小程序电商在 2017 年电商年终两次大促中，可谓成功开辟了"第二战场"，电商领域迅速出现了新的增长极，微信市场备受关注。2018 年 1 月 4 日，京东和美丽联合集团组建合资公司的消息，使微信市场的战略地位更加突出，对中小电商来说可谓"天降福运"，为企业发展进一步提速。

趋势三：小程序电商入口优势大增

上线接近一年，小程序发布的入口（含场景），数量已超 50 个，包括发现栏、搜索栏、公众号关联、微信群聊天记录等。而微信的最近一次更新，更是在主界面新增任务栏，只要下拉就能找到用过的小程序，并支持快速切换，用户操作更加方便。

小程序入口的多元化和简便化，将极大提升小程序打开率，吸引更多用户，提高使用率，享受微信流量和政策红利，为中小电商长期存在的"流量困扰"给出最佳解决方案。更需要划重点的是，京东和美丽联合集团组建合资公司还将向广大中小微商家开放"购物"入口内多项资源，全方位撬动 9.8 亿流量的时代指日可待！微信小程序入口如图 1-4 所示。

趋势四：用户年轻化及受众范围扩大

报告数据显示，小程序电商用户年龄大多在 26～40 岁，占 67.4%，其中女性是小程序电商的主要用户群体。可以发现，小程序电商主要用户与代表平台蘑菇街女装精选对标的女装市场十分吻合，从微信生态可获取具备消费能力的优质粉丝。

另外，小程序电商地域覆盖面在不断扩大，已逐渐下沉至三四线城市以及农村地区，三线城市使用率占 22.1%，且还将快速扩张。中小电商可以进一步打开市场，可以赶在微信电商用户增长红利期，从横纵双向来收割大批用户。

图 1-4　微信小程序入口

趋势五：高效社交玩法花样上线

小程序电商是有待开发的宝地，既能为电商从业者带来流量，也能满足消费者购物所需的趣味要求。以蘑菇街小程序电商为例，平台摸索出了各种创新玩法，如千人直播、1元拼团、0元试穿、社交立减金等，"聊出订单、玩出订单"，增加消费者与商家、消费者与朋友的购物链接，为商家沉淀"粉丝"。小程序电商如图 1-5 所示。

图 1-5　小程序电商

比如，蘑菇街率先推出的"超级购物台"直播小程序，主播可以将直播间生成的小程序卡片分享到自己的粉丝群里，用红包鼓励粉丝再分享给自己的好友。"超级购物台"上线以来，人均观看时长增长3.18倍，观看次数增长7.26倍，日均新增观看人数占比53.7%。平台把年轻人喜闻乐见的泛娱乐化形式，附加在卖货的过程当中，既符合新消费时代的发展趋势，又能在"种草"和"拔草"之间，让订单数量直线上涨。

2018年，正在快速崛起的微信市场，将成为中小微电商全新的机会。

资料来源　佚名. 盘点：2018年电商发展的5大趋势［EB/OL］.［2018-01-10］. http://www.100ec.cn/detail--6431973.html.

<<<<<<< ————————

1.2　电子商务与传统商务

一、电子商务与传统商务的区别

传统商务就是用户可以利用电话、传真、信函和传统媒体来实现商务交易和管理过程。用户能够通过传统手段进行市场营销和广告宣传、获得营销信息、接收订货信息、做出购买决策、支付款项、客户服务支持等。这种手段具有环节多、成本高、效率低、双方心里距离远的特点。

电子商务与传统商务的区别在于：

（一）两者的运作过程不同

传统商务的交易过程中的实务操作由交易前的准备、交易协商、合同与执行、支付与清算等环节组成。其中，交易前的准备就是交易双方了解有关产品或服务的供需信息，准备进入具体的交易协商过程。交易协商实际上是交易双方进行口头协商或书面单据的传递过程。书面单据包括询价单、订购合同、发货单、运输单、发票、验收单等。在传统商务活动中，交易协商过程通常是通过口头协议来完成的，但在协商后，交易双方必须要以书面形式签订具有法律效力的商贸合同，来确定磋商的结果并监督执行；在产生纠纷时，以合同为依据由相应机构进行仲裁，这就是合同的签订与执行过程。最后是支付与清算过程，传统的商务活动的支付一般有支票和现金两种方式，支票方式多用于企业的交易过程。

电子商务的运作过程虽然也有交易前的准备、交易协商、合同的签订与执行以及资金的支付等环节，但是交易具体使用的运作方法是完全不同的。在电子商务的模式中，交易前准备时，交易的供需信息一般都是通过网络来获取的，这样双方信息的沟通具有快速和高效率的特点：①交易协商。电子商务中双方的协商过程是将书面单据变成了电子单据，并且实现了在网络上的传递。②合同的签订与执行。电子商务环境下的网络协议和电子商务应用系统的功能保证了交易双方所有的交易协商文件的正确性和可靠性，并且在第三方授权的情况下具有法律效应，可以作为在执行过程中产生纠纷的仲裁依据。③资金的支付。电子商务中交易的资金支付一般采取网上支付的方式。

（二）两者的商务主体不同

在传统商务中，制造商是商务主体，而在电子商务环境下，销售商则是商务主体。在传统商务下制造商负责组织市场的调研、新产品的开发和研制，最后也是由制造商负责组织产品的销售。可以说，一切活动都是离不开制造商的。但是在电子商务环境下则是由销售商配合负责销售环节，包括产品网站的建立与管理，网页内容的设计与更新，网上销售的所有业务及售后服务的设计、组织与管理等，制造商不再起主导作用。

（三）两者的商品流转的机制不同

传统商务下的商品流转是一种"间接"的流转机制。制造企业所生产出来的商品大部分都经过了一系列的中间商，才能到达最终用户手中。这种流转机制无形中给商品流通增加了许多无谓环节，也增加了相应的流通、运输、存储费用，加上各个中间商都要获取自己的利润，这样就造成了商品的出厂价与零售价有很大的价差。对此，一些制造企业就采取了直销方法（把商品直接送到商场上柜销售）。这种流转方式，使商品的价格得以下降，深受消费者的欢迎。但是，这种方式并不能给生产企业带来更大的利润，因为直销方式要求制造厂商有许多销售人员经常奔波在各个市场之间。

电子商务的出现使得每一种商品都能够建立最直接的流转渠道，制造厂商可把商品直接送达用户那里，还能从用户那里得到最有价值的需求信息，实现无障碍的信息交流。

（四）两者所涉及的地域范围和商品范围不同

传统商务所涉及的地域范围和商品范围是有限的，而随着因特网的推广与普及，特别是各类专业网站的出现，电子商务所涉及的地理范围和时间则是无限的，是超越时空的。

二、电子商务的优势

（一）交易虚拟化

微课1-1

通过以 Internet 为代表的计算机互联网络进行的贸易，贸易双方从贸易磋商、签订合同到支付等，无须当面进行，均通过计算机互联网络完成，整个交易完全虚拟化。对卖方来说，可以到网络管理机构申请域名，制作自己的主页，组织产品信息上网，或者把商品提交到第三方电子商务平台进行销售。

电子商务的优势

虚拟现实、网上聊天等新技术的发展使买方能够根据自己的需求选择广告，并将信息反馈给卖方。通过信息的推拉互动，签订电子合同，完成交易并进行电子支付。整个交易都在互联网络这个虚拟的环境中进行。

（二）交易成本低

电子商务使得买卖双方的交易成本大大降低，具体表现在：

（1）距离越远，网络上进行信息传递的成本相对于信件、电话、传真而言就越低。此外，缩短时间及减少重复的数据录入也降低了信息成本。

（2）买卖双方通过网络进行商务活动，无须中介者参与，减少了交易的有关环节，从而降低了成本。

（3）卖方可通过互联网络进行产品介绍和宣传，减少了在传统方式下做广告、发印刷产品等大量费用。

（4）电子商务实行"无纸贸易"，可减少90%的文件处理费用。

（5）互联网使买卖双方即时沟通供需信息，使无库存生产和无库存销售成为可能，从而使库存成本降为零。

>>>>>>>> **【阅读材料1-2】红领的C2M之路**

2015年8月，红领推出了基于C2M与O2O模式相结合的魔幻工厂App。

打开这款App，选择想要定制的服装，如西装、衬衫。一个3D的衣服模型就出现在眼前了。用户可依次选择扣子、面料、胸袋、驳头等物料，在这个过程中还可细致地观察到颜色、布料材质以及其他多处细节。

如果想为特别的人设计一款独一无二的西装，那么一款只属于服装所有者的"专属名牌"也可以实现，比如有人曾在衣服上绣这样的文字：想要成为和巴菲特共进晚餐的人。同时，在整个设计过程中，还可邀约朋友同屏设计。设计完成后，便可预约量体。手机自动定位，帮助用户寻找附近的量体师，并预约上门服务。更值得期待的是，在不久的将来，用户不需要和量体师接触，就可通过3D的方式把身体的数据传输出去。

魔幻工厂卖出去的所有衣服都没有标准Logo。在张蕴蓝看来，消费者是没有忠诚度的，他们只对自己的品位和需求有忠诚度。因此在红领，所有Logo都是消费者自己设计的。而在她看来，个性化定制的核心，是让消费者体验到"造物"的乐趣，使得人人都可以成为设计师。

这就是定制化，以需求定生产，也就是所谓的C2M模式。C是消费者，M是制造企业，用消费者的需求来驱动企业生产。这不仅最大程度地满足了消费者，还不需要中间商，一举解除困扰服装业的库存之痛。2014年和2015年，国内整个服装产业高库存、负利润，一片凋零。红领却高歌猛进，独领风骚，销售收入和净利润同比增长了130%以上，利润率超过25%，且库存为零。

资料来源　佚名."红领模式"：从工厂到定制平台［EB/OL］.［2016-04-06］. http://www.ctanet.cn/News/Show_502350916.html.有删减.

<<<<<<<

（6）企业利用内部网（Intranet）可实现"无纸办公"，可以提高内部信息传递的效率，节省时间，并降低管理成本。通过互联网把其公司总部、代理商以及分布在其他国家的子公司、分公司联系在一起，及时对各地市场情况做出反应，即时生产，即时销售，降低存货费用，采用高效快捷的配送公司提供交货服务，从而降低产品成本。

（三）交易效率高

由于互联网将贸易中的商业报文标准化，使商业报文能在世界各地瞬间完成传递与计算机自动处理，将原料采购、产品生产、需求与销售、银行汇兑、保险、货物托运及申报等过程无纸化，从而在最短的时间内完成。在传统贸易方式中，用信件、电话和传真传递信息，必须有人的参与，且每个环节都要花不少时间，有时由于人员合作和工作时间的问题，会延误传输时间，失去最佳商机。电子商务克服了传统贸易方式费用高、易出错、处理速度慢等缺点，极大地缩短了交易时间，使整个交易非常快捷与方便。

（四）交易透明化

买卖双方从交易的洽谈、签约以及货款的支付、交货通知等整个交易过程都在网络上进行。通畅、快捷的信息传输可以保证各种信息之间互相核对，可以防止伪造信息的流通。

1.3　电子商务的分类

随着计算机网络功能完善和电子通信技术的发展，电子商务向着标准化和规范化发展，其结构、特征、操作过程、交易模式等越来越具有统一性和通用性，分类日益清晰。为了适应企业经营管理和实施电子商务工程的需求，下面对电子商务进行详细的分类。

一、按参与电子商务活动的交易主体划分

（一）企业与企业之间的电子商务（Business to Business，B2B）

B2B 是指企业供应商与代理商以及其他合作伙伴之间利用电子技术进行的商务往来。其参与主体有采购商、供应商、B2B 电子商务服务平台、网上银行、物流配送中心、认证机构等，主要开展的业务包括在线招标、在线投标、产品目录发布、产品数据库维护、在线洽谈、网上签约、订单处理、支付货款、接收货物、在线业务数据统计等。

目前，电子商务总交易量中 80% 是由 B2B 交易实现的。B2B 实现了企业业务的合理化，有效地削减了交易费用，降低了成本，是传统大中型企业进入电子商务的首选方式，如阿里巴巴网（https：//www.1688.com/）。

（二）企业与消费者之间的电子商务（Business to Consumer，B2C）

B2C 也称企业对个人客户的电子商务，基本等同于网上的电子零售。它是利用计算机网络使消费者直接参与经济活动的高级形式。目前，在互联网上遍布的各种类型的商业中心，提供了从鲜花、图书到计算机、汽车等各种 B2C 业务，如亚马逊网上书店、当当网等。

B2C 有以下优势：高效便捷，网上商城可以做到随时订货、随时购物，不受时空限制；技术的不断进步使网上购物变得更方便快捷，随着移动电话和其他手持设备走进在线购物，居民家庭能更快、更便捷地进入网上商家的店铺。但是物料配送、货款回收等问题也在制约着 B2C 的进一步发展。

>>>>>> 【阅读材料1-3】eBay 公司

eBay（EBAY，中文电子湾、亿贝、易贝）是一个管理可让全球民众上网买卖物品的线上拍卖及购物网站。eBay 于 1995 年 9 月 4 日由 Pierre Omidyar 以 Auctionweb 的名称创立于加利福尼亚州圣荷西。人们可以在 eBay 上通过网络出售商品。

2014 年 2 月 20 日，eBay 宣布收购 3D 虚拟试衣公司 PhiSix。

2017 年 6 月 6 日，"2017 年 BrandZ 全球最具价值品牌 100 强"公布，eBay 名列第 86 位。

eBay 2017 年总商品交易额为 884 亿美元，与上年同期相比增长 6%。

eBay 2017 年净营业收入为 95.67 亿美元，比 2016 年的 89.79 亿美元增长 7%。eBay 2017 年来自持续运营业务的净亏损为 10.12 亿美元，2016 年的净利润为 72.85 亿美元。

eBay 在其 2017 年的财报中对 2018 财年的业绩进行展望，称 2018 财年净营业收入将在

109亿美元到111亿美元之间。

资料来源　佚名. eBay 发布 2017 财年财报 [EB/OL]. [2018-02-01]. http://www.sohu.com/a/220236267_114760.有改编.

（三）消费者与消费者之间的电子商务（Consumer to Consumer，C2C）

C2C是指消费者与消费者之间的串货交易或者各种服务活动在网络上的具体实现。C2C包括网上拍卖、旧货交易、邮票交易、租房换房等。但是由于某些条件在短期内仍然不成熟，它的推广虽有潜力，但会落后于其他模式，个人之间的交易由于信誉制度的缺乏，多年形成的社会习惯将抑制它的发展。C2C的典型代表是淘宝网（https://www.taobao.com）。

（四）企业与政府之间的电子商务（Business to Government，B2G）

B2G是企业与政府之间各种各样的事务在网络上的具体实现，包括政府网上采购、商品检验、管理条例发布、征税纳税等。B2G有利于加强政府工作透明度，实现廉政建设，同时可以加大企业竞争，降低成本，节约政府开支，提高政府工作效率。此外，政府可以实施对行政事务的管理，如利用电子商务进行网上报关、网上报税、发放进出口许可证、网上申领执照等。B2G的典型代表是中国采购与招标网（http://www.chinabidding.com.cn）。

（五）消费者与政府之间的电子商务（Consumer to Government，C2G）

C2G是消费者与政府之间开展的电子商务模式。公众可以登录各级政府的网站查询其机构构成、政策条文等信息。随着商家和企业对消费者的电子商务及企业对政府的电子商务的发展，政府也可以把电子商务扩展到电子身份认证、福利费发放、个人所得税征收等方面。C2G的典型代表是上海市人力资源和社会保障局（http://www.12333sh.gov.cn）。

（六）线上线下的电子商务（Online to Offline，O2O）

O2O也称线上线下电子商务，区别于传统的B2B、B2C、C2C等电子商务模式。O2O是把线上的消费者带到现实的商店中去，在线支付线下商品和服务，再到线下去享受服务。通过打折、提供信息、服务等方式，把线下商店的消息推送给互联网用户，从而将他们转换为自己的线下客户。这样线下服务就可以在线上来揽客，消费者可以在线上来筛选服务，成交可以在线结算，很快形成一定的规模。该模式最重要的特点是：推广效果可查，每笔交易可跟踪。O2O的典型代表是吉象吉送（http://www.jxmall.com）。

O2O的优势在于线上和线下的优势完美结合，把互联网与地面店完美对接，实现互联网落地，让消费者在享受线上优惠价格的同时，又可享受线下贴身的服务。同时，O2O模式可实现不同商家的联盟。O2O模式的关键是：在网上寻找消费者，然后将他们带到现实的商店中。它是支付模式和为店主创造客流量的一种结合（对消费者来说，也是一种"发现"机制），实现了线下的购买。

（七）消费者对企业（Consumer to Business，C2B）

C2B是消费者对企业的电子商务模式，最先在美国流行起来。C2B是先产生了消费者需求，而后企业再进行生产，即先由消费者提出需求，后由生产企业按需求组织生产。通常情况为消费者根据自身需求定制产品和价格，或主动参与产品设计、生产和定价，产品、价格等彰显消费者的个性化需求，生产企业进行定制化生产。C2B的代表是Cover Girl（https://www.covergirl.com/en_us/）。

C2B 模式的特性是将庞大的人气和用户资源转化为对企业产品和品牌的注意力，转化为企业所迫切需要的营销价值，并从用户的角度出发，通过有效地整合与策划，改变企业营销内容及形式，从而形成与用户的深度沟通与交流。客户个性化定制产品，邀约厂商生产，实现以客户需求为引擎的企业"柔性化生产"。厂商也可以实现以销定产、降低库存，同时减少销售环节，降低流通成本。

二、按商品交易过程完整程度分类

（一）直接交易型电子商务

直接交易型电子商务，又称完全电子商务，是指在网上直接对无形的数字化产品和服务进行的交易活动，整个交易过程都在网上完成，所有业务步骤都是数字化的。这是理想的电子商务，企业组织是完全在线的虚拟机构，其交易对象包括 CD 歌曲等数字化产品、计算机软件、各种信息服务等。

视频 1-1

完全电子商务和非完全电子商务

（二）间接交易型电子商务

间接交易型电子商务，又称非完全电子商务，是指仍然需要利用传统的货物配送渠道（如邮政服务、快递、仓储运输等），而在网上直接对有形货物进行电子订货等交易活动。这是一种介于传统商务和完全电子商务之间的商务形态，即并非商务活动中的所有环节都以电子方式或传统方式进行，而是兼而有之。其交易对象往往是物质的、非数字化的有形商品。

三、按电子商务使用的网络类型分类

（一）基于 EDI 的电子商务

EDI（Electronic Data Interchange，电子数据交换）是按照商业协定，将商业文件标准化和格式化，并通过计算机网络和专用程序，在贸易伙伴的计算机网络系统之间进行数据交换和自动处理。进行交换的数据必须遵循一定的标准，按照固定格式，否则系统之间的数据就不能互相识别。EDI 主要用于企业与企业、企业与政府之间的单证等商业文件传递，具有安全、可靠等特点。商业文件包括订单、发票、货运单、报关单以及进出口凭证等。我国推行的"金关"工程就是 EDI 的开发与应用。对于常年经营大宗产品出口和批发业务的企业而言，使用基于 EDI 的电子商务，在订货和付款方面要比传统方式节约很多。

（二）基于企业内部网的电子商务

企业内部网是企业利用互联网技术和协议架构的企业内部网络，用以完成企业内部的管理和业务流程，如信息的发布、反馈、交流和人、财、物的协调等。企业一般采用防火墙、访问权限等措施来保证信息安全。目前，国内外许多大中型企业都采用这种模式，大大降低了管理成本，扩展了经营空间，使企业在激烈的市场竞争中处于优势地位。

（三）基于企业外部网的电子商务

企业外部网是相关企业之间利用互联网技术和协议架构建立的网络，借以实现企业之间信息的交流和互动以及网上交易。生产企业与上游供应商、下游分销商之间都可以开展这种模式，以提高经营效率和效益，提高企业的协调生产能力和水平。

（四）基于互联网的电子商务

基于互联网的电子商务是利用互联网进行的网络营销、网上购物等商务活动，是现代国际贸易的最新形式。它采用先进的计算机技术、通信技术、多媒体技术、数据库技术等，实现社会资源的高效运转和最大节约，使贸易各方面都不受时空的限制，可随时进行商务往来。目前，多数电子商务都属于这种类型。

1.4　电子商务运作体系框架

电子商务影响的不仅仅是交易各方的交易过程，它在一定程度上还改变了市场的组成结构。传统上，市场交易链是在商品、服务和货币的交换过程中形成的；现在，电子商务在其中强化了一个因素——信息，于是就有了信息商品、信息服务和电子货币。人们做贸易的实质并没有变，但是贸易过程中的一些环节因为所依附的载体发生了变化，也相应地改变了形式。这样，从单个企业来看，做贸易的方式发生了一些变化；从整个贸易环境来看，有的商业机会消失了，同时又有新的商业机会产生，有的行业衰退了，同时又有别的行业兴起了，从而使得整个贸易过程呈现出一些崭新的面貌。

所谓电子商务的运作体系框架，是指实现电子商务从技术到一般服务层所应具备的完整的运作基础。电子商务的运作体系框架从宏观角度上系统地描述了电子商务体系所需要的各应用层面和众多支持条件，可以帮助我们更好地理解电子商务。

为了更好地理解电子商务环境下的市场结构，我们可以参考下面一个简单的电子商务系统框架图（如图1-6所示）。该图简洁地描绘出了这个环境中的主要因素。

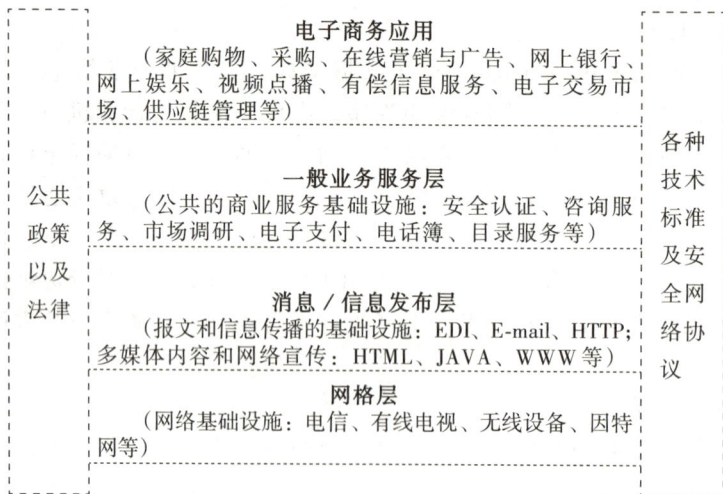

图1-6　电子商务系统框架图

一、网络基础设施

网络基础设施在美国称为信息高速公路，它是实现电子商务的最底层的基础设施。它由骨干网、城域网、局域网层层搭建，从而使得任何一台联网的计算机都能够随时同这个世界连为一体。信息可能是通过光纤传播的，也可能是通过无线电波的方式传递。

二、多媒体内容和网络宣传

目前较流行的网上信息发布方式是以 HTML（超文本链接语言）的形式将信息发布在 WWW（万维网）上。网络上传播的内容包括文本、图片、声音、图像、视频等。HTML 将这些多媒体内容组织得易于检索和富有表现力。网络本身并不知道传递的是声音还是文字，它把它们一视同仁地看作 0、1 字符串。对于这些字符串的解释、格式编码及还原是由一些网络基础设施的硬件和软件共同实现的。应用 JAVA 更方便地使这些传播适用于各种网络（有线、无线、光纤、卫星通信等），各种设备（PC、工作站、各种大中型计算机、无线接收设备等），各种操作系统（Windows NT，UNIX 等）以及各种界面（字符界面、图形界面、虚拟现实），等等。

过去，厂商需要花很大的力气做各种广告和促销活动来宣传自己的产品，在电子商务的环境下，厂商仍然要宣传自己的产品，不过宣传方式就大不相同了。这种不同有两个前提条件：一是网络基础设施的畅通和方便便宜地接收；二是要有数目可观的潜在网络用户群，因为厂商宣传的目的是要让用户知晓自己的产品和服务，这好比在报纸上做广告就得找读者群多的报纸，效果才会好。有了这两个条件，Internet 就是无可争议的了，Internet 使地域界限变得不再那么重要，用户只要学会如何使用 Web 浏览器，就能很好地访问和使用 Web 上的电子商务工具。WWW（万维网）带来了相对公平的商业竞争机会，小公司也完全有能力在 Web 上发布产品，从而吸引 Web 上数目极为可观的顾客。在非 Web 的环境下，这几乎是不可能的，因为这时只有大企业才有能力向这么多的潜在用户提供信息。同样，Web 也使得企业能够为其合作伙伴、供应商和消费者提供更好、更丰富的信息，HTML 使得消费者和采购人员能够得到最适当、最精炼的信息。比如，一个复杂的 Web 服务器可以向一个特定的查询者提供符合其个人习惯的目录，一个 Web 站点所能完成的功能比任何用户登记卡所能做到的更好、更持久，它能够捕捉和分析用户行为，用来完成未来规划，掌握动态的个人市场营销情况。

三、报文和信息传播基础设施

报文和信息传播工具提供了两种交流方式：一种是非格式化的数据交流，如我们用 FAX 和 E-mail 传递的信息，它主要是面向人的；另一种是格式化的数据交流，像我们前面的 EDI 就是典型代表，它的传递和处理过程可以是自动的，无须人的参与，也就是面向机器的，订单、发票、装运单都比较适合格式化的数据交流。HTTP 是 Internet 上通用的信息传播工具，它以统一的显示方式，在多种环境下显示出非格式化的多媒体信息。目前，大量网民在各种终端和操作系统下通过 HTTP 用统一资源定位器（URL）找到所需的信息，进而这些用超文本链接语言展示的信息还能够容易地连接到其他所需要的信息上去。

四、公共的商业服务基础设施

公共的商业服务基础设施是为了方便贸易所提供的通用的公共的业务服务，是所有的企业、个人做贸易时都会用到的服务，所以将它们称为基础设施。其主要包括：安全、认证、电子支付和目录服务等。

对于电子商务来说，目前的信息传播要想适合电子商务的业务，需要确保安全和提供认证，使得传递的信息是可靠的、不可篡改的、不可抵赖的，在有争议的时候能够提供适当的证据。商务服务的关键是安全的电子支付。当人们在进行一笔网上交易时，购买者发出一笔电子付款（以电子信用卡、电子支票或电子现金的形式）并随之发出一个付款通知给卖方，当卖方通过中介机构对这笔付款进行认证并最终接收，同时发出货物，这笔交易才算完成。为了保证网上支付是安全的，就必须保证网上支付是保密的、真实的、完整的和不可抵赖的，目前的做法是用交易各方的电子证书（即电子身份证明）来提供端点到端点的安全保障。后面我们会专门讨论电子商务中的安全问题。

正如前面所提到的，任何一种贸易服务都包括三个基本部分，即电子销售偿付、供应链体系服务、客户关系解决方案。目录服务将信息妥善组织，使之方便地增、删、改。目录服务提供了这些贸易服务的基础。例如，目录服务提供支持市场调研、咨询服务、商品购买指南等服务，是客户关系解决方案的一部分，目录服务加速收缩供应链，这正是供应链体系服务的目标。

五、电子商务应用

在上述基础上，我们可以一步一步地建设实际的电子商务应用，如供应链管理、视频点播、网上银行、网络市场及网络广告、网上娱乐、有偿信息服务、家庭购物，等等。如图1-6所示，整个电子商务框架有两个支柱：社会人文性的政策及法律、法规和自然科技性的技术标准。

（一）第一个支柱：国家政策（公共政策）及法律、法规

国家政策包括围绕电子商务的税收制度、信息的定价、信息访问的收费、信息传输成本、隐私保护问题等，需要政府制定政策。其中，税务制度如何制定是一个至关重要的问题。例如，对咨询信息、电子书、软件等无形商品是否征税，如何征税；汽车、服装等有形商品如何通过海关，如何对其征税；税收制度是否应与国际惯例接轨，如何接轨等。若处理得不好，将严重制约电子商务的发展。

法律法规维系着商务活动的正常动作，违规活动必须受到法律制裁。网上商务活动有其独特性，买卖双方很可能存在地域的差别，他们之间的纠纷如何解决？如果没有一个成熟的、统一的法律系统进行仲裁，纠纷就不可能解决。知识产权问题在电子商务活动中尤显突出。如何保证授权商品交易的顺利进行，如何有效遏制侵权商品或仿冒商品的销售，如何打击侵权行为，这些都是在制定电子商务法律时应该考虑的问题。法律制定的成功与否关系着电子商务活动能否顺利开展。

另外，提到政策法规，就得考虑各国的不同体制和国情，而这同Internet和电子商务的跨国界性是有一定冲突的，这就要求加强国际合作研究。例如，在美国，它的社会体制决定了私有企业在美国经济运行中的主导地位，在制定政策法规时，美国政府必将向私有企业倾斜，同时尽量减少政府限制。而在中国这样同美国社会体制存在很大不同的国家，不可能照搬美国的政策法规，必然像新加坡那样采取以政府为主导的经济管理政策。此外，由于各国的道德规范不同，也必然存在需要协调的问题。

目前，在我国的电子商务应用方面，政府的注意力还主要集中在信息化基础建设上，信息立法还没有进入实质阶段，针对电子商务的法律法规还有待健全。比如，是否允许商家跟踪用户信息，信息定价，对儿童能够发布哪些信息等，这些问题随着越来越多的人介

入到电子商务中，必将变得更加重要和迫切。不过，近年来政府在立法上明显加速，如今，《中华人民共和国电子商务法》已于2019年1月1日正式实施。

（二）第二个支柱：各种技术标准及安全网络协议

技术标准定义了用户接口、通信协议、信息发布标准、安全协议等技术细节。它是信息发布、传递的基础，是网络信息一致性的保证。

就整个网络环境来说，技术标准对于保证各种硬件设备和应用软件的兼容性和通用性是十分重要的。正如在交通方面，有的国家是左行制，有的国家是右行制，这样会给交通运输带来一些不便；不同国家110V和220V的电器供电标准会给家电使用带来麻烦。我们今天在电子商务中也会遇到类似的问题，而且由于电子商务的全球性，非国际化的技术标准将会带来更为严重的问题。目前，许多企业和厂商、国际组织都意识到技术标准的重要性，正致力于联合起来开发统一的国际技术标准，比如EDI标准、TCP/IP协议、HTTP协议、SSL协议、SET协议等。

拓展阅读1-1

贾路路：电子商务法三审稿细化了电商平台的连带责任

1.5　电子商务的发展

电子商务作为现代服务业中的重要产业，有"朝阳产业、绿色产业"之称，具有"三高""三新"的特点。"三高"即高人力资本含量、高技术含量和高附加价值；"三新"是指新技术、新业态、新方式。人流、物流、资金流、信息流"四流合一"是对电子商务核心价值链的概括。电子商务产业具有市场全球化、交易连续化、成本低廉化、资源集约化等优势。电子商务在我国工业、农业、商贸、交通运输、金融、旅游和城乡消费等各个领域的应用不断得到拓展，应用水平不断提高，正在形成与实体经济深入融合的发展态势。随着互联网的快速发展和在人群中的普及化，以及中小企业应用电子商务进程的推进和国家对电子商务发展的重视，网络已经开始影响人们的生活观念，改变人们的消费模式，越来越多的消费者将会进行网上购物。"十三五"期间，电子商务平台服务、信用服务、电子支付、现代物流和电子认证等支撑体系将越来越完善。围绕电子商务信息、交易和技术等的服务企业不断涌现，电子商务信息和交易平台正在向专业化和集成化的方向发展。进入21世纪第一个十年末，电子商务已经主流化。

视频1-2

2018中国电子商务大会在北京召开

一、电子商务发展的四个阶段

电子商务从工具、渠道、基础设施到经济体的演进，不是简单的新旧替代的过程，而是不断进化、扩展和丰富的生态演进过程。从20世纪90年代中后期到现在，在短短20多年时间里，电子商务的发展经历了4个阶段。

（一）工具阶段（1995—2003年）

这个阶段，是互联网进入中国的探索期、启蒙期。中国电子商务以企业间电子商务模式探索和发展为主。早期，应用电子商务的企业和个人主要把电子商务作为优化业务活动或商业流程的工具，如信息发布、信息搜寻和邮件沟通等，其应用仅局限于某个业务"点"。1995年5月9日，马云创办中国黄页，成为最早为企业提供网页创建服务的互联网公司；1997年，垂直网站中国化工网成立；1999年，8848、携程网、易趣网、阿里巴巴、当当网等一批电子商务网站先后创立。1999年年底，正是互联网高潮来临的时候，国内诞生了370多家从事B2C的网络公司，到2000年，变成了700家，一时间，网络成为整个社会最热门的话题，大量的投资进入电子商务领域，一个个电子商务企业相继成立。在股票市场上，网络概念股受到人们的追捧。但随着2000年互联网泡沫的破灭，纳斯达克指数急剧下挫，8848等一批电子商务企业倒闭。2001年，人们还有印象的电子商务企业只剩下三四家。随后，电子商务经历了一个比较漫长的"冰河时期"。

（二）渠道阶段（2003—2008年）

从2003年开始，股市泡沫破灭，美国纳斯达克指数从近5 000点跌到2 000点，中国的股市也大幅下挫。电子商务界经历了一系列重大事件，例如，2003年5月，阿里巴巴集团成立淘宝网，进军C2C市场；2003年12月，慧聪网香港创业板上市，成为国内B2B电子商务首家上市公司；2004年1月，京东涉足电子商务领域；2007年11月，阿里巴巴网络有限公司成功在香港主板上市。

国家也出台了一系列重要文件为电子商务发展带来深远影响。2004年3月，国务院常务会议审议通过《中华人民共和国电子签名法（草案）》；2005年1月，国务院办公厅下发《国务院办公厅关于加快电子商务发展的若干意见》（国办发〔2005〕2号）（多称"二号文件"）。2007年6月，国家发改委、国务院信息化工作办公室联合发布我国首部电子商务发展规划——《电子商务发展"十一五"规划》，我国首次提出发展电子商务服务业的战略任务。2007年，商务部先后发布了《关于网上交易的指导意见（暂行）》《商务部关于促进电子商务规范发展的意见》，构筑了电子商务发展的政策生态。

同时，随着网民和电子商务交易的迅速增长，电子商务成为众多企业和个人的新的交易渠道，如传统商店的网上商店、传统企业的电子商务部门以及传统银行的网络银行等，越来越多的企业在线下渠道之外开辟了线上渠道。网商随之崛起，并逐步将电子商务延伸至供应链环节，促进了物流快递和网上支付等电子商务支撑服务的兴起。

（三）基础设施阶段（2008—2013年）

2008年以来，电子商务引发的经济变革使信息这一核心生产要素日益广泛运用于经济活动，加快了信息在商业、工业和农业中的渗透速度，极大地改变了消费行为、企业形态和社会创造价值的方式，有效地降低了社会交易成本，促进了社会分工协作，引爆了社会创新，提高了社会资源的配置效率，深刻地影响着零售业、制造业和物流业等传统行业，成为信息经济重要的基础设施或新的商业基础设施。越来越多的企业和个人基于和通过以电子商务平台为核心的新商业基础设施降低交易成本、共享商业资源、创新商业服务，也极大地促进了电子商务的迅猛发展。

2008年7月，中国成为全球"互联网人口"第一大国。2010年"两会"期间，温家宝总理在2010年《政府工作报告》中明确提出要加强商贸流通体系等基础设施建设，积极发展电子商务，这也是首次在全国两会的政府工作报告中明确提出大力扶持电子商务。2010年10月，麦考林登陆纳斯达克，成为中国内地首家B2C电子商务概念股。2012年12月，当当网在美国纽约证券交易所挂牌上市。2011年，团购网站迅猛发展，上演"千团大战"局面，中国团购用户数超过了4 220万人。2012年，淘宝商城更名为"天猫"独立运营，品牌折扣网站唯品会在纽约交易所挂牌交易。2012年度，淘宝和天猫的交易额突破10 000亿元，

"双十一"当天交易规模达 362 亿元。2013 年，阿里巴巴和银泰集团、复星集团、富春集团、顺丰速运等物流企业组建了"菜鸟"公司，计划在 8～10 年内建立一张能支撑日均 300 亿元网络零售额的智能物流骨干网络，使全中国任何一个地区都能做到 24 小时内送货必达。一些电子商务网站纷纷宣布盈利，整个电子商务总体发展呈现出新一轮稳健发展的势头，在某些领域，如移动电子商务、网络游戏、搜索引擎等发展势头迅猛。

（四）经济体阶段（2013 年以后）

2013 年，中国超越美国，成为全球第一大网络零售市场。2013 年，我国电子商务交易规模突破 10 万亿元大关，网络零售交易规模达 1.85 万亿元，相当于社会消费品零售总额的 7.8%。2014 年 2 月，中国就业促进会发布的《网络创业就业统计和社保研究项目报告》显示，全国网店直接就业总计 962 万人，间接就业超过 120 万人，成为创业就业新的增长点。2014 年 6 月，我国网络购物用户规模达到 3.32 亿人，我国网民使用网络购物的比例为 52.5%。2014 年 4 月，聚美优品在纽约交易所挂牌上市。2014 年 5 月，京东集团在美国纳斯达克正式挂牌上市。2014 年 9 月，阿里巴巴正式在纽约交易所挂牌交易，发行价为每股 68 美元，成为美国历史上融资额最大规模的 IPO。2014 年，我国快递业务量接近 140 亿件，跃居世界第一。我国快递业务量已经连续 44 个月同比、累计增长平均增幅均超过 50%，李克强总理先后五次对快递业点赞。2015 年 5 月，国务院印发了《关于大力发展电子商务加快培育经济新动力的意见》（国发〔2015〕24 号），将会进一步促进电子商务在中国的创新发展。网络零售的蓬勃发展促进了宽带、云计算、IT 外包、网络第三方支付、网络营销、网店运营、物流快递、咨询服务等生产性服务业的发展，形成庞大的电子商务生态系统。电子商务基础设施日益完善，电子商务对经济和社会的影响日益强劲，电子商务在"基础设施"之上进一步催生出新的商业生态和新的商业景观，进一步影响和加速传统产业的"电子商务化"，促进和带动经济整体转型升级，电子商务经济体开始兴起。2017—2018 年中国网络零售额及增长速度见表 1-1。

表 1-1　　　　　　　　　2017—2018 年中国网络零售额及增长速度

时间	网络零售额（亿元）	同比增长（%）	实物商品网络零售额（亿元）	同比增长（%）
2017 年 1—9 月	48 787	34.2	36 826	29.1
1—10 月	55 350	34.0	41 782	28.8
1—11 月	64 306	32.4	49 144	27.6
1—12 月	71 751	32.2	54 806	28.0
2018 年 1—2 月	12 271	37.3	9 073	35.6
1—3 月	19 318	35.4	14 567	34.4
1—4 月	25 792	32.4	19 495	31.2
1—5 月	32 691	30.7	24 819	30.0
1—6 月	40 810	30.1	31 277	29.8
1—7 月	47 863	29.3	36 461	29.1
1—8 月	55 195	28.2	41 993	28.6

资料来源：中商产业研究院。

二、电子商务的发展与应用前景

拓展阅读1-2

未来全球电子
商务发展的五
大趋势

（一）B2B、B2C、C2C电子商务快速发展

中国互联网络信息中心（CNNIC）2018年发布的第42次《中国互联网络发展状况统计报告》显示，截至2018年6月底，我国网民规模达6.32亿人，互联网普及率为46.9%。我国网民中农村人口占比为28.2%，规模达1.78亿人。我国域名总数为1 915万个，期中".CN"域名总数为1 065万个，占中国域名总数的比例为55.6%。中国网站总数升至273万个。

在2018中国电子商务大会上，商务部发布了《中国电子商务发展报告2017》。该报告显示，2017年全国电子商务交易额达29.16万亿元，同比增长11.7%；全国网上零售额达7.18万亿元，同比增长32.2%；电子商务服务业营业收入规模达2.92万亿元，同比增长19.3%；农村网络零售额达1.24万亿元，同比增长39.1%。

从市场结构来看，B2B电子商务仍然是电子商务市场的主体，在电子商务各细分行业中，2017年B2B电子商务交易额达8.2万亿元，占中国电子商务市场交易规模的比例为80.4%，其中，中小企业B2B电子商务交易规模占比达46.3%。中国东南部地区已经成立了大量的外贸企业，它们成为中国电子商务发展的强劲动力。

《2015—2020年中国电子商务市场竞争及企业竞争策略分析报告》分析显示，2017年中国网络零售交易规模达18 851亿元，占中国电子商务市场交易规模的比例为17.6%。艾瑞咨询的最新数据显示，2018年第二季度中国网络购物市场交易规模为6 914.1亿元，较2017年同期增长49.8%；从网络购物市场结构来看，B2C占比达到44.2%，2018年第二季度中国网络购物市场中B2C市场交易规模为3 053.5亿元；从增速来看，2018年第二季度B2C网络购物市场同比增长70.4%，远超C2C市场36.6%的增速；从市场份额来看，B2C市场中天猫占比近60%，继续领跑B2C市场；京东发展迅速，在自营B2C市场中占比过半。B2C平台商家在整体实力、商品品质及服务水平等方面的优势突出，在满足客户的高品质需求方面也有一定的优势。C2C市场体量大，产品品类齐全，能满足网购客户差异化及个性化的需求，未来仍将维持稳定增长。今后，中国将有越来越多的网民认可网上购物，而且购物范围也将越来越广。据淘宝提供的资料显示，从2018年第二季度来看，在B2C市场中，天猫仍然保持近60%的市场份额占比，京东占比达到19.3%，其余B2C企业中苏宁易购、国美在线、1号店、聚美优品的环比增速均高于B2C行业整体增速。在自主销售为主的B2C市场中，京东占比超过50%，苏宁易购占比达到10.6%，唯品会及国美在线占比均超过5%，市场集中度依然较高。

（二）大中型企业信息化普遍开展

一些大中型企业集团（如中国石化、宝钢、联想、海尔等）不仅建立起各自的企业网站，而且在实现企业内部信息化管理基础上通过信息资源的深入开发和广泛利用，不断提高生产、经营、管理、决策的效率和水平。

我国大型企业信息化的调查结果显示，有92.5%的企业建立了企业内部网；有76.3%的企业使用了财务管理软件；有73.8%的企业在互联网上建立了企业网站；有36.5%的企业运用了企业资源计划（ERP）；有28.8%的企业建立了企业的呼叫中心；有12.5%的企业建立了客户关系管理系统（CRM）；还有11.3%的企业建立了供应链管理系统（SCM）。很多外资企业、合资企业、民营外向型企业开始发展电子商务，成为电子商务发展新的增长点。

（三）金融电子商务突飞猛进

从银行来看，全国商业银行的营业网点均已实现电子化，全国基本实现300个以上地级市各类银行卡的联网运营和跨地区使用，网上银行交易额也在迅速提升。CNNIC第42次《中国互联网络发展状况统计报告》显示，截至2018年6月底，网上银行用户规模达到2.78188亿人，网民使用率达到43.0%，使用网上支付的网民规模达到2.9227亿人，使用率提升至46.2%。与2017年12月底相比，网民规模增长3 207万人，增长率为12.3%。2018年上半年，支付应用在整体和手机端都成为增长最快的。手机支付用户规模半年增长率达63.4%，使用率由2013年年底的25.1%增至2018年年底的38.9%。互联网理财产品推出仅1年时间内，用户规模达到6 383万人，使用率达10.1%。

（四）网上旅游业发展势头良好

网上旅游业发展势头良好，CNNIC第42次《中国互联网络发展状况统计报告》显示，截至2018年6月底，在网上预订机票、酒店、火车票和旅行行程的网民规模达到1.33亿人，占网民比例为22.4%。其中，16.8%的中国网民在网上预订火车票，与2017年12月底相比，使用率增长了2.8%；9.1%的中国网民在网上预订机票，7.6%的中国网民在网上预订酒店，5.3%的中国网民在网上预订旅行行程，这三者与2017年年底的统计数据基本持平。2018年，移动互联网应用已经深入在线旅游预订市场，各大垂直旅游网站和App服务商抢先登陆这一潜力市场。移动旅游预订市场潜力主要表现在：首先，各类旅游预订移动客户端整合了各种互联网信息，随时随地提供查询、比较、预订等服务；其次，旅游预订移动客户端伴随用户整个旅游行程，包括预订前信息查询比较、预订过程中的在线支付、旅游过程中的图片信息分享、旅游后的游记分享等；最后，LBS（Location Based Service，基于位置的服务）功能可以满足即刻需求。例如，用户来到某地搜索周边的酒店、美食、娱乐休闲场所等。未来，移动互联网和在线旅游的无缝对接能够大大刺激消费者的需求，推动在线旅游预订市场的发展。

（五）移动电子商务催生了新的商业模式

移动电子商务业务不断增长。手机使用率超越传统个人电脑使用率，成为第一大上网终端设备。伴随着移动互联网用户规模的迅速扩大，移动购物逐渐成为网民购物的首选方式之一。移动互联网实现了线下实体店和线上网络店的充分融合，每家实体店或企业都可以在移动互联网上发布自己的终端应用。实体店主要提供产品展示和体验功能，解决服务客户的"最后一公里"问题，而交易则在网上完成。也就是说，互联网渠道不是和线下隔离的销售渠道，而是一个可以和线下无缝连接并能促进线下发展的渠道。

移动电子商务激发企业转型，我国传统电子商务交易平台企业纷纷向移动电子商务转型。淘宝网、京东商城等互联网企业推出了手机客户端和手机网站，不断优化用户体验。大量中小企业推出自身的移动App客户端，有效提高了营销精准度和促销力度。

（六）大数据打开电子商务新空间

在产品推广、挖掘客户需求、分析购买行为等环节，大数据发挥了重要作用。电子商务企业通过对海量客户数据进行挖掘和分析，针对不同用户推荐合适的产品，提升客户体验。大数据营销将成为推动电子商务运营的新引擎，将在电子商务营销、互联网金融等方面产生更大的推力，最终成为电子商务企业竞争的核心能力。

（七）跨境电子商务迎来风口

跨境电子商务（Cross-border Electronic Commerce）是电子商务应用过程中一种较为高级的形式，是指不同国别或关境之间的交易主体通过互联网及其电子商务平台达成交易、进行支付结算，并通过跨境物流送达商品、完成交易的一种国际商业活动。国际贸易进出口环节中一般要涉及国际货款结算、进出口通关、国际运输、保险等，同时还有安全性及风险控制等方面的考虑，这使得跨境电子商务和境内电子商务有所不同。跨境电子商务正在成为最新热点，形成推动中国外贸转型升级的新动力。

跨境电子商务比一般的电子商务更为复杂，需要出口商、进口商、船代、货代、仓储等利益主体参与其中，还涉及中国电子口岸的海关、税务、商检等政府管理部门以及商业银行等。我国有关部门正加紧完善配套政策措施，促进跨境网上交易平台、物流系统、支付结算系统的建设，推动跨境电子商务模式不断创新，出现了一站式推广、平台化运营、网络购物业务与会展相结合等模式，使得更多中国制造的产品得以通过在线外贸平台走向国外市场，推动了跨境电子商务纵深发展。

跨境电子商务具有巨大的发展前景，它在境外本地化、外贸进出口两种模式上形成特色。在国际经济形势不太好的环境下，我国中小外贸企业跨境电子商务仍逆势上行，近年来保持了30%以上的年均增速。电子商务研究中心（100EC.CN）的监测数据显示，2017年，中国出口跨境电子商务交易规模为6.3万亿元，同比增长14.5%。

此外，电子商务在保险业、房地产业、网上资讯服务业、远程教育、人才招聘、汽车零售及租赁、宠物用品等领域也具有广阔的应用前景。

>>>>>>>技能训练1-1

1.归纳电子商务"信息流、资金流、物流"过程（以天猫商城为例）。

（1）登录天猫商城网站（https：//www.tmall.com/）。

（2）查看首页及相关商品页面，查看该商城丰富的商品信息，了解其信息流运动的方式。

（3）单击某商品主页，查看详情页，查看支付方式、配送方式，分别了解其资金流、物流的运作过程。

2.打开http：//www.cnnic.net/，阅读CNNIC最近两年的《中国互联网络发展状况统计报告》，比较分析我国最近几年网民规模、互联网普及率、电子商务交易额、网上零售额等互联网及电子商务的发展情况。

本章小结

本章通过引入电子商务的定义，分析电子商务的概念模型及参与对象，阐述传统商务与电子商务的区别和电子商务的优势所在，并通过分析电子商务分类、电子商务的运作体系框架，使学生了解电子商务在新时代下的巨大作用，明白电子商务的发展趋势。

思考题

1.以下各项属于"滴滴打车"App电子商务运营模式的是（　　）。

A.C2C　　　　　　　　B.B2C　　　　　　　　C.O2O　　　　　　　　D.B2G

2.以下不属于C2C电子商务模式的网站是（　　）。

A.拍拍网　　　　　　　　　　　　B.淘宝网

C.易趣网　　　　　　　　　　　　D.阿里巴巴网

3.电子商务的基本特点有（　　）。

A.交易虚拟化　　B.交易透明化　　C.交易互动化　　D.交易全球化

4.移动电子商务智能终端App的业务能参与的行业有（　　）。

A.餐饮业　　　　　　B.零售业　　　　　　C.旅游业　　　　　　D.航空业

5.B2C电子商务模式按交易客体不同可分为（　　）。

A.无形商品和服务电子商务模式　　　　B.有形商品和服务电子商务模式

C.卖方企业——买方个人模式　　　　　D.买方企业——卖方个人模式

第2章 电子商务模式

□ 学习目标

1. 了解C2C电子商务市场发展状况；
2. 了解B2C电子商务发展现状；
3. 了解B2B电子商务发展现状；
4. 理解C2C电子商务平台盈利模式；
5. 理解O2O模式的应用；
6 掌握B2B电子商务平台的选择和操作。

□ 引导案例

安化黑茶企业如何成为新时代电商主力军

1999年，在农产品普遍卖不出去、卖不起价的条件下，桃源人简伯华注册了"怡清源"品牌，开启了一条"先建市场拓网络，后建茶厂拓基地，再做产业拓规模"的路子。经过十多年的打拼，怡清源公司如今已成长为集茶叶科研，茶园基地建设，茶叶生产、加工、销售和茶文化传播于一体的高科技现代化企业。

网络时代，电子商务闯世界。

2007年9月，怡清源正式涉足电子商务，试水淘宝平台，在淘宝成立C2C店铺——三口农茗，通过独特的运营管理方法、优质的服务体系、过硬的产品品质，三口农茗5天升钻，55天升冠，成就了淘宝网实物类卖家冲钻冲冠的神话，快速提升了怡清源在网络上的品牌形象和品牌认知度。这也是怡清源电子商务的前身，并由此培养了怡清源一支优秀的电子商务团队，专业化的电商运营推动怡清源成为黑茶行业的No.1！

"不搞电子商务，失去的不只是一个市场，而是一个时代。"创始人简伯华说。

通过淘宝集市店的运营管理积累了经验，2011年5月，怡清源网上官方商城正式上线，成为黑茶电子商务营销领域的佼佼者，开展B2C销售，保证了消费者的服务质量，同时成为公司很好的产品展示和宣传平台。

怡清源选择天猫作为主要合作伙伴，建立怡清源旗舰店和怡清源三口农茗专卖店，并将怡清源旗舰店发展成为淘宝黑茶市场的龙头店铺；怡清源发展B2B网络分销，一年多的时间，取得了很好的成绩，目前网络经销商有40多家，代销商有130多家。

目前，怡清源正在大力开发O2O模式，整合线下茶商、全国实体门店等多渠道资源，实现线上看茶、选茶、买茶、支付，线下门店品饮、感受、体验的服务模式，让消费者能够更便捷、更贴心、更实惠、更近距离地享受怡清源的健康好茶。目前，怡清源在长沙、上海等城市均已试点，并取得了可喜成绩。

大电商时代，借势电商顺风车已成为必然趋势，尤其是对于传统的茶叶行业，借助电商全网铺展，开拓更为时尚年轻的市场人群，是"刷新"茶叶传统保守印象、传递给大众茶饮新的时尚健康闪光点的一大契机。

怡清源正在筹划全新的新零售模式，以"新模式、新产品、新工具、新平台"，实现全面突破，推动企业进一步转型升级。

资料来源　作者根据相关资料整理.

2.1　B2B电子商务

一、B2B电子商务市场概述

视频 2-1

新零售

B2B（Business to Business）电子商务是指企业与企业之间通过互联网进行产品、服务及信息的交换。由于B2B电子商务主要是进行企业间的产品批发业务，因此也称为批发电子商务。B2B电子商务平台一般以信息发布与撮合为主，主要是在商家之间建立贸易的桥梁。通过B2B交易方式，买卖双方能够在网上完成整个业务流程，从建立最初印象，到货比三家，再到讨价还价、签单和交货，最后到客户服务，B2B电子商务可使企业之间的交易减少许多事务性的工作流程和管理费用，达到降低企业经营成本的目的。

1.B2B电子商务市场发展现状

（1）B2B电子商务业务持续增长。B2B电子商务，一直是我国电子商务市场中发展最早、占比最大的一个领域。根据国内知名电商智库——电子商务研究中心发布的《2018年（上）中国B2B电子商务市场数据监测报告》，2018年上半年，中国B2B电子商务交易规模为11.2万亿元，相比2017年上半年9.8万亿元，同比增长14.3%。2013年（上）—2018年（上）中国B2B电子商务交易规模如图2-1所示。

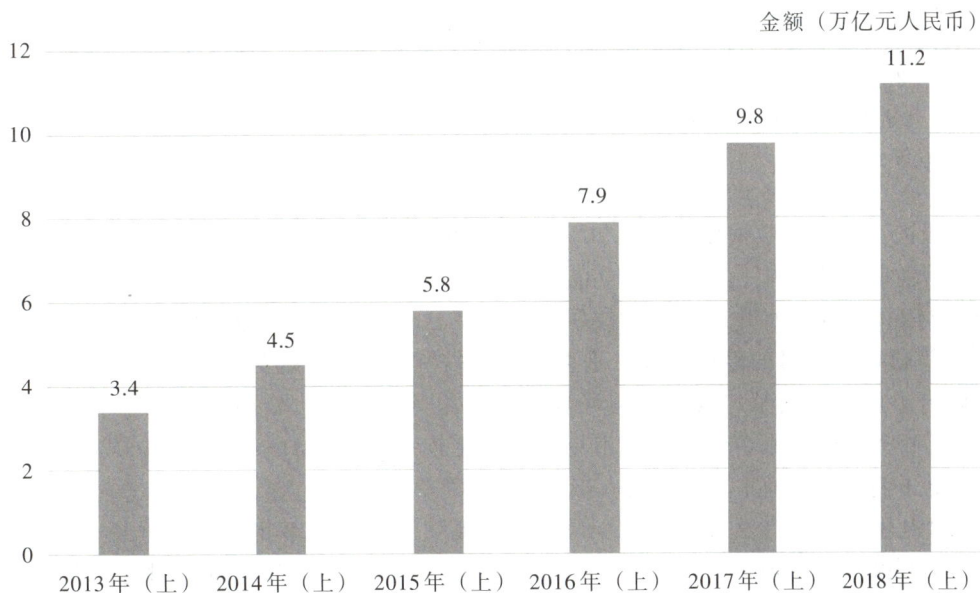

图表编制：电子商务研究中心　　数据来源：www.100EC.CN

图2-1　2013年（上）—2018年（上）中国B2B电子商务交易规模

2014年，国务院发布了《关于加快发展生产性服务业、促进产业结构调整升级的指导意见》，根据意见，国家将"推动云计算、大数据、物联网等在生产性服务业的应用，鼓励企业开展科技创新、产品创新、管理创新、市场创新和商业模式创新，发展新兴生产性服务业态"。伴随云计算、物联网、大数据技术和相关产业迅速崛起，多种新型服务蓬勃发展，不断催生新应用和新业态，推动传统产业创新融合发展。

（2）主要运营商市场份额下降。根据艾瑞咨询最新统计数据，2017年第三季度中国中小企业B2B运营商平台营业收入规模为75.5亿元，同比增长17.5%，环比增长0.3%，总体保持稳定的增长水平。

艾瑞分析认为，中国经济已经进入高质量增长阶段，国家供给侧结构调整的改革主线为企业互联网的发展带来一波政策红利；此外，面对消费互联网端逐渐消失的人口红利，资本市场也逐渐瞄准企业端发力。政策和资本加持，将为中国B2B数字经济提供巨大的发展机遇。虽然增长相对缓慢，但在产业互联网领域，中国市场还有非常大的潜力。2016Q1—2017Q3中国中小企业B2B运营商平台营业收入规模如图2-2所示。

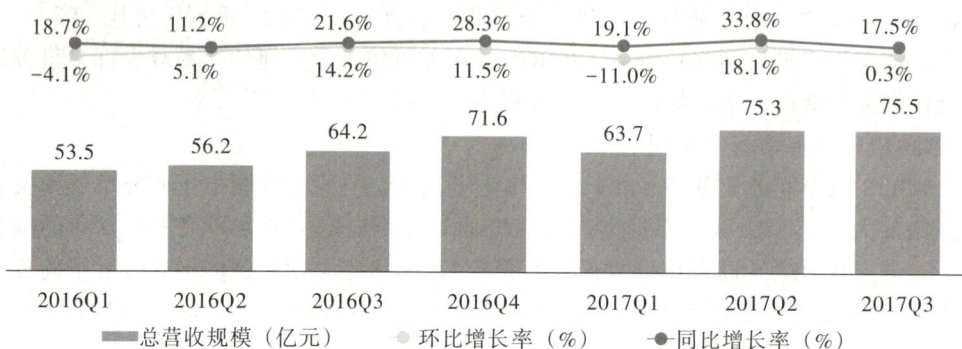

注释：1.2017Q3中国中小企业B2B电子商务市场平台营收规模为75.5亿元，为预估值；2.艾瑞从2015Q1开始只核算中国中小企业B2B电子商务市场平台营收规模，涵盖平台的会员费、交易佣金、广告费等收入，不包括运营商自营营收；3.艾瑞从2015Q1开始将金泉网纳入B2B运营商平台营收核算范围，从2017Q1开始将科通芯城从"其他"部分剔出，单独核算。

来源：综合企业财报及专家访谈，根据艾瑞统计模型核算.

图2-2　2016Q1—2017Q3中国中小企业B2B运营商平台营业收入规模

艾瑞咨询的统计数据显示，在2017年第三季度中国主要中小企业B2B电子商务运营商平台营业收入市场中，核心Top10企业营业收入份额达75.9%，其中，阿里巴巴的市场份额为44.6%，占比回升；慧聪网位居第二，平台营业收入份额为9.7%，这主要得益于2016年慧聪O2O项目的落地以及在垂直领域的投资布局，这部分增长对整体营业收入的增加做出了较大的贡献；敦煌网与环球资源紧跟其后，占比分别为5.9%和3.7%；其他B2B电子商务运营商平台营业收入市场份额变化较小。2016Q1—2017Q3中国主要中小企业B2B电子商务运营商平台营业收入市场份额如图2-3所示。

B2B电子商务平台整合与转型步伐加快。伴随着我国B2B电子商务垂直领域的快速崛起，B2B深入到了各个产业链的上下游，特别是以前市场相对比较封闭的钢铁、煤炭、工业品、物流、化工、涂料、玻璃、卫生用品、电子元器件等领域都受到了来自于B2B电子商务的影响，垂直领域的B2B的快速崛起为我国B2B电子商务市场带来了新的"增长动力"，也促进了我国整个电子商务市场的快速发展。

随着云计算和大数据技术水平的提高，B2B电子商务得到极大的发展，一方面能够更为精准地分析市场需求，提高交易的质量和效率；另一方面，通过云计算和大数据分析，B2B 电子商务能够将企业的交易数据提供给银行等相关金融机构，作为企业融资的重要信用凭证。

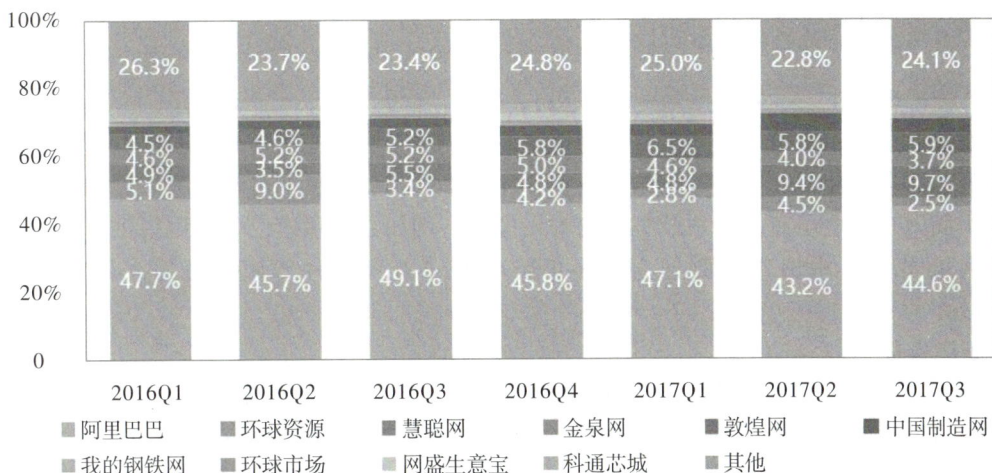

注释：1.2017Q3 中国中小企业 B2B 电子商务市场平台营收规模为 75.5 亿元，为预估值；2.艾瑞从 2015Q1 开始只核算中国中小企业 B2B 电子商务市场平台营收规模，涵盖平台的会员费、交易佣金、广告费等收入，不包括运营商自营营收；3.艾瑞从 2015Q1 开始将金泉网纳入 B2B 运营商平台营收核算范围，从 2017Q1 开始将科通芯城从"其他"部分剔出，单独核算。

来源：综合企业财报及专家访谈，根据艾瑞统计模型核算.

图 2-3　2016Q1—2017Q3 中国主要中小企业 B2B 电子商务运营商平台营业收入市场份额

移动互联网的快速普及和手机网民的快速增长为电子商务企业提供了一个新的生存与发展空间。B2B 电子商务平台移动端发力，敦煌网、马可波罗网、慧聪网等纷纷推出微商城、微商铺，给出了 B2B 电子商务移动端的解决方案。B2B 电子商务平台希望借助移动端进行便捷化管理，通过移动端管理客户、评估、订货、产品确认等。部分 B2B 电子商务平台引入了微信支付这一支付方式，满足移动端买卖双方的小额交易需求。但就目前的情况而言，B2B 电子商务移动终端在商户间的影响力依然有限，未来需要重新规划产品分类，从而更多地渗透企业用户。

2.B2B 电子商务交易的优势

B2B 电子商务通过互联网进行交易，交易双方从交易磋商、签订合同到支付等，均通过互联网完成，整个交易完全虚拟化。B2B 交易的优势首先在于交易成本大大降低，具体表现在：

（1）距离越远，网络上进行信息传递的成本相对于信件、电话、传真的成本就越低。此外，缩短时间及减少重复的数据录入也降低了信息成本。

（2）买卖双方通过网络进行商务活动无须中介者参与，减少了交易的有关环节。

（3）卖方可通过互联网进行产品介绍、宣传，避免了在传统方式下做广告、发印刷品等大量费用。

（4）电子商务实行"无纸贸易"，可减少文件处理费用。

（5）互联网使得买卖双方即时沟通供需信息，使无库存生产和无库存销售成为可能，从而使库存成本显著降低。

B2B交易减少了交易环节和大量的订单处理工作，缩短了从发出订单到货物装运的时间，提高了交易效率，使企业取得了竞争优势。

二、B2B电子商务盈利模式分析

1.会员费

企业通过第三方电子商务平台参与电子商务交易，首先必须注册为B2B电子商务网站的会员，而且每年需要交纳一定的会员费，才能享受网站提供的各种服务。目前，会员费已成为我国B2B电子商务网站最主要的收入来源。例如，阿里巴巴收取中国供应商、诚信通两种会员费。中国供应商分为每年4万元和12万元两种，诚信通的会员费为每年6 688元。

2.广告费

网络广告是门户网站的主要盈利来源，同时也是B2B电子商务网站的重要收入来源。例如，阿里巴巴网站的广告有多种类型，不同类型的广告收费标准不同。中国化工网的广告也有弹出广告、漂浮广告、旗帜广告、文字广告等多种表现形式，用户可根据需要进行选择。黄金展位是阿里巴巴专为诚信通会员提供的企业品牌展示平台。购买黄金展位的企业，可在指定关键词的搜索结果页面的右侧显著位置获得优先展示，以最形象最醒目的形式获得买家关注，打造企业品牌。黄金展位是按照关键词来收费的，不同的关键词价格不同。

3.交易佣金

交易佣金是指根据商家在平台完成的交易收取一定额度的交易费用，通常是交易额的一定百分比。例如，对于阿里巴巴小额外贸批发及零售平台全球速卖通，阿里巴巴向该平台上每笔成功交易根据不同类目收取交易总额5%～8%的交易佣金。

4.竞价排名

关键字竞价是阿里巴巴网站专门为诚信通会员定制的一种搜索排名服务，能使企业在搜索结果中排在前面醒目的位置，可以有效提高成交机会。竞价排名可以帮助供应商将信息固定排名在前五。对于供应商来说，使供应商的信息在搜索结果中排在前面醒目的位置，可以大大提高企业知名度，快速建立品牌，同时可以快速定位专业的卖家市场。

5.增值服务费

B2B电子商务网站通过增值服务为会员提供了优越的市场服务，来扩大收入来源。增值服务一方面加强了网上交易市场的服务项目功能，另一方面又使网站能以多种方式实现直接盈利。

三、B2B电子商务交易模式

1.面向中间交易市场的水平B2B电子商务

水平B2B电子商务可以将买方和卖方集中到一个市场上进行信息交流、广告发布、拍卖竞标、交易、库存管理等。如阿里巴巴、慧聪网、环球资源网等都属于水平B2B电子商务网站。之所以用"水平"这一概念，主要是指这种网站的行业范围广，很多行业都可以在同一个网站上进行贸易活动。

水平B2B电子商务以中小企业为主要服务对象，为其提供商业信息的发布和收集、企业产品的推广、在线洽谈和交易等各类电子商务服务，是中小企业网络营销的主要渠道。

水平B2B电子商务平台的商业聚集效应，可以使参与企业获得更多的浏览量，帮助企业快速成长、树立品牌、获取订单。

2.面向实体企业的垂直型B2B电子商务

垂直型B2B电子商务网站专门服务于一个特定的行业或特定的专业领域，如中国化工网（http：//china.chemnet.com）、我的钢铁网（https：//www.mysteel.com）等。垂直型B2B电子商务可以分为两个方向，即上游和下游，生产商或商业零售商可以与上游的供应商形成供货关系，如戴尔电脑公司与上游的芯片和主板制造商之间进行的合作与交易；生产商可以与下游的经销商形成销货关系，如卡西欧公司与其分销商之间进行的合作与交易。之所以称之为垂直型B2B电子商务，是因为这些网站的专业性很强，它们将自己定位在一个特定的专业领域内。

垂直型B2B电子商务定位于在某个行业内企业间电子商务的网站，通常拥有该行业资源的背景，专业性强，能够洞察全行业的内外需求，在专业上更权威、更精确，更容易集中行业资源，针对一个行业做深、做透，吸引行业生态系统内多数成员的参与。

垂直型B2B电子商务获得成功最重要的因素是专业技能，网站对相应领域要非常熟悉。专业化程度越高的网站，越需要投入昂贵的人力资本来处理很狭窄的、专门性的业务，这样才能发挥该网站市场的商业潜能。

四、B2B电子商务典型网站——阿里巴巴网站的介绍

1.公司简介

阿里巴巴网络技术有限公司（简称阿里巴巴集团）是曾担任英语教师的马云带领18位创始人在杭州的公寓中正式成立的。集团的首个网站名是英文全球批发贸易市场Alibaba。同年，阿里巴巴集团推出专注于国内批发贸易的中国交易市场（现称"1688"）。

2014年9月19日，阿里巴巴集团在纽约证券交易所正式挂牌上市，股票代码"BABA"，董事局主席为创始人马云。

2018年7月19日，全球同步《财富》世界500强排行榜发布，阿里巴巴集团排名第300位。

2.公司业务

阿里巴巴致力于"让天下没有难做的生意"，旨在构建未来的商务生态系统，让客户相会、工作和生活在阿里巴巴，并持续发展最少102年。

阿里巴巴集团经营多项业务，另外也从关联公司的业务和服务中取得经营商业生态系统上的支援。其经营的业务和关联公司的业务包括：淘宝网、天猫、聚划算、全球速卖通、阿里巴巴国际交易市场、1688、阿里妈妈、阿里云、蚂蚁金服、菜鸟网络等。

3.组织架构

2012年7月23日，阿里巴巴集团对业务架构和组织进行调整，从子公司制调整为事业群制，成立淘宝、一淘、天猫、聚划算、阿里国际业务、阿里小企业业务和阿里云共七个事业群。

2013年1月10日，阿里巴巴集团对业务架构和组织进行调整，成立25个事业部，具体事业部的业务发展由各事业部总裁（总经理）负责。新体系由战略决策委员会（由董事局负责）和战略管理执行委员会（由CEO负责）构成。

2.2 B2C 电子商务

一、B2C 电子商务概述

微课 2-1

B2C 电子商务
模式

B2C 电子商务是指企业对消费者的电子商务，即企业通过网络向个人消费者直接销售产品或提供服务，也称为网上零售。B2C 电子商务是普通消费者广泛接触的一类电子商务，也是电子商务应用最普遍的领域。

自 2009 年以来，企业电子商务迅速崛起，特别是在网上零售市场，占比由当年的不到 7%，到现在的半壁江山；年销售额由当年的不足 100 亿元，到 2014 年的 12 882 亿元。可以想象，这些变化给中国的企业和个人，带来了多么巨大的机会和挑战！

在 B2C 电子商务的模式中，B2C 交易平台是商家独立建设，还是利用第三方平台？B2C 商家销售的是自有品牌商品，还是通过网络代销其他品牌商品？这些不同的特点，往往会对 B2C 商场的运营管理、特色定位、发展可持续性等方面产生重要影响。从 2014 年的市场情形来看，天猫、京东、苏宁易购、唯品会、国美在线是目前排名前五的 B2C 电子商务平台。

1.B2C 电子商务发展现状

中国网络购物最早是由 B2C 发起的，但 2008 年以前，C2C 则是绝对主流。我国网购市场 2008 年迎来爆发式增长期，当年交易额突破千亿元大关，网购市场占比突破 1%。2008 年 4 月，天猫商城正式上线；之后，苏宁、国美、银泰百货等传统零售巨头纷纷试水 B2C 电子商务市场；从此之后，B2C 作为一种低成本、直接面对消费者的新型销售渠道逐渐进入人们的视野，变成各类商家的必争之地。

当前 B2C 电子商务市场发展稳健，几乎占据网上零售的半壁江山。根据艾瑞咨询发布的 2016 年中国网络购物市场数据，2016 年中国网络购物市场交易规模为 4.7 万亿元，占社会消费品零售的 14.2%。网络购物对经济的贡献越来越大，仍然是目前零售的主流渠道。其中，B2C 市场交易规模为 2.6 万亿元，在中国整体网络购物市场交易规模中的占比达到 55.32%。随着网购市场逐渐成熟，产品品质及服务水平逐渐成为影响用户网购决策的重要因素，未来这一诉求将推动 B2C 市场继续高速发展。2012—2018 年中国网络购物市场交易规模如图 2-4 所示。

天猫和京东地位依旧领先，并呈现继续逐年稳步增长态势，市场份额占比超过 80%，依然是其他平台难以逾越的。社交电商的崛起有可能逐渐打破这种局面，截至 2018 年 6 月 30 日，拼多多的活跃买家数为 3.44 亿人，活跃商户数为 170 万家。2017 年全年实现营业收入 17.44 亿元，同比增长了 245.35%。从成立到美股成功上市，相比京东的 10 年、唯品会的 8 年、淘宝的 5 年，拼多多只用了短短 3 年。

2018 年 6 月 13 日，国内知名电商智库电子商务研究中心发布了《2017 年度中国网络零售市场数据监测报告》。报告显示，2017 年我国 B2C 网络零售市场（包括开放平台式与自营销售式，不含品牌电商）中，天猫依然稳居首位，在市场中的份额占比为 52.73%，较 2016 年降了 4.97%；京东凭 32.50% 的份额紧随其后，较上年提高了 7.10%；唯品会的市场份额维持在 2017 年的 3.25%，继续保持第三；排名第 4～8 位的电商分别为：苏宁易购

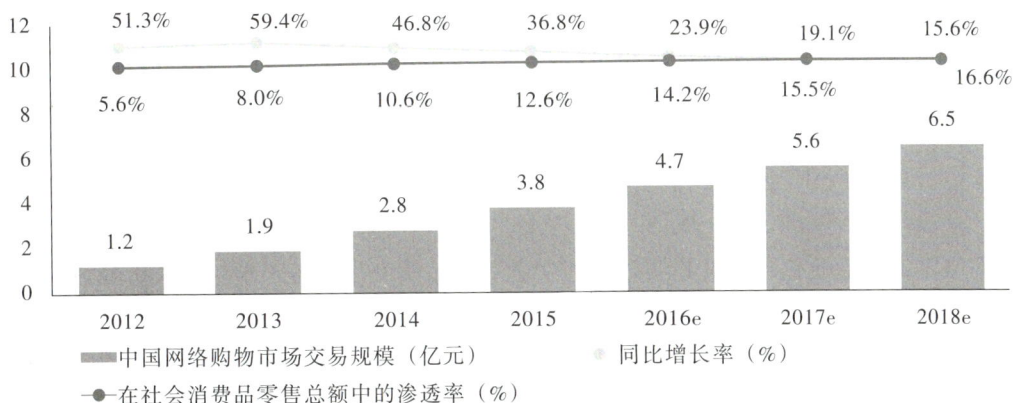

注释：网络购物市场规模为 C2C 交易规模和 B2C 交易规模之和。

来源：综合企业财报及专家访谈，根据艾瑞统计模型核算.

概念界定：艾瑞统计的网络购物市场规模指国内用户在国内购物网站的所有零售订单的总金额。零售指企业（单位、个体户）通过交易直接售给个人、社会集团作为最终消费，而非生产、非经营用的商品的活动，包括售给居民个人和企事业单位的生活和公共消费品（如办公用品），但不包括售给生产经营企业用于生产或经营的商品、售给商业单位用于转卖的商品。中国网络购物市场包含跨境进口业务，不包含跨境出口业务。

图 2-4 2012—2018 年中国网络购物市场交易规模

（3.17%）、拼多多（2.50%）、国美在线（1.65%）、亚马逊中国（0.80%）、当当（0.46%）；其他电商平台占 2.95%。2017 年我国 B2C 电商市场份额中，天猫、京东、唯品会、苏宁易购、拼多多、国美在线、亚马逊中国、当当等主流平台占网络零售市场总交易份额的97%。2017 年我国网络零售 B2C 市场交易份额如图 2-5 所示。

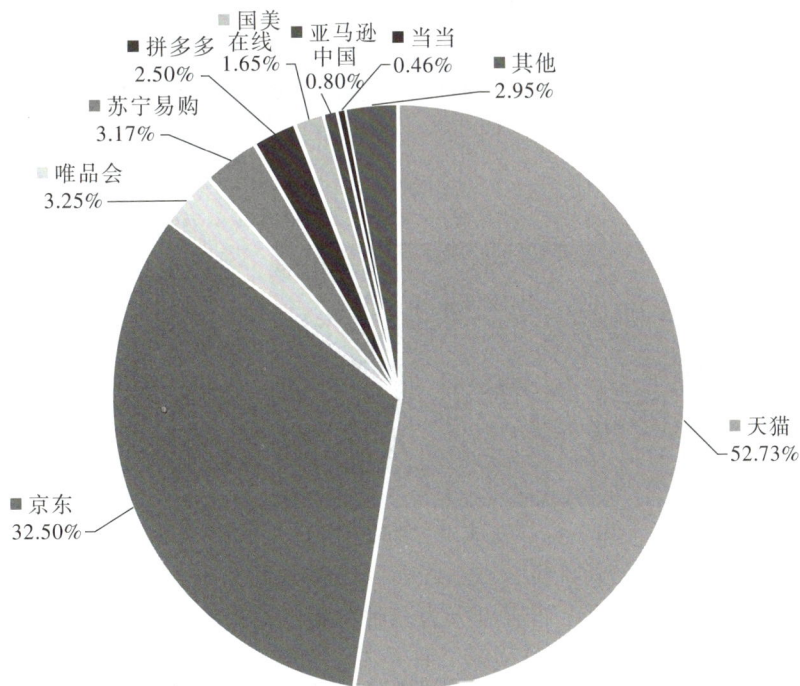

图表编制：电子商务研究中心　数据来源：www.EC.CN

图 2-5 2017 年我国网络零售 B2C 市场交易份额

2.B2C电子商务发展趋势

在电子商务规模不断扩张的情形下，整体增速将在合理区间变动。我国B2C网络零售市场的格局虽然大体趋于稳定，但仍面临着洗牌，同时市场也在逐渐向着规范化、品质化和多元化的方向演变。接下来仍是各电商发展细分业务的阶段，如跨境电商、社交电商、农村电商、母婴电商、精选电商、消费金融、物流服务等领域，以此来增加自己的市场渗透率，从而稳固自己的"地位"。

网络零售的品质化趋势日趋明显，消费者对高品质商品的需求增长较快，物流配送的效率大幅提升。由于大数据、云计算、智慧物流、人工智能等新技术的广泛应用，发货延迟、快递堆积等问题越来越少。线上线下融合发展，电商平台与线下的商超实现了优势互补、联动发展，相互竞争加速了向合作共赢方向转变。我国零售业数字化转型正在加快，电子商务高质量发展的态势初步显现。

二、B2C电子商务市场分析

1.B2C电子商务交易三要素

B2C电子商务交易由三个基本要素组成：为顾客提供在线购物场所的网上商场；负责为客户所购商品进行商品配送的物流配送系统；负责顾客身份确认、货款结算的银行及认证系统。

1）网上商场

网上商场也称为虚拟商场，是商家直接面向消费者的场所。网上商场中陈列着琳琅满目的虚拟商品，与实际商品不一样，虚拟商品由文字和符号组成，只能看，不能摸，接受消费者的直接"在线订购"。京东商城主页面如图2-6所示。

图2-6　京东商城主页面（2018年8月）

根据B2C网上商店是卖家自建、独立经营，还是入驻第三方平台、在第三方平台的管理下相对独立运营，B2C网上商店可分为三种类型：第一种是卖家自建网上商店，只允许自己在上面卖商品，如银泰网；第二种是专注于构建第三方平台，商家入驻平台，在上面建立商铺，独立运营，自己则不直接从事商品销售，只对平台上的商家进行管理，如天猫、唯品会；第三种是介于两者之间，最初自建平台、自主销售，商城做到一定规模后，整合各项资源，逐渐开放平台，允许其他商家入驻网站，开设网上商店，并从事相关产品的销售，如京东、当当网、亚马逊中国等。这些不同类型的网上店铺，所面临的外部环境、资源条件各不相同，因此也必然会影响到各自的经营特色和战略定位。

2）物流配送

商家可根据配送范围选择不同的配送方式，近距离配送（本市）可以直接送货，远距离配送可以采用 EMS 或第三方物流。一般情况下，物流配送有三种方式：第一种是自营配送，由电子商务公司委派送货上门。第二种是第三方物流配送，即在网上订购商品后，配送由专门经营物流配送的第三方公司完成。第三种是厂家直接配送，即厂商提供送货上门和安装调试服务，一般适合大家电、家具、建材等商品，以及需要上门安装调试的商品。

3）支付结算

支付方式决定了资金的流动过程，目前在 B2C 电子商务中主要的支付方式有送货上门付款、汇款、电子支付和移动支付。

（1）送货上门付款。这是最原始的付款方式。商家将商品交给客户，客户查验货物后以现金的方式将货款支付给商家，例如，上海书城等网站都支持这种付款方式。这种付款方式的最大优点是，不依赖于任何支付系统，适用于偶尔购物的普通消费者。

（2）汇款。它是指客户在完成订单时，通过邮政系统或银行系统汇款，当商家接到汇款后，再将商品发给客户。这种支付方式有两个缺点：①客户网上购物后还得去邮政系统或银行办理汇款。②客户如对购买的商品不满意，调换起来非常麻烦。汇款方式适用于购买外地的、不易损坏的商品。

（3）电子支付。它是指通过银行卡或信用卡完成支付。使用电子支付方式付款，已成为电子商务支付的主流。

（4）移动支付。它是借助移动终端设备（如手机、平板电脑和移动 POS 机等）和无线网络，对所消费的商品或服务进行账务支付的一种服务方式。

2.B2C 电子商务的种类

B2C 电子商务按商品种类可分为综合类和专门类两种：

（1）综合类电子商务在网上销售多种类型的商品。这些网站大多是由经营离线商店的企业和网络交易服务公司建立的，如京东、当当网等。

（2）专门类 B2C 电子商务网站仅销售某一类商品，如书刊、软件和电器等。这类网站大多是没有离线商店的虚拟零售企业和商品制造商建立的，如戴尔（Dell）、海尔等。

三、B2C 电子商务企业类型

目前，已建立或准备建立 B2C 模式电子商务的企业大致可分为：经营着离线商店的零售商、没有离线商店的虚拟零售企业和商品制造商。

（1）经营着离线商店的零售商。这类企业有实实在在的商店或商场，网上零售只是作为企业开拓市场的一条渠道，它们并不依靠网上的销售生存，如国美在线、苏宁易购等。

（2）没有离线商店的虚拟零售企业。这类企业是电子商务的产物，网上销售是它们唯一的销售方式，它们靠网上销售生存，如京东、当当网、亚马逊中国等。

（3）商品制造商。这类企业采取网上直销方式销售其产品，不仅给顾客带来了价格优势上的好处及商品客户化，而且减少了商品库存的积压。例如，戴尔公司是商品制造商网上销售最成功的例子。由于建立了网上直销，戴尔公司得以跻身业内主要制造商之列。中国青岛的海尔集团是中国家电制造业中的佼佼者，海尔通过建立自己的电子商务网站，一方面宣传海尔企业的形象，另一方面通过网上销售加大了自己产品的市场推销力度。

四、B2C电子商务典型网站——京东的介绍

京东由现任首席执行官（CEO）刘强东创办于1998年6月18日，最初销售电脑产品，后来扩大到家居百货、服装服饰、母婴用品、图书、食品、在线旅游等12大类数万个品牌数百万种优质商品，是中国的综合网络零售商，是中国电子商务领域受消费者欢迎和具有影响力的电子商务网站之一。

京东在2012年的中国自营B2C市场占据49%的份额，凭借全供应链继续扩大在中国电子商务市场的优势。京东已经建立华北、华东、华南、西南、华中、东北六大物流中心，同时在全国超过360座城市建立核心城市配送站。2012年8月14日，京东与苏宁开打"史上最惨烈价格战"。2013年3月30日19点整，京东正式切换了域名，并且更换新的logo。

2018年1月11日，刘强东发出内部邮件，宣布京东商城将组建大快消事业群、电子文娱事业群和时尚生活事业群，并分别任命王笑松、闫小兵、胡胜利为三大事业群总裁并升任京东集团高级副总裁。

（1）会员系统。京东商城每个级别的会员可享受的优惠与服务不同，通常需要通过消费来累积级别，级别越高，优惠越多。京东商城会员分为注册会员、铜牌会员、银牌会员、金牌会员、钻石会员、双钻石会员，还有一种特殊的校园会员。

（2）物流配送。京东商城将信息部门、物流部门和销售部门垂直整合。在物流配送方面，能够使用京东自营快递的，则使用京东自营快递。目前，京东商城的自营快递已经可以覆盖中国内地大多数地区了，在京东自营物流无法抵达的地区，则转发第三方快递。京东商城在全国的几个地方成立了物流集散中心和仓库，在京东商城购买的物品都会在接收地附近的仓库发货。京东物流体系"京东快递"正式向第三方商家开放，资料显示京东快递将向加入的商家提供5小时取件服务，并开放其物流服务系统平台，方便商家监控物流信息。

（3）收费标准。自2010年6月起，京东商城发布了正式的公告：不限金额，不分会员级别，不分品类实行全场免运费。这是一个有利于所有会员的优惠措施，也是促进B2C良性发展的开元。

（4）上门自提。这是京东商城推出的一项服务。当订购的货品抵达收件方所在城市之后，可以到京东商城设定的自提点领取。

（5）自助式提货点（也有一些媒体称为提货柜）。它是指京东商城的快递员把购买的商品放到就像商场里的存包机一样的提货柜里，然后让顾客自己领取。

（6）"211限时达"。2010年3月，京东推出"211限时达"极速配送服务。该服务承诺：当日11：00前提交现货订单（以订单进入出库状态时间点开始计算），当日送达；

23: 00前提交的现货订单（以订单进入出库状态时间点开始计算），第二天14: 00前送达。

>>>>>>【阅读材料2-1】唯品会，未来十年，如何重新定义"特卖"?

提到唯品会，你会想到什么？——特卖。这几乎是所有人的答案，无论是投资圈、电商圈，还是消费者层面，大家的认知都是，唯品会是做特卖做得最好的电商，而且是世界最大的特卖电商之一。

而在前几天，唯品会却召开了一个特别的发布会，"消费升维，特卖升级"，看主题即知其动作不小，要重新定义"特卖"。

不过，其特卖已经做到全球第一了，还怎么升级？为什么要在这个时候升级？又准备怎么升级呢？

这还要从唯品会2008年的成立说起。2008年，全球金融危机，让很多品牌方产生了库存，唯品会发现中国有不少对价格敏感又喜欢追求时尚品牌的消费者，两个因素一拍即合，唯品会独创"品牌"特卖模式，很好地抓住了10多年前的那次机会，快速崛起，打造了上万个知名品牌的供应体系，同时，不断提高竞争壁垒，形成了一整套高效特卖玩法。

而今天，竞争环境已经大不一样，唯品会虽然仍然是全球第一的品牌特卖电商，但也面临不少挑战：

一方面，根据尼尔森相关消费数据报告，2017年四五线城市电商渗透率增长高达10%～15%，远高于一二线城市3%～4%的增幅，而且四五线城市对性价比的追求，要比一二线城市更强烈。

作为电商最主要的增量市场，唯品会自然早有布局。据悉，唯品会在一二三线城市和四五线城市的发展是比较均衡的。不过，在四五线城市需求激增、对价格更敏感的情况下，唯品会不可避免地要去优化特卖模式，把特卖"好货不贵"的价值极致地发挥出来。

另一方面，当前电商发展的主潮流是社交零售，对传统的电商大平台，正在形成新的威胁。这种局面的出现，是因为传统电商模式的红利正在消失，能够服务的用户基本都覆盖了，剩下的都是不会网购或者没时间网购的人，他们对朋友比较信任，愿意购买他们分享的商品。

此外，社交零售的典型特征是渠道特别碎片化，流量来源无法定向、定量，这对品牌方提出了很大的挑战，也让习惯了流量浇灌模式的传统电商应对起来力不从心。

值得一提的是，社交购物与四五线城市也有着更加密切的关系，他们更加习惯通过熟人、高信任度的人来做消费决策。

所以，基于以上情况，特卖需要升级——通过消费者已有的和新拓展的社交关系，低成本地开发更多潜在消费者。

毫无疑问，唯品会看到了突破的方向。在本次发布会上提出的消费升维，正是上述大趋势下的产物。消费者的购物越来越理性了，他们不再是一味买贵的，而是要买性价比最好的。消费者的炫耀型消费行为在减少，理性的、追求品质的、保持品位的消费观念成为大势。

　　唯品会副总裁黄红英对此种情况总结了一个词，叫"买商"，情商、智商、财商再加上买商，情商就是会说话，智商就是会做事，财商就是会赚钱，而买商就是会花钱，有着"大品牌、小价格、好生活"的消费能力。

　　此外，黄红英还表示，没有套路，裸价到底，唯品会要坚定不移地，面向广谱人群、普罗大众，做真正意义上的无套路特卖。从这些表述中其实就可以看到，唯品会此次升级特卖，是对增势强劲的消费群体作出的很有针对性的调整。品质不变、价格更低，不仅俘获底线城市人群，也能在一二三线城市继续巩固自己的地位。

　　那么，在社交电商这一块，唯品会打算如何升级呢？唯品会的官方解读是：从"一家专门做特卖的网站"升级为全渠道、全矩阵、系统化的特卖体系。

　　一方面，开设唯品仓，服务全国的代购群体，代购是社交电商的核心群体，传统电商有5.6亿用户，而微信有近10亿用户，那么这4.4亿用户就是代购来服务了，这是一个非常庞大的市场，可以再造一个唯品会，毕竟唯品会现在有3.2亿用户，而唯品仓未来的市场空间非常大。

　　代购群体最头疼的就是优质货源，唯品会10多年来，积累了上万个全球各地的优质品牌供应链，还有1 700多个全球买手，所以，唯品会发展代购，也是水到渠成。

　　唯品会还有行业领先的品控团队和质检体系等，在仓储方面，唯品会仓储物流自动化已涵盖商品库存管理、商品分拣、包裹分拣等各作业环节，其西南物流中心更是全球最大蜂巢全自动集货缓存系统；华北物流中心也已经上线机器人全自动集货缓存系统。可以说，代购最担心的货源、品质、物流体验等问题，在唯品会这里都有很好的解决方案。

　　另一方面，唯品会用户复购率高达85%，这是行业内非常领先的，这也得益于其在C端的升级。针对C端用户，唯品会构建了小程序、云品仓、唯享客等多个社交电商入口，并在唯品会App主站发展唯品快抢、最后疯抢等业务，前者以大牌好货和全网最低价重塑特卖；后者以品牌组货方式，全部商品不超过3折。平时的拼团、砍价等社交营销玩法，也早已上线。

　　所以，未来的社交零售大趋势，唯品会其实已经跟上节奏，下一步是深耕、加强精准运营，这样，唯品会就能构造一个全渠道全生态的立体模式。

　　这套模式升级完成之后，唯品会可以利用自己塑造的全链条能力赋能品牌商品与不同需求、不同地区、不同消费能力的消费者进行最大化匹配，简化品牌方销售通路，在供给端为品牌商家提供一条龙的商品解决方案，再度构筑对品牌方的价值赋能。

　　最终，唯品会、品牌方、渠道方（代购）、消费者四方都获益。

　　在上一个十年，唯品会抓住了电商大势的机遇；而未来的十年，将是零售业大转型的十年，环境在变，消费者在变，唯品会也在变，通过特卖升级，唯品会找到了一条属于自己的路线，这条路线能否再一次引领十年呢？

　　资料来源　调戏电商. 唯品会，未来十年，如何重新定义"特卖"？[EB/OL]．[2018-10-30].
https：//baijiahao.baidu.com/s？id=1615739847354559533&wfr=spider&for=pc.

2.3　C2C电子商务

一、C2C电子商务市场概述

C2C（consumer to consumer）是消费者对消费者电子商务的简称，是指网络服务提供商利用计算机和网络技术，为买卖双方提供一个在线交易平台，用户在其平台上独立开展以竞价、议价为主的在线交易模式。

在C2C电子商务模式中，电子交易平台提供商至关重要，它往往同时扮演着监督者和管理者的角色，为买卖双方提供技术支持服务，甚至还为买卖双方提供保险、借贷等金融类服务。淘宝网是目前主流的C2C电子商务平台。

1.C2C电子商务市场发展现状

C2C是我国电子商务发展最早的领域，在与普通民众息息相关的网络零售市场，曾经几乎是C2C模式一统天下，占比达90%以上。近10年来，我国网络零售市场增长了百余倍，而C2C的占比却逐渐下降到与B2C大体相当的水平了。2017年我国网络零售总额规模分布如图2-7所示。

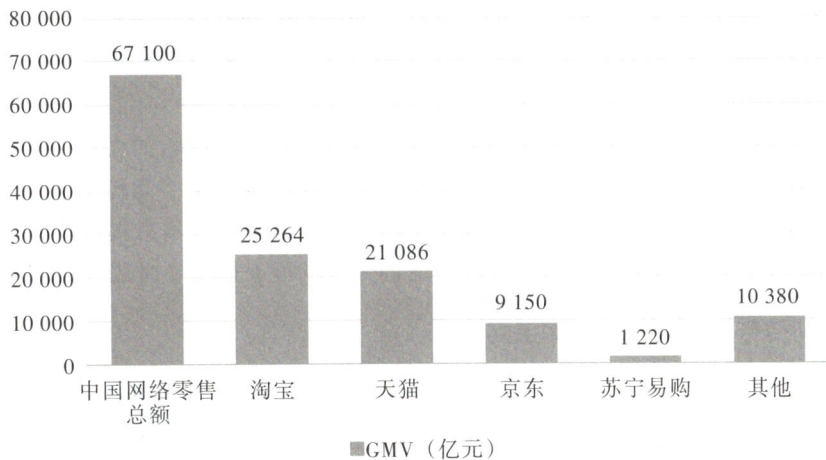

图 2-7　2017年我国网络零售总额规模分布

2.C2C电子商务市场发展历程

1999年：邵亦波创立易趣网，创中国C2C先河。同年8月，易趣网正式上线。

2002年：3月，eBay注资易趣网3 000万美元；5月，阿里巴巴斥资4.5亿元成立C2C网站淘宝网；7月，eBay斥资1.5亿美元全资收购易趣网。

2004年4月：一拍网正式上线，新浪占据其中33%的股权，原雅虎中国占67%的股份。

2005年9月：腾讯推出拍拍网，2006年3月13日开始运营。

2006年：2月15日，一拍网彻底关闭，阿里收购一拍网全部股份，原属于一拍网的用户将导入淘宝；12月，TOM在线与eBay合资，更名为TOM易趣。

2007年10月：搜索引擎公司百度宣布进军电子商务，筹建C2C平台。

2008年：5月5日，易趣宣布任何用户只要在易趣开店，无论是普通店铺、高级店铺还是超级店铺，都将终身免费；6月18日，百度网络交易平台正式在北京启动其在全国范围的巡回招商活动；10月8日，淘宝总裁陆兆禧对外宣布，阿里集团未来5年将对淘宝投资50亿元，并将继续沿用免费政策；10月28日，百度电子商务网站"有啊"正式上线，有望开创新的电子商务格局。

2009年：C2C新形式诞生，网购导购业进驻C2C抢占市场份额；12月，D客商城正式上线，推动个性定制业发展。

2011年4月：百度电子商务网站"有啊"宣布关闭C2C平台，转型提供生活服务。

2015年7月：创意电商"鸟差网"上线运营，平台为C2C类型。

二、C2C电子商务平台盈利模式

1.交易提成

C2C网站通常是一个交易平台，为交易双方提供在线交易的机会，相当于现实生活中的交易所、大卖场，从交易中收取一定比例的费用作为C2C网站的主要利润来源。

2.广告费

C2C网站根据网站流量和网站人群精度，把有价值的位置用于放置各类型广告，标定广告位价格，然后再通过各种形式向客户出售。如果C2C网站具有充足的访问量和用户黏度，广告业务会非常大。

3.搜索排名竞价

C2C网站商品的丰富性决定了购买者搜索行为的频繁性。搜索的大量应用就决定了商品信息在搜索结果中排名的重要性，由此便引出了根据搜索关键字竞价的业务。用户可以为某关键字给出自己认为合适的价格，最终由出价最高者竞得在有效时间内该用户的商品可获得竞得的排位。只有卖家认识到竞价为他们带来的潜在收益，才愿意付费使用。

三、C2C电子商务典型网站——淘宝网介绍

淘宝网是亚太地区较大的网络零售商圈，由阿里巴巴集团在2003年5月创立。淘宝网是中国深受欢迎的网购零售平台，拥有近5亿的注册用户，每天有超过6 000万的固定访客，同时每天的在线商品数已经超过了8亿件，平均每分钟售出4.8万件商品。2003年10月，淘宝网推出第三方支付工具"支付宝"，以"担保交易模式"使消费者对淘宝网上的交易产生信任。2003年，淘宝网全年成交总额为3 400万元。截至2011年年底，淘宝网单日交易额峰值达到43.8亿元，创造了270.8万个直接且充分的就业机会。随着淘宝网规模的扩大和用户数量的增加，淘宝也从单一的C2C网络集市变成了包括C2C、团购、分销、拍卖等多种电子商务模式在内的综合性零售商圈，目前已经成为世界范围的电子商务交易平台之一。

>>>>>>> 【阅读材料2-2】退货潮背后，最"苦逼"的还是商家

2018年11月12日，淘宝退款系统崩溃上了微博热搜，不少买家纷纷表示被商家套路了，比如，预售付了尾款却发现"双十一"价更低；去年的货卖到今年，价格还涨了100多元；过了"双十一"还是这个价。

　　面对骂声，商家也感觉很无奈。其实退货是电商销售中的一个伴随现象，退货率只有高低之分，但绝不可能不存在，没必要刻意回避。直至去年天猫官方才第一次给出了退货数据，宣称退货率在6.1%左右，而在此之前，仅部分商家透露相关数据：2012年，部分商品的退货率在36%左右；2013年，部分商品的退货率在25%左右；2014年，韩都衣舍退货率高达64%，杰克琼斯则为38%；2015年，某快递员称其配送的快递件中，每天有3%～5%的退货，而平时十天半个月才会碰到一两个退货的客户；2016年，某服装品牌的退货率为30%左右（平时在10%左右），某裤子品牌的退货率在40%左右。

　　从往年的报道以及经验来看，"双十一"退货率为20%～30%，应该会是一个比较接近于真实情况的数据。

　　业内人士分析，正常行业的退货率在10%都是正常的，而在"双十一"的时候退货率能够达到30%，特别是衣服鞋帽区是退货的重灾区，护肤品、玩具相对退货率就比较低了。

　　从往年退货情况来分析，造成"退货潮"的原因有很多：一是为了凑单满减，获得优惠后将自己不需要的商品退款；二是冲动消费，恢复理智后就想退款了；三是商品质量太差，这种情况大部分集中在服装领域，主要是色差、码号错误、与图片不符等原因；四是新《消费者权益保护法》的"网络购物7天内无理由退货"等条款的实施。

　　"退货潮"的出现也反映出电商销售屡屡创造纪录的背后，还有很多需要改进和完善的地方：一是电商平台售后服务的质量需要提上去以及平台营销规则的公平合理有待改善等；二是消费者要保持理智，避免冲动消费导致退货率过高，给物流和商家造成影响；三是商家要在给出最大限度优惠的同时尽量保证商品的质量问题。

　　而这背后，最"苦逼"的还是商家。

　　不少商家表示：这几年"双十一"期间，虽然流水、销量和顾客越来越多，但是成本越来越高，总利润并没有明显提升，单位利润甚至还有下降。其根本原因在于两点：

　　1.定价越来越低

　　大家卖的东西都差不多，供应商也就是那几个，区别就是颜色不同、商标不同而已，且买家可以简单轻易地在浏览页面中进行价格比对。每一个商家，除非其具有品牌、口碑优势，否则很难利用信息不对称获得超额利润。因此，在电商平台上，恶意压价、零成本甚至赔本销售已是常态。另外，供货商那边给的压力也越来越大。这两年商家不仅面临着制造业成本的上升，还为供货商资源发愁，供货商越来越少，商家的议价权几近为零。

　　在这样一个接近完全竞争的市场竞争环境下，价格成了唯一的突破口。当在价格上无法击败对手时，那就只能在定价模式上下功夫。

　　2.推广费用越来越高

　　资料显示，在电商平台上，经营的商家要根据自己的需求出价，按照流量竞价购买广告位，平台根据商家出价从高到低进行展示，商家并不知道其他商家的出价，如果发现自己店铺的流量下降，只能再次提高竞价。

　　这种模式的弊端是，当电商平台上累计的商家越多时，想要获取流量就越困难。特别是当现在移动端占据成交比例80%的时候，想要在为数不多的移动页面上靠前展示，更是难上加难。

　　在整个"双十一"最为关键的11月10日到11日，CPM（平均每一千人分别听到或者看到某广告一次的成本）至少翻1~3倍。一位经营20多年、线上销售10余年的资深淘宝店主表示，前些年网上商家少、竞争小，推广费用还不太高，但这些年都得靠花钱推广，推广费用至少占客单价的10%，再扣除客服工资、店铺维护、退换货等费用，线上经营成本已经非常高了。

在电商平台要求打"便宜牌"的情况下，网络店铺的售价越来越接近成本。在成本"降无可降"的情况下，店铺如何在"双十一"里既赚吆喝又赚钱，成了广大商家考虑的首要问题。

资料来源　开心牛人. 欲哭无泪！双11准备两个月，卖了一百多万，第二天发现退货了20万［EB/OL］.［2018-11-21］. http://www.jinciwei.cn/k324399.html.

微课 2-2

O2O 电子商务
模式

2.4　O2O电子商务

一、O2O电子商务市场概述

O2O 即 Online to Offline（在线离线/线上到线下），是指将线下的商务机会与互联网结合，使互联网成为线下交易的平台。这个概念最早来源于美国。O2O的概念非常广泛，产业链中凡是涉及线上线下的模式都可以称为O2O。

从广义上讲，O2O是指通过线上营销推广的方式，将消费者从线上平台引入线下实体店，即 Online to Offline；或通过线下营销推广的方式，将消费者从线下转移到线上，即 Offline to Online，在整个过程中不完全强调要通过线上支付环节完成交易。从狭义上讲，O2O 是指消费者通过线上平台在线购买并支付或预订某类服务或商品，并到线下实体店体验消费后完成交易过程；或消费者在线下体验后通过扫描二维码等方式在线上平台购买并支付某类服务或商品，进而完成交易。狭义O2O强调的是交易必须是在线支付或预订的，同时商家的营销效果是可预测、可测量的，其核心是在线支付。

本地生活服务O2O，是指在同一城市（或地区），为满足居民日常生活需求提供商品或服务的商业模式，必须同时涉及线上线下流程（包括但不限于预订、支付、下单），且商品交易与服务产生的场所必须在本地。O2O线上线下流程如图2-8所示。

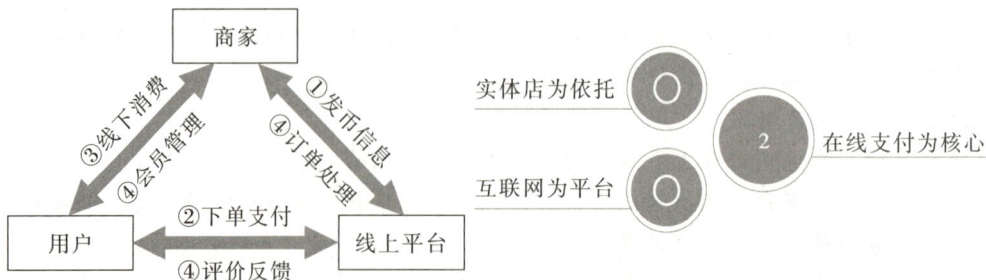

图片来源：艾媒咨询.

图 2-8　O2O线上线下流程

二、O2O电子商务市场分析

iiMedia Research（艾媒咨询）的数据显示，2016年中国O2O市场规模达659.4亿元，较2015年增长42.7%；由于市场刚需拉动，即使在资本遇冷的环境下，2017年中国O2O市场规模仍保持缓慢增长，达8 343.2亿元。2011—2017年中国O2O市场规模及预测如图2-9所示。

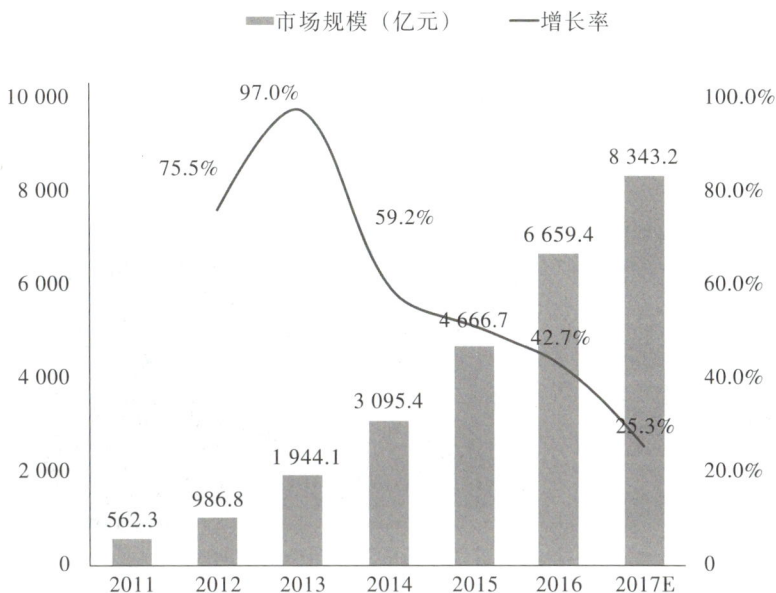

数据来源：艾媒咨询.

图2-9　2011—2017年中国O2O市场规模及预测

三、O2O电子商务典型网站——衣邦人服装定制的应用

在万亿元规模的服装市场中，定制只占了不到10%。随着消费升级和柔性供应链的发展，服装类私人定制成为一大趋势。

衣邦人成立于2014年12月，首创将"互联网+上门量体+工业4.0"引入服装定制行业，全国连锁，采用O2O上门量体的方式，为用户提供个性化服装定制方案与建议服务。衣邦人网站主页如图2-10所示。

图2-10　衣邦人网站主页

目前，该公司可以在全国200多个城市提供免费上门量体服务，在40多个城市拥有CBD展厅。衣邦人每一件服装都是一人一版，独立剪裁，真正为每一位客户定制适合客户气质品味、符合所需场合的服装。完成一次定制，只需要简单的四个步骤，如图2-11所示。衣邦人10天左右可以制成成衣并实行全国配送，提供比传统服装定制行业更高标准的365天无忧售后服务，并通过建立完善的回访体系、提升售后处理效率等，多维度提升用户体验。

图2-11   衣邦人高端定制服务简单四步

衣邦人目前在全国有员工近900人，有500多人的着装顾问团队，总部位于杭州。其创始人、董事长兼CEO方琴毕业于浙江大学，是连续创业者。公司核心团队均专注互联网创业多年，在互联网和私人定制领域有很深的积累，2018年10月，衣邦人服务客户数累计已突破50万人，平台单月预约量过10万，日成交额突破500万元，微信公众号粉丝数突破320万。据预测，衣邦人年内总预约量还将超百万。

目前，世家宝（Scabal）、杰尼亚（Zegna）、切瑞蒂1881（Cerruti1881）等国际奢侈品大牌所用的高端面料品牌，均与衣邦人达成战略合作。

面料资源的整合也是衣邦人的优势之一。衣邦人定制服装面料，不少来自于阿玛尼（Armani）、巴宝莉（Burberry）、雨果博斯（Hugo Boss）等奢级大牌的面料供应商，价格只需它们的30%～50%。衣邦人持续引入国际奢级面料，与国内领先的服装智能制造生产企业合作。目前，衣邦人已与世家宝、切瑞蒂1881等十多家全球奢级面料品牌达成国内独家战略合作，鲁泰、庄吉、拉峰等20多个服装定制品牌均已入驻衣邦人平台。衣邦人可以提前引进最新款，比国际奢侈大牌更早地使用这些面料。

衣邦人采用上门的方式，省去了传统门店模式中占成本25%～50%的租金成本，用户通过衣邦人手机App、官网或微信公众号等预约，专业着装顾问免费上门量体，收集19个部位26个身材数据，并提供全品类服饰定制方案与建议。衣邦人与工厂深度合作，用智能推版取代了原来老裁缝的经验。一般服装码数只有4个，但利用算法可以把基础版型裂变成64个。经过大量数据验证，着装顾问在衣邦人自建系统中输入用户数据之后，合作工厂将通过智能推版技术自动推算出最适合用户的版型，一人一版设计制作。由于提高了供应链效率，衣邦人的服装价格相比高级定制降低了30%～50%。

利用技术提效降本，首先解决的是服装定制的规模化问题，从而让用户享受到价格较低、速度较快的优质定制服务。让定制服装更时尚，是行业的下一个目标。要做到这一点，一是要用智能化技术实现高效的个性定制，二是要增加可定制的品类。

衣邦人将品类拓展至相对非标的休闲品类，提供的男装定制品类包括西服、衬衫、裤装、大衣、T恤、新中式服装等，优不同的面料、工艺、版型组合。衣邦人还推出了女装，但目前品类还比较少，之后会逐渐增加。

>>>>>>技能训练2-1

视频2-2

对比3个B2C电子商务平台的网站功能、盈利模式和物流配送，并填写表2-1。

电子商务将消失

表2-1 各B2C电子商务平台对比

序号	B2C电子商务平台	网站功能	盈利模式	物流配送
1				
2				
3				

<<<<<<

本章小结

电子商务模式可以从多个角度建立不同的分类框架，最常见也是最重要的是B2B、B2C、C2C的分类。研究和分析电子商务模式的分类体系，有助于挖掘个人或者企业所需的资源，发现新的电子商务模式，为电子商务模式创新提供途径，也有助于企业制定特定的电子商务策略和实施步骤。

电子商务不是简单地在互联网上做电子交易，涉及生产、流通和消费环节，在促进消费、改善消费的环节上也起到了很好的作用。电子商务已经成为人们生活方式的重要组成部分。同时，电子商务也为个人和企业创造新的竞争优势带来了新的机遇。互联网有其内在的发展规律，如"只有第一，没有第二""跨界共赢"等。比尔·盖茨说，"21世纪要么电子商务，要么无商可务"。在电子商务的征途中，只有创新才能发展，创新是电子商务的本质要求。

在网络经济环境下，电子商务给传统企业、实体店带来很大冲击，传统商务模式转型对很多企业来说是前所未有的挑战，几乎没有现成经验可供借鉴，也没有固定统一的转型模式，需要人们用创造性的思维来实施电子商务。

传统商务有其不可替代性，电子商务顺应时代发展潮流，双方各有优势，彼此技术上的融合、取长补短，将催生更有竞争力的商务模式。

思考题

随堂测2

1.在电子商务分类中，C2C是（　　）。

A.消费者与消费者间的电子商务　　　　B.企业间的电子商务

C.企业内部的电子商务　　　　　　　　D.企业与消费者间的电子商务

2.O2O是（　　）的缩写。

A.Online to Online　　　B.Online to Offline　　　C.Offline to Offline　　　D.Offline to Online

3.制造商和外部原材料供应商之间的电子商务属于（　　）。

A.企业之间的电子商务　　　　　　　　B.企业与政府部门之间的电子商务

C.企业内部的电子商务　　　　　　　　D.企业与消费者之间的电子商务

4.网上零售是典型的电子商务在（　　）中的应用。

A.企业-企业　　　　B.企业-消费者　　　C.企业-政府　　　　D.消费者-政府

5.虚拟的货架实质上是（　　）。

A.没有商品的货架　　　　　　　　　　B.看不见的货架

C.电脑显示的货架　　　　　　　　　　D.陈列"商品"名称的Web文件栏目

第3章　电子商务的应用

□ 学习目标

1. 了解在线旅游的市场现状与发展趋势。
2. 了解在线教育的市场现状与发展趋势，掌握在线教育的不同类型。
3. 了解网络招聘的市场现状与不同招聘模式。
4. 了解网络婚恋与交友的市场现状与发展趋势。

□ 引导案例

新规利好，同程艺龙、美团点评、开元酒店、复星旅文扎堆赴港IPO

2018年4月30日，香港证券交易所（以下简称港交所）新版上市规则开始生效。在新版上市规则中，出现了不少利好新规，意在吸引新经济公司。此外，内地部分省市也推出了利好政策，如海南省、杭州市等，均计划与港交所展开合作，助推当地企业赴港上市。

据统计，自新规落地后半年内，港交所已迎来18家新经济公司来港上市，集资额达1 144亿港元。在此背景下，旅游企业也同样加入了赴港上市大军。2018年6—9月间，包括同程艺龙、美团点评、开元酒店、复星旅文等企业纷纷递交招股书。

2018年6月，在同程网络与艺龙旅行网宣布合并3个月后，新公司同程艺龙向港交所递交招股书，同程传言许久的IPO计划终于尘埃落定。有消息称，同程艺龙已通过港交所聆讯，有可能在年内挂牌，成为港股在线旅企（OTA）第一股。

根据招股书，2017年内，艺龙实现收入25.19亿元，利润为1.94亿元；同程线上业务实现收入27.07亿元，利润为4.91亿元。合并后的同程艺龙，2017年所拥有平均月活跃用户数量为1.21亿人，平均月付费用户为1 560万人。

在同程艺龙IPO申请递交的同时，也拉开了今年旅游类企业赴港IPO的大幕。仅隔几日，美团点评也正式向港交所递交IPO申请。资料显示，美团点评计划在全球发售约4.8亿元B类股，包括2 401万元在港发售的B类股及4.56亿元国际发售的B类股。2018年9月20日，美团点评于港交所正式上市。

2018年8月，浙江开元酒店管理股份有限公司（以下简称"开元酒店"）宣布向港交所递交招股书。此前，开元产业投资信托基金已在2013年于港交所上市，此次开元酒店赴港IPO，意味着开元旅业集团"轻""重"资产分拆上市的计划进入新阶段。

2018年9月，复星旅游文化集团（以下简称"复星旅文"）也向港交所递交招股书。此前在7月，复星国际发布公告，计划分拆复星旅文并于香港联交所主板独立上市。然而，在2015—2017年间，尽管复星旅文营业收入在不断增长，但始终处于亏损状态。

资料来源　佚名. 新规利好，同程艺龙、美团点评、开元酒店、复星旅文扎堆赴港IPO［EB/OL］.（2018-11-06）. http：//www.sohu.com/a/273656439_251503.

□ 案例思考

1. 在线旅游为什么能够如此大规模爆发式发展？

2. 相比传统的线下旅行社，在线旅游网站有什么优势和不足？

随着互联网与电子商务的高速发展，人们的生活变得更加便利、快捷，人们对生活品质也有着越来越高的要求。国家在制定经济政策时顺应潮流，于"十三五"规划中提出了拓展网络经济空间，实施"互联网+"行动计划，鼓励互联网的多领域发展。在这样的大背景下，互联网与电子商务逐渐深入到各行各业中，为人们不断增长的需求提供更多产品与服务，同时也为企业提供了更多的商机。如今，许多传统在线下经营的行业，诸如旅游、教育、招聘与婚恋交友，都已经适应经济变化，逐渐发展为线上线下相结合的模式，为人们提供更便捷的服务。

3.1　在线旅游

一、在线旅游概述

在线旅游是指依托于互联网，以满足旅游消费者信息查询、产品预订以及服务评价为核心目的，向消费者提供各种旅游相关产品与服务的行为。在线旅游所涉及的业务从原本的在线旅游度假方案设计、交通住宿预订、景点门票购买等一些基本业务，逐渐拓展出包括保险、外币兑换、境外通信、攻略分享等一系列旅游产品服务。根据第42次《中国互联网络发展状况统计报告》，截至2018年6月，在线旅游预订用户规模达到3.93亿人，较2017年12月增加1 707万人，增长率为4.5%，虽然增长势头有所放缓，但整体仍然呈现上升趋势。

在线旅游这几年的飞速发展，离不开互联网的普及与网民规模的增长。截至2018年6月，我国网民规模达8.02亿人，普及率达到57.7%，人们已经习惯了互联网的生活，这为在线旅游行业的发展提供了良好的基础。加上生活水平的提高带来的消费升级，人们对于休闲度假的需求迅速增长，越来越多人选择节假日携带一家老小出行旅游。在宏观调控上，国家"十三五"规划中明确地将旅游产业定位为国民经济战略性支柱产业。目前，国家旅游局与多家金融机构共同遴选出680个全国旅游优选项目。截至2017年，全国旅游优选项目计划融资总额为8 843亿元，同比增长35%，为旅游行业带来了巨大的资金支持。除此之外，高铁与动车带来的交通便利以及其他国家和地区对我国的开放旅游政策，都促进了整个旅游行业的发展。

伴随着旅游的热潮，人们的消费习惯开始越来越偏向于在线预订酒店机票，规划好旅游路线。电子商务天然具有的优势，也让企业意识到发展在线旅游业务能够提高效率，节约成本，还能够近距离接触消费者，及时了解市场中最新的需求，通过市场的反馈，迅速调整企业的战略，占据市场份额。在这样的助力下，未来在线旅游市场将会持续地保持上升态势。

二、在线旅游市场分析

1. 在线旅游产业链结构

在线旅游包含了一系列旅游产品服务，若要满足消费者的全部需求，只靠一个供应商是无法实现的。在整个在线旅游的产业链中，有在上游的资源供应商，它们是各项旅游资源的提供者，例如各大航空公司、酒店集团以及景区的所有者，它们直接对消费者提供了各项旅游资源；在中游的主要是一些渠道商，例如各大在线旅游的网络平台与旅行社，它们主要负责将各项旅游资源整合在一起，根据消费者的需求，有针对性地制订各种各样的旅行计划；在下游的大多是营销端，例如各大旅游社区、门户网站，它们通过各种营销手段来帮助销售旅游产品。不论是上游、中游还是下游，面对的都是市场中的广大消费者。在线旅游市场的产业链结构如图 3-1 所示。

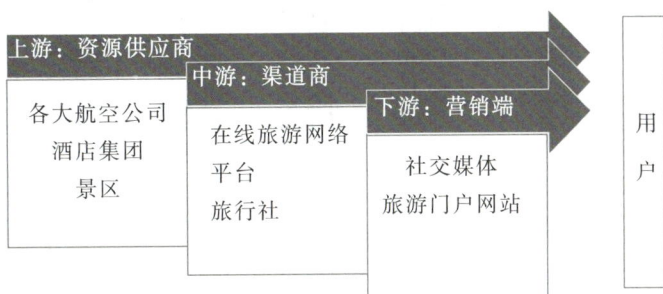

图 3-1　在线旅游市场产业链结构

微课 3-1

在线旅游市场分析

2. 在线旅游市场概况

我国在线旅游市场目前规模巨大，发展迅速，是国家 GDP 重要组成部分。如图 3-2 所示，自 2008 年以来，我国在线旅游市场规模由 487.2 亿元增长至 2016 年的 7 394.2 亿元。近几年增速虽有所放缓，但仍然势头强劲。

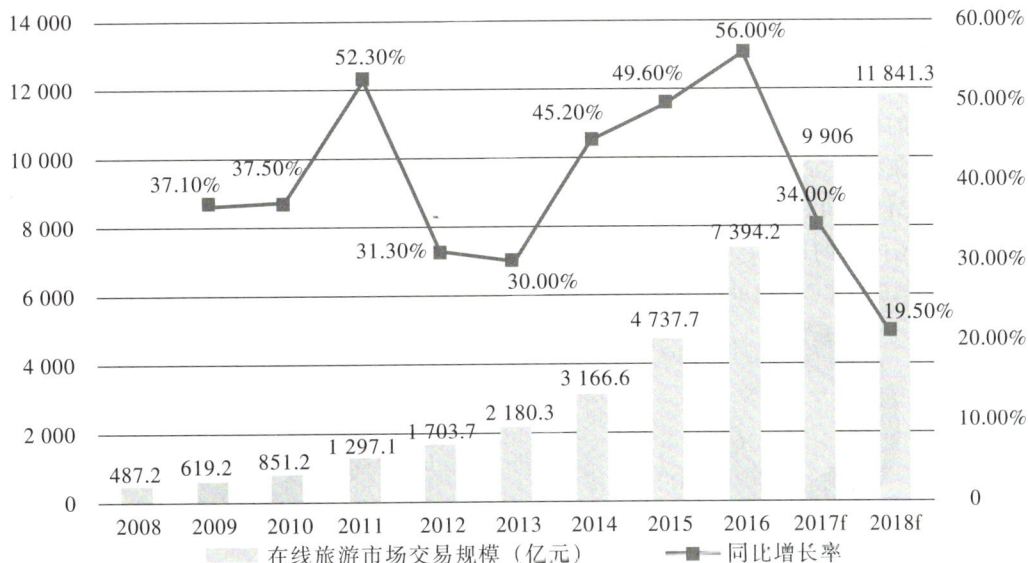

资料来源：Analysys 易观.

图 3-2　2008—2018 年我国在线旅游市场交易规模及预测

2010—2017年我国在线旅游行业交易规模结构如图3-3所示。从图3-3中可以看出，交易规模最大的是机票交易，其次分别为住宿交易与度假交易。近几年，由于高铁等其他交通工具的发展，机票市场的规模比重逐渐减小，而度假交易由于出境游的旅客增加，单次旅行价格的提升扩大了整体度假交易的规模。

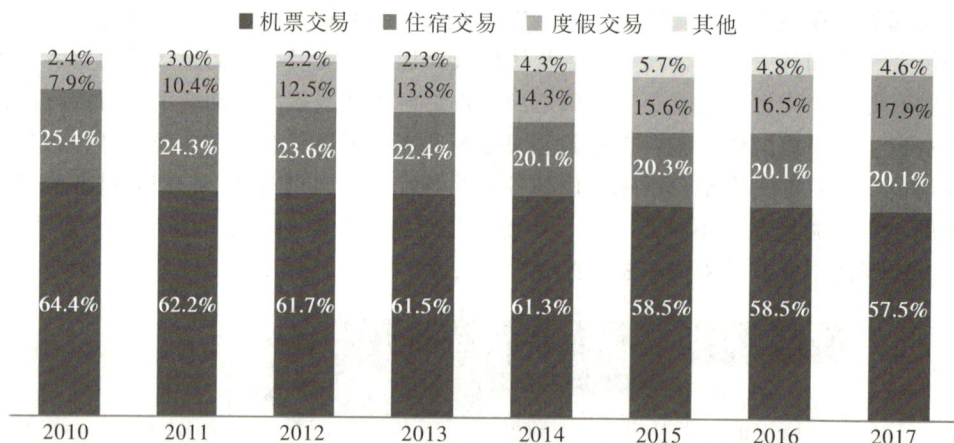

资料来源：艾瑞咨询.

图3-3 2010—2017年我国在线旅游行业交易规模结构

3.在线度假市场概况

在线旅游市场包括机票、住宿、度假交易等一系列旅游产品，而在线度假市场则是在线旅游市场中最重要的业务之一。在线机票市场与在线酒店市场由于发展历史较久，已经相对成熟，而在线度假市场是目前在线旅游行业中最具有潜力的市场。如图3-3所示，2010—2017年，在线度假交易的规模不断扩大，由2010年的7.9%增长至2017年的17.9%，呈现出持续上升的趋势。

从市场结构来看，在线度假市场中自助游的比重已经超过了跟团游，传统的旅行团由于缺乏自由度，加上爆出的负面新闻不断，人们开始更愿意选择自由度更高、更加个性化的自助游。另外，随着许多国家采取对中国较积极的旅游政策，放宽签证的申请年限与要求，出境游的门槛越来越低，这让不少国民把出境游作为度假的首选。如图3-4所示，2017年我国在线旅游度假市场中，出境游的比重为55%，相比2016年进一步提升，国内游则下降至21%。由于国家假期制度的调整，以3天为主的小长假促进了周边游的增长，首次超过了国内游的比例，成为人们出行的又一热门选择。

资料来源：Analysys易观.

图3-4 2017年我国在线度假旅游市场结构及市场规模

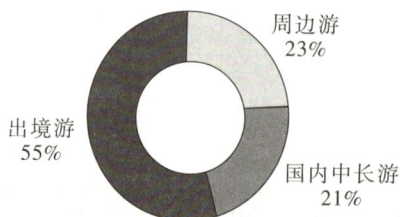

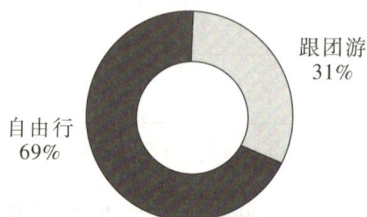

目前，我国的在线度假市场中企业数量众多，竞争激烈。但从整体竞争格局来看，行

业中几个主要的企业占据了大部分市场份额，而规模较小的企业若想突破行业壁垒，则具有较大的难度。

在线度假市场中的厂商可分为两种类型：一种为 OTA 厂商，一种为平台型厂商。OTA 为在线旅行社（Online Travel Agent）的缩写，即将传统的线下旅行社的经营模式搬到互联网上。目前市场当中较大的几家 OTA 厂商有途牛、携程、同程、驴妈妈等。从 OTA 厂商 2017 年在线度假旅游市场份额来看，途牛、携程分别以 27% 与 23% 的比重，占据了行业中的主要地位，同程、驴妈妈紧随其后，如图 3-5 所示。

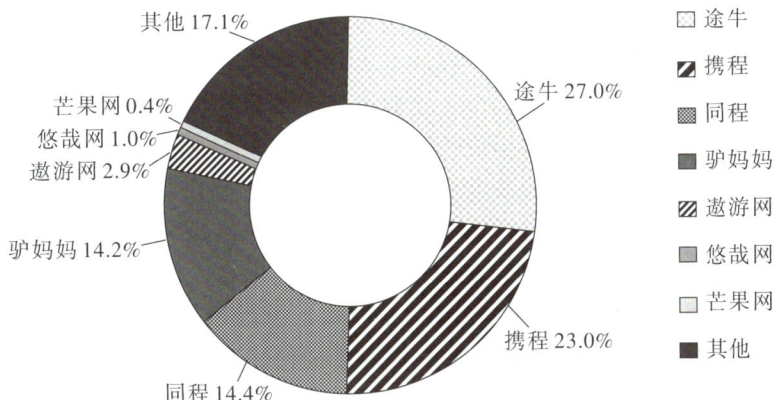

资料来源：Analysys 易观.

图 3-5　2017 年我国在线度假旅游市场份额（OTA 厂商）（按交易规模）

平台型厂商则通过搭建第三方平台，为旅行社和消费者提供交易的平台与渠道。典型的代表有飞猪、去哪儿以及马蜂窝，其中飞猪以 28.7% 的市场份额在市场中占据有利位置，如图 3-6 所示。

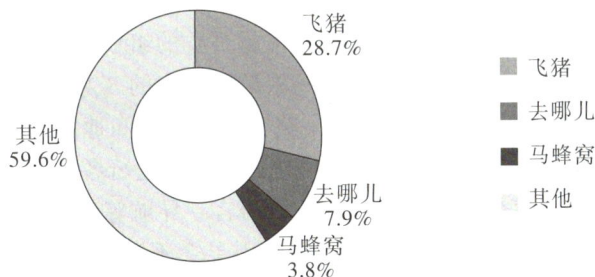

资料来源：Analysys 易观.

图 3-6　2017 年我国在线度假旅游市场份额（平台型厂商）（按交易规模）

在整个在线度假市场中，OTA 厂商又与平台型厂商相互竞争，因此，整个行业中的竞争格局为头部聚集效应，即几个主要厂商的市场总份额超过了 75%，其他小厂商若想打破头部厂商的垄断地位较为困难。

4.中国在线旅游度假行业发展趋势

目前，中国在线旅游度假行业发展呈现持续增长的趋势，主要表现为以下几点：

（1）旅游产品细分品类增多。近年来，随着人们要求的不断提高，在线旅游度假行业也根据消费人群的不同需求，推出了更加具体的产品品类，例如，以教育为主题、为孩子考察教育环境与水平的游学旅行，以新婚为主题的蜜月旅行，以家庭为主题的亲子游、爸妈游，以购物为主题的购物旅行等。另外，以海岛度假为主题的海岛游，也在近几年火热起来，马尔代夫、普吉岛、巴厘岛、济州岛等岛屿也成为热门的旅游地点。同时，热门的还有以邮轮为主题的出境邮轮与国内的长江游轮。在满足基本的旅行需求外，各类旅行产品还要考虑满足细分人群的差异化需求。

（2）定制旅游产品将成为大势所趋，品质游将成为旅游的关键词。随着经济的发展，人们对个性化的要求使得传统跟团游的模式已经逐渐无法适应当前的旅游市场。人们更愿意选择符合自己要求的，时间、价值利用率较高的自助游。在这种趋势下，在线旅游度假市场催生了一个新的职业——定制师。定制师可以根据消费者的需求，提供搜集信息、制订旅游方案、个性化匹配等多种服务，在满足大众个性化需求的同时，针对一部分高端定制的消费者，推出重服务、利润高的个人定制服务，以高品质的服务产品满足不同消费人群的需求。定制能力在未来势必将会成为各大在线旅游厂商的核心竞争力之一。

（3）移动端发力，促进在线旅游度假行业的发展。随着手机的使用率上升，移动电子商务迅速发展，各大在线旅游企业也纷纷推出自己的移动端App。艾瑞监测数据显示，2017年中国在线旅游行业移动端用户访问次数占总体近七成。加上4G网络的普及与5G网络的开发，社交网络的火热，人们早已习惯于"边走边玩"，通过手机随时随地上网查找旅游信息，订购旅游产品，分享旅游信息。移动端的便捷性、自主性能够有效地利用碎片化时间，刺激消费，促进在线旅游行业的发展。

（4）周边游、乡村游将成为国内旅游的重要组成部分。近年来，我国对假期安排进行了调整，以3天的小长假为主。同时，基础设施建设不断加强，交通更加便利，让一些原本偏远的、未被开发的地区能够方便地与外界交流。此外，国家采取了全域旅游的思路，力图将各地分散的景点互联，化零为整，打造成吃、住、行、游、购、娱一体化功能齐全的景区，带动当地经济的发展，成为乡村扶贫的新渠道。这些因素都促进了短距离、短时间的周边游与乡村游的发展，成为国内旅游越来越重要的组成部分。

（5）出境游市场将持续火热。根据驴妈妈旅游网发布的《2019"一带一路"出境游趋势报告》，2018年通过驴妈妈平台赴"一带一路"沿线国家和地区出游人次，相比2017年增长约38%。此外，中国还与相关国家互办"旅游节"，进行各类市场推广活动，促进文化交流。加上各大在线旅游企业的一站式服务，语言、导航等都将不再成为阻碍出境游市场的壁垒。在未来的趋势中，国家政策的战略性引导会不断促进新的出境游目的地兴起，出境游的比重会逐渐加大。

三、主要在线旅游网介绍

1.途牛旅游网

途牛旅游网创立于2006年10月，是我国OTA类B2C平台。途牛以"让旅行变得简单"为宗旨，为消费者提供跟团游、自助游等传统旅行项目。在其核心业务中，各品类细分产品众多，定制化程度较高，有旨在提供高品质跟团游的"牛人专线"，也有将旅游产品碎片化，通过消费者自行进行组合购买，保障顾客的个性化体验的超级自由行服务。同时，途牛在多地开设线下实体店，采取线下线上相结合的策略，创新服务与渠道，增强用户体验。

2.携程旅行网

携程旅行网创立于1999年，总部设在中国上海，目前已在国内外多个城市建立分支机构。携程是中国发展最早的、最有影响力的综合型在线旅游网站之一。截至 2017 年年底，携程网在中国在线旅游度假跟团游与自助游市场中的份额都居于首位。作为国内领先的在线旅游网站，携程拥有巨大的消费人群与市场基础，在竞争日渐激烈的旅游市场，针对不同的人群，不断更新自身的产品服务，推出满足不同需求的方案，向会员提供定制化的产品。近几年，携程网加大进军定制游，针对企业与个人，推出高中端的定制产品，同时，还在国内外多方寻找合作伙伴，将业务不断衍生拓展，细分出更加专业细致的服务内容，以增强核心竞争力。

3. 驴妈妈旅游网

驴妈妈旅游网创立于 2008 年，是景区门票在线预订模式的开创者，发展至今，已经成为国内在线景区门票、在线周边游等细分市场的重要品牌。驴妈妈旗下拥有众多主题化、IP（知识产权）化的旅游产品，通过对消费人群不同的消费需求，规划不同的路线，做到定制化服务。2017 年，驴妈妈周边游市场份额居市场第一，其丰富的景区资源也令其在线景区门票市场的占有率处于领先位置。2018 年，驴妈妈成立超级会员事业群，全力打造用户极致体验和优质旅游品牌，进一步挖掘消费升级下的旅游市场潜力，逐渐从"经营流量"向"经营会员"转变。

4. 马蜂窝旅游网

马蜂窝旅游网创立于 2006 年，2010 年开始公司化运营。最初的马蜂窝网站只是单纯的旅游信息分享平台，由于其不乏高质量的游记、攻略、经历等内容，吸引了众多年轻消费者。相比其他 OTA，马蜂窝更多的是从用户原创的海量信息出发，基于消费者的个人消费需求提供自由行旅游指南，进行辅助消费，最后通过马蜂窝接入进行交易。换句话说，UGC（用户原创内容）+大数据+自由行服务平台是马蜂窝的核心竞争力。为了提高用户体验，鼓励更多人撰写优质原创的旅行内容，马蜂窝在网站页面上也做了优化调整，减少了广告的数量，尽量以简洁清晰的界面将内容展示给消费者。除此之外，马蜂窝还以旅行点评、旅行问答等类似于社交网络互动的方式来解决用户的疑问，提供决策参考，受到了广大用户的欢迎。

拓展阅读 3-1

"旅游+金融"，能否圆在线 OTA 一个掘金梦

3.2　在线教育

教育对每一个家庭来说都是一笔巨大的支出，随着经济社会的发展，人们对教育的重视程度越来越高，教育在家庭消费中的比重也越来越大。除了传统的幼儿园教育、小学教育、中学教育、大学教育之外，教育市场上应运而生的学前教育、职业培训、成人教育等不同的教育模式如雨后春笋，纷纷进入消费者的选择中。

视频 3-1

中国进入消费互联网时代

伴随着互联网的普及，人们渐渐意识到将互联网引入教育行业，可以跨越时间空间，接受最前沿的知识，了解到最新的学术研究，随时随地进行学习。因此，在线教育这种模式在推出后不久便受到了广大消费者的认可。而传统的教育机构也顺应市场需求，将互联网融入教学模式当中。

▶▶▶▶▶▶ 【案例3-1】掌门1对1：K12在线教育独角兽如何炼成？

2017年冬天，K12在线教育企业掌门1对1在北京召开年度战略发布会。这家出身于上海的企业，向北京也向行业扔出了一个重磅炸弹——完成D轮融资，金额达1.2亿美元。

独角兽跑出的背后，是整片森林的躁动。在线教育在触底后，已经开始反弹，并且显得愈加成熟。在线教育不仅是教育+互联网，而且是互联网思维和传统教培思维碰撞的结果，其产生的新物种，天然具备独角兽的基因。

经过四年的艰难创业，掌门1对1搞明白了三件事：

第一，赛道决定能长多大，模式决定能否存活。做教育选择了K12这条赛道，做在线选择了"1对1"这个模式，是掌门1对1根基性的战略正确。

第二，想成为"独角兽"需要掌握独门武器，想成为"掌门人"需要依赖创始团队。掌门1对1有"三把刀"，分别是数据、师资和教研，同时武器使用者即团队的战略、成长、管理也至关重要。

第三，企业的发展路径是最好的方法论。从复盘来看，"垂直深耕+规模扩张+品牌优势"是掌门1对1发展壮大的底层逻辑。

"去年掌门3万名教师，营收10亿元"，掌门1对1创始人张翼说，"现在教师人数突破4万名，学员人数超过500万人，预计今年年底教师人数会突破10万名"。

10万名教师，是线下教育机构难以想象的数字，也是来自在线教育企业的温柔一击。

资料来源：佚名. 掌门1对1：K12在线教育独角兽如何炼成？［EB/OL］．（2018-06-01）．http：//www.100ec.cn/detail-6452471.html.

◀◀◀◀◀◀◀

一、在线教育市场概述

微课3-2

在线教育市场概述

　　在线教育，又称网络教育，即将教学与互联网相结合，利用现代信息技术进行的教学活动。这是一种以互联网为载体的新型教育模式，将教育资源进行整合，让更多的人能够接受多元化的教育。

　　近年来，我国相继推出《国家教育事业发展"十三五"规划》《国家中长期教育改革和发展规划纲要（2010—2020年）》等多项教育政策，推进"互联网+教育"以及"教育信息化"，这些国家战略性政策为在线教育提供了一个良好的环境。在这些政策指向中，我国明确提到了人工智能在教育领域的使用，在未来形成"人工智能+X"的复合专业培养新模式，推动科学技术的发展。技术的发展又能有效地促进行业升级。目前，AI（人工智能）已被运用到各个教育产品中，加上各种手机、平板电脑等移动电子设备的快速更新换代与大数据背景的支持，用户体验越来越好，个性化程度越来越高，学习效率自然也有了很大的提升。这些因素有力地促进了在线教育吸引更多消费者并培养其学习习惯。

　　用户需求的快速增加也是在线教育发展迅速的一个原因。教育不论在任何时代，都是非常受重视的一个行业。经济快速发展的同时，家庭的收入水平也越来越高。按照国家统计局的数据，2013—2017年，我国文教娱乐支出增长了近一倍，人们对知识的渴望日趋强烈，尤其是高品质的教育。除了义务教育的刚性需求外，对高等教育、职业教育、企业培训等多元化教育的需求量也在不断提升，再加上"二胎"政策开放，整个市场潜力巨大。

1. 在线教育的类型

在线教育的类型按照不同领域的内容可分为七种：学前教育、K12、网络高等教育、网络职业培训、网络语言学习、企业网络培训以及网络素质教育。

（1）学前教育和 K12。学前教育培训主要是指针对幼儿园阶段的孩子进行的教育，K12 则特指从小学到高中的教育，这两种类型又可归为基础网络教育。由于义务教育在我国的实行，基础网络教育并不提供学历，更多的是作为一种辅助性的教育存在，例如，主打英文教育的 VIPKID 以及其他针对各学科所开设网络课程的学而思网校等。目前，全国 K12 光公立学校中就有在校生 1.6 亿人，整个消费市场巨大，且基础教育作为刚需，短时间内不容易出现市场需求不足的情况。但由于我国实行高考各省自行出卷的方式，每个省份所学的内容又有所不同，这就导致了在线教育除了一些具有普遍性的学科之外，全国性的企业较难下沉到三四线城市。但本地的在线教育企业仍然能在行业中深耕细作，比如北京的高思教育、陕西的龙门教育、河南的大山教育等。这些区域性的在线教育企业针对本地的市场需求推出目的性明确的课程，受到各地学生和家长的欢迎。

（2）网络高等教育。网络高等教育的对象一般为年满 18 岁、高中毕业之后的成人，有别于网络基础教育。人们可以通过网络高等教育的学习，获得国家承认的文凭，如中山大学网络教育学院、中国人民大学网络教育学院等。

（3）网络职业培训。网络职业培训多指与职业相关的一些技能培训或是各种考试辅导，消费人群涵盖了学生和成人。通过网络职业培训的学习与考试，消费者可以获得特定的职业能力或资格证书，例如，针对公务员考试的华图教育、培养会计的中华会计网校等。

（4）网络语言学习。网络语言学习是当下最热门的，也是较早进行在线教育的种类之一。教育产品主要是语言能力提升的训练，如新东方、沪江网校等。

（5）企业网络培训。顾名思义，企业网络培训针对的是各大企业内部员工。在现代信息技术的帮助下，许多企业将培训由线下转至线上，尤其对一些全国性的企业来说，在线教育节约了人力成本，也提升了培训效率。除了企业自行开发的培训系统外，也有不少企业选择第三方培训机构，对人才进行培养。例如，北大青鸟与华为、金山、戴尔、IBM 等企业进行合作，针对企业需求，对员工进行培训。

（6）网络素质教育。除了以上六种教育之外，剩下的一些教育门户网站、教育频道、平台、内容提供都属于网络素质教育，各个年龄段的人群都能在这些网络当中寻找到合适的培训课程，主要针对的是兴趣素质的培养，例如中国大学 MOOC、网易公开课、可汗学院等。

在线教育还可按照商业模式进行分类，这也更加符合电子商务本身。在线教育按照商业模式主要可分为五种：B2B2C 模式、B2C 模式、C2C 模式、O2O 模式、B2B 模式。

（1）B2B2C 模式。这种模式是网络平台同线下教育机构合作，让教师注册平台，在平台上向学生提供教学课程。例如，网易云课堂，通过让专业人士与企业成为课程提供方，由平台方对课程进行整合、运营、营销并搬上平台，学习者可自行对课程进行选择。

（2）B2C模式。B2C模式即企业向个人提供教育培训服务的模式，这种商业模式也是目前大部分资本流入的方向。典型的企业有提供K12智能在线题目产品的猿题库，其通过提供大量针对中高考的题库以及解析等辅助功能，在众多B2C模式的企业中脱颖而出。

（3）C2C模式。C2C模式跳过了线下的培训机构，直接构建一个平台让教师与学生进行授课和学习。按照传统线下培训机构的收入模式，教师在获得佣金费用时，培训机构有权提取一部分作为抽成或中介费。C2C模式与线下培训机构的盈利方式类似，但在抽取佣金的比例上小于线下培训机构，教师能够获得大部分的收入。这类企业的典型代表有YY教育。YY原本是一款大型团体语音工具，拥有大量注册用户。YY教育以YY软件为载体，专门针对在线教育进行改造设计，推出各种技术辅助教学，获得了大批教师和学生的欢迎。

（4）O2O模式。这类企业原本只拥有线上或线下的单一模式，随着行业升级，将线上线下相结合，共同发展。这类企业最具有代表性的就是新东方。新东方作为早期成功的线下语言培训机构，也是较早进入在线教育市场的领头羊。

（5）B2B模式。B2B模式主要是针对团体用户，如政府、学校、企业等提供培训，培训内容大多与工作内容、企业文化等相关。

2.在线教育的发展阶段

（1）萌芽期。早在1994年，我国就提出了在线教育的概念，由于当时的网络基础条件太差，无法实施。直到2000年，教育部发文支持远程教育，全国出现了不少远程教育试点基地。"三分屏"网络视频课件的出现，让在线教育进入多媒体阶段。不少传统的线下培训机构开始尝试开发线上课程。但总体来说，在这段时间，在线教育还是处在摸索期。

（2）发展初期。2010年以后，受美国MOOC与可汗学院发展的影响，我国的在线教育市场开始受到资本的青睐。在这段时间，市场规模迅速扩大，各大互联网巨头开始布局网络教育，传统的教育培训机构也同时发力，加上其他新创业企业也尝试着分一杯羹，在线教育产品类型不断增加。为了抢占市场，各个企业在不断探索并更新着自己的教育方式与理念，国内在线教育迎来新一轮大发展。

（3）早期整合期。2014年至今，随着电子商务的发展，大数据的应用，人工智能的兴起，在线教育的内容、形式与方法都趋于多样化，人们不再局限于传统的教师讲授，而是采用更多互动式的教学方法，例如，利用VR/AR等新兴技术，来提高学习的积极性与用户体验。各大互联网巨头（百度、阿里巴巴、腾讯、网易等）开始加速布局在线教育市场，市场由原本的割据混战，开始慢慢并购融合，行业将进一步升级。

二、在线教育市场分析

1.在线教育市场现状

自2012—2017年，在线教育的市场规模持续上升，由原本的695.91亿元上升到2 807.8亿元，预计2018年将突破3 000亿元，用户规模也将达到14 236.1万人，如图3-7所示。未来几年，在线教育市场会随着产品的丰富、市场的成熟，规模会进一步扩大。

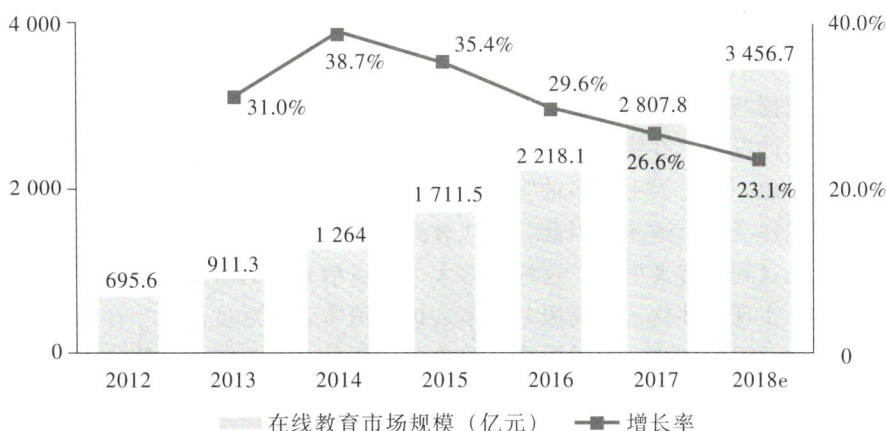

资料来源：比达咨询数据中心.

图 3-7　2012—2018 年中国在线教育市场交易规模

在整个在线教育市场当中，移动教育市场又占据了非常重要的位置。按照 QuestMoblie 的数据，教育培训行业 App 下载量迅速增长，2017—2018 年同比增长 72.8%。这其中，K12 已初具规模，学前教育同样飞速发展，网络基础教育成为在线教育市场中势头最猛的一部分。

2.在线教育市场产业链

在线教育市场的产业链结构如图 3-8 所示，主要分为资源方、平台方和技术方。资源方主要是一些课程的提供者，如各大高校、教育培训机构以及个人团队等。平台离不开技术的支持，在整个产业链中，还需要技术方提供相关的技术来维护网站、支持教学；平台方自身除了整合供应方的教育资源外，往往也带有营销功能，其收入来源主要是付费内容、佣金抽成、广告收入等。

资料来源：QuestMoblie.

图 3-8　在线教育市场产业链结构图

3.在线教育未来发展趋势

目前，在线教育市场潜力巨大是毋庸置疑的，在未来主要会呈现以下几点趋势：

（1）移动端将持续发力，成为在线教育的标配。在互联网行业中，移动用户的持续快速增长使在线教育发展移动端成为大势所趋。随着技术的发展，设备性能的不断提升，移动端能够实现更多的功能，例如，对学习场景的变革、数据的收集演算与推送等。结合大数据与人工智能，将移动端从目前的轻量化、碎片化学习辅助转化为在线教育的核心环节。

（2）在大数据与人工智能的背景下，在线教育将更加精准地匹配用户的需求，实现个性化。随着市场的发展，在线教育市场的竞争越来越激烈，各企业也逐渐意识到，只有汇集更多优质的资源，才能吸引更多的客户群体，满足不同的需求。对于消费者而言，面对海量的数据，往往会无所适从。因此，在线教育企业应采用大数据与平台分析技术，将内容有针对性地推送到消费者面前，这样能够大大减少消费者的时间成本，同时也能够对其需求进行匹配，实现个性化，提高服务效率，提升消费者满意度。

（3）更加注重用户体验，覆盖学前学后，建立评价系统，双向反馈。在早期，在线教育行业更多以流量为主导，但随着涌入这个市场的客户越来越多，企业运营导向将转变，流量不再是决定企业行为的主导因素，影响客户满意度的因素将回到教学、教学服务以及学习资源。因此，在线教育企业将更加注重用户体验，在学习开始前便向用户提供各种服务，帮助选择合适的课程，在学习过程中关注用户的学习习惯、偏好以及效果，推出更加多元化的教育，提升用户体验与用户黏性；在学习完成之后，通过评价体系获知学习效果、用户满意度以及不足，及时进行调整。

（4）人工智能将会更多地投入到在线教育中。随着科技的发展，AR、VR、人工智能等技术已经被投入到教学中，在大数据的背景下，人工智能能够凭借自身优势，更有针对性地根据用户的需求，选择相匹配的内容。不仅如此，人工智能在教学中的应用还能够帮助构建教学场景，提升教学效果，能将抽象问题以更加具体化的形式展现出来，使教学过程更加生动有趣，提升学生学习的积极性。

三、主要在线教育网站介绍

1.网易公开课

网易公开课是网易旗下的B2B2C在线教育品牌。作为具有较高知名度的在线教育网站，网易公开课在2010年推出了"全球名校视频公开课项目"。来自于哈佛大学、牛津大学、耶鲁大学等世界知名学府的优质学习资源，使网易公开课在诸多在线教育网站中脱颖而出。随后，其又相继推出了中国大学视频公开课，内容大多源自国内优秀院校，学科涵盖了文学、艺术、经管、法学等热门专业，加上手机端的推出，用户能够随时随地免费观看公开课内容，利用碎片化时间进行学习，因此受到广大网民的欢迎。目前，网易公开课除了传统的大学课程外，针对不同的客户人群，推出了更多的课程，包括职场培训、个人成长、人文修养、亲子幼教、商业财经等内容，以满足不同人群的需要。

2.沪江网校

沪江网校前身为英语语言学习BBS社区沪江语林网，从2001—2006年，其创办了沪江网、沪江日语及沪江部落。作为国内较早的在线语言教育网站，沪江网校由非营利性的社区网站成功转型而来，提供英语、日语、法语、韩语等多个语种的学习，同时还衍生出包含留学咨询、留学申请、留学材料准备、留学签证申请等一系列服务。目前，沪江网校的课程涵盖了语言学习、研究生考试、职场培训、财经金融以及中小幼教育等内容，用户从3岁到70岁全年龄段覆盖，倡导终生学习的理念。

>>>>>>>【阅读材料3-1】在线教育大爆发，2017年规模达2 042亿元，现9只"独角兽"

2018年5月29日，国内知名电商智库电子商务研究中心发布了《2017年度中国生活服务电商市场数据监测报告》。该报告对2017年生活服务电商进行数据分析解读，包括在线外卖、在线差旅、在线教育、社区O2O等多个领域。报告显示，主要的在线教育平台包括VIPKID、一起作业、沪江网校、VIPABC、猿辅导、学霸君、朴新教育、作业帮、直播优选等。

电子商务研究中心的监测数据显示，2017年中国在线教育市场交易规模约为2 402亿元，相比2016年的1 560亿元增加了53.97%。

2017年8月，国务院印发的《关于进一步扩大和升级信息消费持续释放内需潜力的指导意见》指出，要壮大在线教育，建设课程教学与应用服务有机结合的优质在线开放课程和资源库。政策利好以及用户需求的不断释放促进了在线教育市场的高速发展。

电子商务研究中心泛电商"独角兽"数据库显示，中国在线教育平台共诞生了9只"独角兽"，分别是：VIPKID（15亿美元）、一起作业（12.5亿美元）、沪江网校（10.8亿美元）、VIPABC（10亿美元）、猿辅导（10亿美元）、学霸君（10亿美元）、朴新教育（10亿美元）、作业帮（10亿美元）、直播优选（10亿美元），如图3-9所示。

平台名称	估值（亿美元）	成立时间	所在地	排名
VIPKID	15	2013	北京	1
一起作业	12.5	2013	上海	2
沪江网校	10.8	2015	上海	3
VIPABC	10	2008	北京	4
猿辅导	10	2012	北京	4
学霸君	10	2013	上海	4
PU-XIN 朴新教育	10	2014	北京	4
作业帮一课	10	2015	北京	4
直播优选	10	2017	武汉	4

图表编制：电子商务研究中心　　数据来源：WWW.100EC.CN

图3-9　在线教育行业"独角兽"榜

国内的社会发展与政策支持为在线教育发展提供了良好的大环境，加上传统教育平台积极布局以及资本的不断加持，涌现出一大批"独角兽"。

电子商务研究中心生活服务电商分析师陈礼腾认为，线上教育的灵活性使学习者更加自由，但也正因为如此，在线教育缺乏有效的监督。教育的目的不仅仅是知识的传授，更重要的是教育学生如何做人。在传统教育中，老师除了传授知识，还要引导学生形成正确的人生观、价值观和道德观。教育是非常注重效果和用户体验的行业。教学注重"因材施教"，服务强调个性化和高效率。除了系统化、流程化教育服务体系，更多的需求是偏向个性化的。这是线上线下都存在的共性问题。

资料来源：电子商务研究中心. 在线教育大爆发，2017年规模达2 042亿元，现9只"独角兽"〔EB/OL〕.（2018-06-10）. http：//www.100ec.cn/detail--6453968.html.

3.3　网络招聘与求职

人才作为企业的核心竞争力之一，一直是企业发展战略中的重要部分，数以万计的企业与求职者在人才市场中交换着信息。随着互联网的发展，网络招聘超越了时间和空间的限制，使企业能够更加高效地寻找人才，也使求职者能够快速地了解人才市场中的工作需求。

>>>>>>【案例3-2】猎聘成港股科技人力资源第一股 将发行8 800万股

2018年6月29日，有才天下信息技术有限公司（猎聘母公司）于香港联合交易所有限公司主板开始买卖，股份代号为6100.HK。据悉，猎聘此次将在全球公开发行8 800万股，发行价定为33港元/股。上市完成后，猎聘将成为港股科技人力资源第一股。

作为中国人才服务行业中最早利用人工智能技术有效连接个人、企业用户与有关产品及服务的在线平台之一，猎聘自2011年推出了网站liepin.com，肩负着"帮助职场人更成功"的使命，上线了职场精英、猎头与雇主的三方互动平台。长期以来，猎聘利用手机应用程序、网站及品牌微信公众号，提供基于SaaS的全方位人才服务解决方案，同时通过开发新颖的产品及工具迎合用户不断增长的需求，例如，猎头辅助的闭环服务——面试快及入职快。至今，猎聘依托得到的用户信任和强大的品牌效应，确立了领先的市场地位。

数据显示，目前，猎聘的业务遍及北京、上海、广州、深圳、天津、大连、杭州、南京、武汉、厦门、成都、青岛、重庆、郑州全国14个重点城市。2015年，猎聘在美国波士顿设立北美分公司，开启全球化招聘业务。截至2018年3月，猎聘已拥有超过4 000万名注册会员，服务超过50万家优质企业。目前，有超过30万名猎头在猎聘上寻找核心岗位的候选人。对于在港上市这一重要进程，猎聘创始人戴科彬表示："猎聘的成功上市是公司一个重要的里程碑。今年是猎聘成立的第7年，作为一家年轻的高科技互联网公司，今天我们迎来了成长史上具有历史性的时刻，身为猎聘大家族的一员，我感到十分骄傲。在此我也要感谢猎聘所有曾经和现在的员工，感谢你们坚持不懈的努力！"

对于未来发展策略，猎聘公司表示将进一步提高研发能力及产品组合，择机收购或投资与猎聘业务互补及支持公司增长策略的资产及业务，同时深化全球化布局等，持续增强及巩固猎聘在中高端人才招聘市场的领先地位，并不断探索更值得信赖的招聘生态系统，最大限度地挖掘人才、企业、猎头及其他人才服务提供商的发展潜力与价值。

资料来源：佚名. 猎聘成港股科技人力资源第一股 将发行 8 800 万股［EB/OL］. (2018-6-29). http://www.100ec.cn/detail--6457221.html.

一、网络招聘市场概况

随着我国经济增长速度放缓，拉动就业的动力开始出现疲软。近几年，我国产业结构不断调整，第三产业比重上升，加上不断出现的创业热潮，一方面，企业对劳动力的需求仍在不断增长；另一方面，就业人数基本保持持平，增长非常缓慢。在劳动力市场中，企业需求不断增加，劳动力的供给却无法跟上，导致供不应求，人才紧缺。

在互联网的大环境下，传统招聘市场中效率低下、成本较高的缺陷越来越明显。艾瑞咨询的统计数据显示，自 2014 年起，通过线下的城市公共就业服务中心进行招聘、就业的人数明显呈下降趋势。网络招聘以其范围广、信息量大、招聘成本低、成功率较高等优势，被众多企业与求职者所接受。

二、网络招聘市场分析

1.网络招聘市场现状

根据艾瑞咨询的统计数据，自 2009 年开始，网络招聘雇主数量持续增长，2016 年，中国网络招聘行业雇主规模达到 428.2 万家，预计未来将会持续增加，对人才的需求会进一步扩大，如图 3-10 所示。

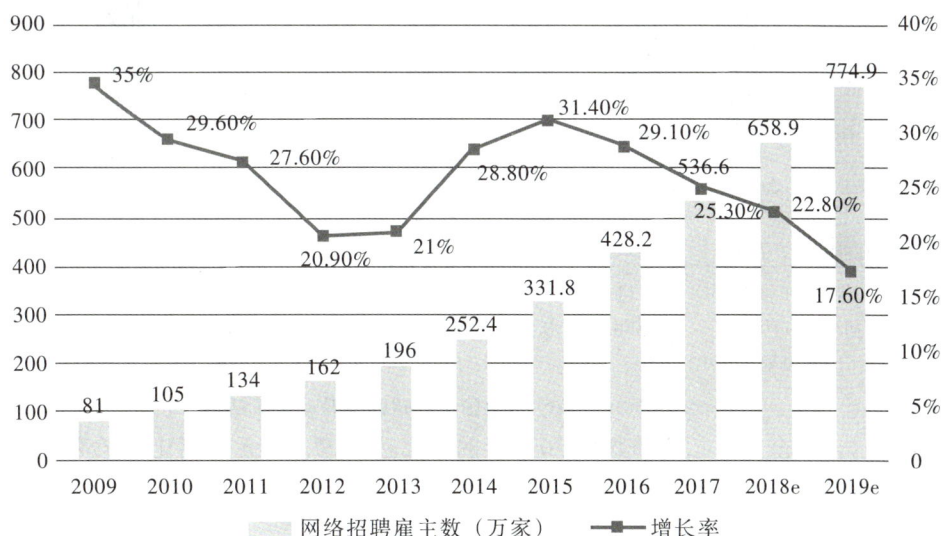

数据来源：艾瑞咨询.

图 3-10 2009—2019 年中国网络招聘雇主规模及预测

求职者规模在 2016 年达到 14 449.5 万人，预计在未来将会突破 1.9 亿人，如图 3-11 所示。

数据来源：艾瑞咨询.

图3-11　2009—2019年中国网络招聘行业求职者规模及预测

其中，高学历人群是网络求职者的主体。2017年大学本科以上学历人群占比为57.4%，从整体来看，虽有下降趋势，但仍然是网络求职者中的主要组成部分。低学历群体的比重则有上升趋势。随着互联网的不断普及，网民数量不断增加，加上电子商务逐渐深入中小城市及农村，未来网络招聘在低学历群体中仍有市场潜力，如图3-12所示。

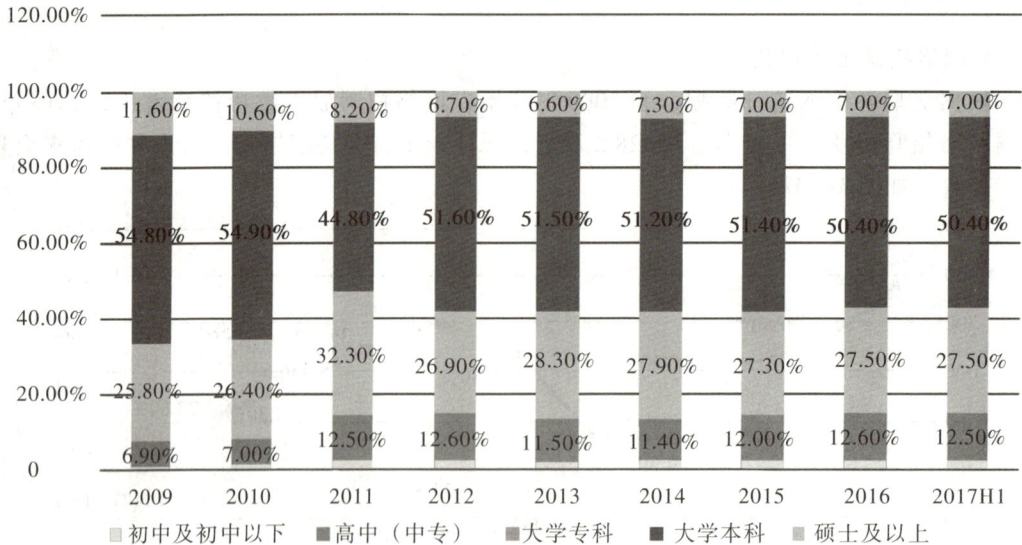

资料来源：艾瑞咨询.

图3-12　2009—2017年中国网络招聘求职者学历结构

数据显示，整个网络招聘市场在2017年的规模达到27.1亿元，同比增长率为18.9%。其中，前程无忧（32%）与智联招聘（31%）仍然占据市场份额中的主要部分，如图3-13所示。

2.网络招聘模式

近几年，网络招聘市场中的细化逐渐出现，根据网站的内容、运营方式等可以将市场中的网络招聘企业分为以下几种：

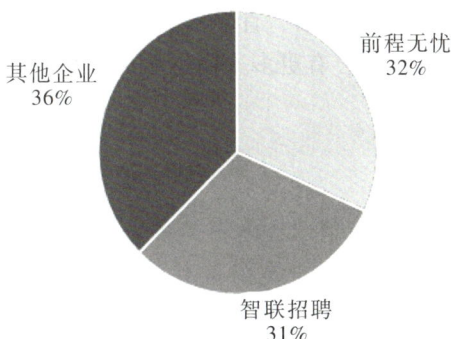

来源：艾瑞咨询.

图 3-13　2017H1 中国网络招聘核心运营商网络招聘营收份额

（1）综合类招聘网站。这类网站是较早出现的网络招聘平台，它们拥有丰富的职位信息，基本涵盖了各行各业，在搜索优化技术上较为成熟，求职者能够根据网站的搜索工具细化自己的求职要求，寻找到更合适的工作。除了面向社会中的一般求职者，综合类招聘网站会专门针对应届毕业生推出校园招聘，举办各种校园宣讲会，线上线下相结合。另外，针对求职者，综合类招聘网站拥有强大的个人简历管理系统，从制作简历、优化简历到发送简历，网站提供了大量信息指导，让求职者能够更轻松地制作出优秀的简历。对于企业来说，这些综合类招聘网站出现时间较早，影响力较大，拥有大量的人才数据，是企业重要的人才储备库。综合类招聘网站也凭借着自身海量信息的优势，定期总结各个行业中的职场资讯，发布就业指导，为企业与求职者及时提供最新的行业信息。综合类招聘网站的典型代表有前程无忧、智联招聘、中华英才网等。

（2）分类信息招聘网站。这类招聘网站最大的特点在于，在线招聘并不是它们最主要的业务。分类信息招聘网涵盖了生活当中的大量服务信息，包括租房、卖房、二手车交易、家政、婚庆、旅游等，种类包罗万象。这些网站虽然不是专门的招聘网站，但招聘服务在整个业务中的比重越来越大。有别于综合招聘网站的市场定位，分类信息招聘网提供的职位大多以基层、蓝领求职者为主体，较少有针对中高端人才市场的职位信息。分类信息招聘网的主要代表有 58 同城、赶集网等。

（3）垂直招聘网站。这类招聘网站采取的是针对某一行业、群体或地域开展的专业化的招聘模式。传统的综合类招聘网站，信息量巨大这一优势同样也是劣势——企业需要花费更多的时间去筛选信息，时间成本较高，用户体验不佳。相较于综合类招聘网站，垂直招聘网站能够更加高效地着力于行业、人群与地域的深度挖掘。由于只专注于一个领域，它能够更有针对性地提供专业服务，增强企业与求职者的用户体验，提高招聘效率。目前，垂直招聘网站的典型代表有面向中高端人群的猎聘网、行业垂直的拉勾网、地域垂直的广东人才网等。

（4）社交化招聘网站。在社交媒体发达的大环境下，不少招聘网站以"人脉"作为主题，给每一个用户建立起属于自己的商业社交圈。其本质在于以 SNS 社区为载体，寻找同事、领导、合作伙伴，搜索岗位、公司信息，交换行业资讯，建立自己的工作人脉网。社交化招聘网站的典型代表主要有领英与大街网。

（5）新兴招聘模式。除了以上四种之外，还有许多新兴的招聘模式，例如专注于兼职招聘的兼职猫、人才拍卖模式的100offer、直聊模式的BOSS直聊等。

随着市场的不断发展，未来将会有更多不同类型的招聘模式。

三、主要网络招聘网站介绍

1.前程无忧

前程无忧创办于1999年，目标是"致力于为积极进取的白领阶层和专业人士提供更好的职业发展机会"，是我国较早的综合类招聘网站。前程无忧网站目前的业务已发展至提供包括招聘猎头、培训测评和人事外包在内的专业人力资源服务，现在在全国多个城市设有服务机构。

除了传统的针对求职者与企业的各项业务之外，前程无忧网站开始逐步向综合性人力资源服务平台方向发展，提出越来越多的专业性增值服务，例如为企业人事部门提供职位管理解决办法、招聘广告的自动投放并随时观察广告回报等，大大提高了企业的招聘工作效率；现在更是推出了针对中高端人才招聘的无忧精英，汇聚了专业猎头，提升自己的网络竞争力。

2.58同城

58同城作为分类信息网站，成立于2005年12月。网站汇聚了大量的生活信息，业务覆盖招聘、房产、汽车、金融、二手及本地服务等各个领域，致力于持续为用户提供本地的生活信息。网络招聘作为58同城的一项业务，多年来专注服务于基层以及蓝领工作者。随着业务不断发展，58同城于2015年收购了中华英才网，主要针对年轻白领，至此打通并覆盖招聘全产业链，招聘业务逐渐成为企业的一个重要组成部分。

3.猎聘网

猎聘网于2011年上线，是主要针对中高端人才的垂直招聘网站。产品服务内容除了包含免费的基本招聘服务外，还推出了更多付费增值服务，例如高级会员订阅、简历咨询、背景调查、招聘外包、薪酬报告等。同时，开发专为猎头设计的SaaS解决方案诚猎通，提供更加定制化的候选人选择管理服务，精简及优化整个服务流程，完成一站式平台招聘管理业务。

▶▶▶▶▶▶【阅读材料3-2】人民日报评招聘网站：要及时补短板 负起应有的责任

招聘网站是信息的提供者，有义务保证求职信息的真实、准确。货真价实的求职信息，才会让平台赢得更多求职者的好口碑。互联网招聘对于很多求职者来说已不陌生。在各类网络招聘平台上，求职者不仅可以根据薪资、行业、职级等条件搜索心仪的工作机会，还能在线向用人单位递交自己的简历，方便快捷、省时省力。因此，互联网招聘成为不少求职者的首选。

然而，最近有不少求职者发现，招聘网站上的"套路"多了起来。一些网站为了吸引求职者，把招聘职位包装得让人眼花缭乱，乍看高薪优厚，细看却"深坑"满满；一些求职者递交简历后应约前往，却被索要各种高额培训费、办证费，一不小心就中招；更有甚者，一些不法分子花言巧语，直接把求职者忽悠进传销组织……如此种种，让求职者对互联网招聘的好感大打折扣。

招聘网站上的诈骗活动，大多是钻了就业市场信息不对称的空子。求职者看到心仪的职位，递交简历后，能做的就是等待用人者的通知。求职者各项条件是否与职位相匹配，话语权更多掌握在用人者手中。抓住这一点，诈骗分子往往先对求职者许以优厚待遇，回头再以条件不符等理由推脱，让求职者有苦难言。

招聘骗局花样多，背后集中暴露了招聘信息发布平台的监管短板。信息不对称是市场失灵的重要表现，越是在信息不对称的市场领域，越需要相关部门的监管措施能跟上。在现实中，一些求职者被骗钱财不多，很少会主动报案。有的求职者选择维权，也面临取证难、耗时长等多种障碍。即便维权成功，求职者所得赔偿也非常有限，招聘平台和发布虚假职位的用人者却往往可以我行我素，甚至更加猖狂。

应对求职诈骗，求职者脑中要有一根弦，找工作时心情急切可以理解，但越是如此越要擦亮眼睛，不给诈骗者留空子。当然，防诈骗也有一些基本技巧。比如，尽量选择大型正规的招聘网站、尽量保存和用人者的聊天记录、有疑问及时跟网站客服人员联系等。一旦发现自身合法权益受到侵害，求职者要敢于拿起法律武器维权，及时向所在地劳动监察机构进行举报和投诉。

让求职者远离招聘陷阱，平台不是旁观者，要负起应有的责任。招聘网站是信息的提供者，有义务保证求职信息的真实、准确。只有货真价实的求职信息，才能让平台赢得更多求职者的好口碑。如果平台充斥大量不实求职信息，求职者最终会弃平台而去。从长远发展的角度看，平台必须从源头上强化把控，卡住虚假、诈骗招聘信息的入口。同时，平台要建立补偿机制，对受骗的求职者及时给予适当补偿。

当然，对网络招聘平台的监管也要及时补上短板。招聘诈骗的危害很大，如果不快速出手打击，不仅会给求职者的人身财产安全带来威胁，更有可能影响正常的求职市场秩序，甚至产生"劣币驱逐良币"的现象。所以，针对网络招聘乱象，必须加大治理力度，提高违法成本。相关部门要进一步明确招聘平台的责任，建立招聘平台守信激励和失信惩戒机制，倒逼平台对职位信息真实性审核的主观能动性，使互联网招聘平台真正成为更多求职者的好帮手。

资料来源　作合. 人民日报评招聘网站：要及时补短板 负起应有的责任［EB/OL］.［2018-10-12］. http://www.100ec.cn/detail--6475017.html.

3.4　网络婚恋与交友

婚恋作为人们情感生活中重要的组成部分，几千年来一直被人类以各种形式承载于历史中。在古代，由于封建思想的桎梏，婚恋只能依靠父母之命、媒妁之言。随着社会的进步，人们对于婚恋的观念逐渐转变，越来越多人注重在婚姻生活中的性格、生活习惯、价值观的契合度，更执着于寻找能够相伴一生的"心灵伴侣"。利用互联网，可以超越地理限制，拓宽个人的交友圈，在全国乃至全球的范围内，开展网络婚恋与交友活动。

网络婚恋和交友与一般的交友的区别在于其目的性明确，在网上通过相互了解沟通、信息交换，最终找到志趣相投的对象。我国网络婚恋与交友开始于1998年5月，中国交友中心在线网站成立。但由于互联网在当时普及度不高，用户对于网络婚恋缺乏了解。随着网络信息时代的到来，越来越多网络婚恋与交友网站出现，人们开始逐步接受这样有别于传统模式的婚恋模式，用户人数得到大幅提升。在经历了探索期、成熟期之后，网络婚恋的行业竞争越来越激烈，企业们纷纷拓宽自身的业务领域，开始朝着婚礼、金融等领域发展，抢占更多市场份额。至此，网络婚恋与交友进入转型期。

一、网络婚恋与交友市场概况

我国庞大的人口基数为婚恋行业提供了广阔的市场基础。《2016年中国统计年鉴》显示，1980—2000年为生育高峰期，在1987年达到顶峰。按照艾瑞咨询整理的《2016年中国人口与就业统计年鉴》的数据，2015年中国15岁以上单身人口约为3.08亿人，其中男性为1.63亿人，女性约为1.46亿人，性别数量存在1 728.8万人的缺口。

1.中国网络婚恋与交友市场现状

现阶段，随着"80后""90后"纷纷开始进入适婚年龄，未来5～10年婚恋需求仍然处于较高水平。但在早期存在的"重男轻女"等思想影响下，我国男女性别失调问题逐渐凸显，性别数量缺口将增加婚恋难度。

此外，农村人口不断涌入城市，随着流动人口的增加、流动速度的不断加快，在就业、养老、生育等问题上，适婚人群面临着巨大的压力，逐渐呈现晚婚的趋势。加上婚姻观的不断改变，我国离婚率逐年上升，在2016年达到3.0%。这些因素都导致我国单身人口数量的不断增加，婚恋需求在近几年持续增长。而"80后""90后"的成长大多受惠于互联网的高速发展，随着互联网不断浸润于日常生活，网络婚恋与交友逐渐成为婚恋需求中的一个重要渠道。

巨大的需求带来的是资本的回流。艾瑞咨询的分析报告显示，2015年我国网络婚恋与交友行业投融资笔数暴增242.9%，吸引了越来越多的企业加入，行业中竞争加剧。至2017年，市场规模达40亿元，预计2020年市场规模将增加至50亿元。

2.中国网络婚恋与交友存在的问题

伴随着网络婚恋与交友市场的发展，行业中也暴露出各种问题。由于用户数量巨大，网站在实名认证中存在不少漏洞，不少犯罪分子利用婚恋网站进行诈骗甚至危及人身安全。而作为网站的运营者，其往往缺乏有效措施来验证用户的信息。

网络婚恋的线下服务也存在着各种乱象。例如，用户在支付了高昂的服务费用之后，却频频投诉未得到企业原本承诺的服务。由于信息不对称，用户无法获知相亲对象的相关信息，而作为中间人的工作人员，他们在末位淘汰制的作用下，往往在用户支付服务费用之前提供大量承诺，在完成会员交费之后未能兑现，所以引发用户不满。除此之外，网络婚恋还存在着私自扣费、会员信息泄露等问题。随着法律的完善，相关市场将进一步规范。

二、网络婚恋与交友市场分析

1.网络婚恋与交友市场格局

艾瑞咨询的监控数据显示，网络婚恋与交友行业PC端市场格局基本稳定，世纪佳缘以绝对优势占据主导地位，百合网、花田网、珍爱网居于第二梯队。而移动端市场，相较于PC端竞争更为激烈，除了老牌婚恋交友网站外，还有不少新进入者占据着市场份额。世纪佳缘、珍爱网与百合网位列移动端覆盖人群第一梯队，同城热恋、单身交友、处CP、恋爱神器等七家企业并列第二梯队。随着移动端服务的不断加强与完善，未来格局将会继续变化。

2.网络婚恋与交友主要盈利模式

网络婚恋与交友的主要盈利模式有面向企业的 To B 端与面向个人用户的 To C 端。

（1）企业端（To B 端）：主要包括线上的网络广告展示与电商等网站导流，线下包含直营店的营业收入、合作商特许经营费与合作商销售分成。

（2）用户端（To C 端）：主要包括线上的会员费以及各种增值服务费，线下则包含一对一服务费、电话红娘费用以及各种婚恋活动的费用。随着业务的不断拓展，未来可能还会有情感咨询、婚礼、金融相关的营业收入。目前，会员费与一对一服务费为主要的盈利模式。

3.网络婚恋与交友的发展趋势

（1）随着行业竞争越来越激烈，不少核心企业开始尝试拓宽业务范围，探索衍生服务。例如，世纪佳缘在完成与百合网的双品牌整合之后，在原有业务的基础上，发展出包括婚恋交友、情感抚慰、婚礼婚庆三个主营业务，以及互联网金融、婚恋房产两个辅助业务，用更多服务来提升用户体验，增加用户黏性。

（2）手机端的发展，为网络婚恋与交友行业注入了新的活力。艾瑞咨询的监测数据显示，2017 年网络婚恋与交友的移动端月独立设备数与月总有效使用时间都呈增长趋势。加上大数据背景下 VR、AI 等新技术的发展与运用，加紧提升对移动端的用户体验已经成为未来各大企业的必然选择。

（3）线上线下相结合，线下服务的重要性不断提升。艾瑞咨询的资料显示，在线服务营业收入占比从 2013 年开始逐年下降，而线下活动的营业收入则持续增加。核心企业通过直营、加盟等方式，在线下布置多家实体店，从线上获取用户信息，之后将用户约到门店提供线下服务。预计在未来，线下营业收入的比例还会进一步提高。

三、主要网络婚恋与交友企业分析

这以世纪佳缘为例进行分析：世纪佳缘成立于 2003 年，是中国较早的婚恋交友平台，在整个行业中一直处于领先地位。世纪佳缘自 2011 年上市以来，占据互联网婚恋交友 76% 的用户浏览时间份额，在互联网婚恋市场占据 26.7% 的份额。根据艾瑞咨询《2018Q3 中国网络婚恋行业季度监测报告》的数据，2018 年第三季度网络婚恋核心企业 PC 端用户人数世纪佳缘稳居首位，6 月日均覆盖人数为 55.7 万人。

世纪佳缘的服务除了提供基本的线上交友服务外，近几年将运营重心逐渐转至线下，实行线上导流、线下服务的模式。线下服务主要包括红娘一对一、约会吧以及各种相亲活动。在覆盖 PC 端的同时，世纪佳缘还大力发展移动端，相继推出真爱App、世纪佳缘新版App，并在移动端推出各种增加用户互动体验的产品。

拓展阅读 3-2

珍爱网李松："互联网＋婚恋"助力全民婚恋幸福

目前，随着网络婚恋交友市场的竞争越来越激烈，世纪佳缘也尝试着拓宽原有的业务面，开始进入婚恋场景、金融等领域，使产品多样化，增加用户黏性。

>>>>>>**技能训练3-1　在线旅游方案的设计**

大学生小王是一名旅行摄影爱好者，攒了6 000元决定暑假去我国西北地区旅行摄影，预订时间为6天5晚。作为摄影爱好者，小王选择了自由行，他决定通过网络预订往返交通和酒店，并且根据网上分享的攻略规划行程，选择目的地。请帮小王查询相关交通、酒店信息，至少查询三个网站，将查询结果制作成计划书，并帮助小王在三个计划书中做出选择。

旅行计划书内容包含但不仅限于：网站名称、旅行目的地、路线规划、往返交通方式与费用、酒店名称与位置、酒店费用、景点门票费用、伙食费预算以及其他旅行费用。

>>>>>>**技能训练3-2　在线教育资源调研**

小王是一名大一的新生，刚入学之后课程较轻松，他想借着空闲时间多学习一些知识。但是面对大量的在线教育资源，他又不知该如何选择，既想针对未来提前进行职业培训，又想加强语言学习，对于网络素质教育的内容他也非常感兴趣。

请你帮助小王对我国在线教育的资源进行调研分析。针对小王的需求，每种类型至少调研两家在线教育网站，并给出自己的推荐。调研内容包含但不仅限于：网站名称、网站介绍、网站优势与特色、网站盈利模式等。

>>>>>>**技能训练3-3　网络招聘网站体验**

选择一个你感兴趣的招聘网站，注册并查看网站的基本业务。利用网站所拥有的工具，尝试制作个人简历，并对感兴趣的职业进行搜索和了解。体会招聘网站在求职方面给用户带来的体验，分析其优劣。

本章小结

随着国家不断提倡"互联网+"模式，电子商务已经逐步渗透到旅游、教育、招聘与婚恋等行业中并不断走向成熟。这大大改变了这些行业中传统的商业模式，线下服务逐步转变为线上线下相结合，将更加便利的生活带给消费者，最终改变了人们的生活和出行方式。

思考题

1.简述在线旅游市场的产业链。

2.简述在线教育在我国经历的几个发展阶段。

3.简要分析网络招聘市场在今后的发展趋势。

4.选择任意一个在线旅游、在线教育、网络招聘或网络婚恋与交友平台，结合所学的知识，尝试分析该平台的商业模式、优势与存在的问题等。

第4章 网络商务信息检索

□ 学习目标

1. 了解网络商务的特点；
2. 了解网络商务信息的主要分类；
3. 理解搜索引擎的工作原理；
4. 掌握多种搜索引擎的检索方法。

□ 引导案例

跨境电商市场调研

近年来，跨境电商成了人们关注的热点，国家给跨境电商发展提供了很好的机遇和政策支持。许多中小企业及个人纷纷参与其中，并不断壮大，刘丽就是其中一员。刘丽从事传统电商多年，看好跨境电商的未来发展趋势，准备转型做跨境电商。在准备阶段，摸清这个行业是关键，海外市场调研是第一步。刘丽确定了信息搜集的三个方向，包括市场容量及趋势调研、消费者行为调查、跨境电商平台及产品调研。

1. 市场容量及趋势调研

其主要调查目标市场互联网用户数量、互联网普及率，移动电话、智能手机、平板电脑等设备的普及率，网上购物人数、网购年龄段，电子商务销售额、电子商务年复合增长率（CAGR）、移动电子商务销售额。

2. 消费者行为调查

VISA（维萨）发布的《2015年电子商务消费者行为调查》显示，消费者进行跨境网购的主要原因包括：更好的促销活动和优惠（26%）、更便宜的价格（24%）、商品设计更独特（24%）、商品种类更多（24%）和其他（2%）。

Paypal（贝宝）报告和Gallop（冠奥通）网络2015年9月17日至2015年10月28日的消费调查显示，美国一直是最受欢迎的跨境电商目的市场。Paypal的数据也显示"Made in the USA"（美国制造）的产品是全球跨境出口最高的。中国网民调查显示，35%的网民声称2015年进行了跨境购买，这个比例在2014年是26%。爱尔兰、奥地利和以色列有世界上最活跃的跨境电商用户，占比分别为86%、85%和79%。关于支付终端，全球调查显示，16%的在线付款是通过智能手机完成的。其中，以尼日利亚、中国、阿联酋的比例最高，尼日利亚的智能手机付款率达到38%，高出平均水平近3倍；其次是中国（34%）和阿联酋（31%）。单就增长来看，移动端消费增长最高的为法国、荷兰和阿根廷。

3. 跨境电商平台及产品调研

（1）外部数据分析。检索第三方研究机构或贸易平台发布的行业或区域市场调查报告，通过外部其他公司、市场等产生的数据，综合运用各个分析工具，全面掌握品类选型的数据依据。

组合方法：通过Google Trends（谷歌趋势）工具分析品类的周期性特点，把握产品开发先机；借助 Keywordspy（关键词搜索）工具发现品类搜索热度和品类关键词，同时借助 Alexa 工具，选择至少 3 家竞争对手网站，作为对目标市场产品分析和选择的参考。

第一，Google Trends。工具地址：http：//www.google.com/trends；查询条件：关键词、国家、时间。

第二，Keywordspy。工具地址：http：//www.keywords.com/；查询条件：关键词、站点、国家。

第三，Alexa——网站目标市场及分布。工具地址：http：//alexachinaz.com/。

（2）内部数据分析。

GA 工具地址：http：//www.google.com/analytics，通过 GA 分析工具，分析平台后台数据，比如已上架产品的销售信息（流量、转化率、跳出率、客单价等），分析哪些产品销售好，从选品成功和失败的案例中逐步积累选品经验，结合外部数据，成功选品。

通过目标明确、流程清晰的信息检索，刘丽在较短的时间内找到了相应的行业信息，为转型跨境电商打下了良好的信息基础。

（案例来源：肖旭. 跨境电商实务［M］. 北京：中国人民大学出版社，2018.）

□ 案例思考

1. 一次市场调研活动包含哪些关键要素？

2. 除了利用搜索引擎搜集信息，还可以通过哪些方法和途径获得所需信息？

互联网是一个信息大世界，是信息的海洋，是资源的宝库。然而当这些海量信息汹涌而来的时候，由于每个人能够接受和处理的信息量都是有限的，就会出现信息过度；同时，互联网是开放性网络，任何人都能在上面发布信息，造成互联网上各种各样的信息鱼龙混杂，难以鉴别。如何在浩瀚的信息海洋中找到我们的信息宝藏，已经成为问题的关键。搜索引擎正是网络时代的淘金利器，是人们开启网络资源宝库的钥匙。

根据 CNNIC 发布的报告，截至 2017 年 12 月，我国搜索引擎用户规模达 6.40 亿人，使用率为 82.8%，用户规模较 2016 年年底增加 3 718 万人，增长率为 6.2%；手机搜索用户数达 6.24 亿人，使用率为 82.9%，用户规模较 2016 年年底增加 4 887 万人，增长率为 8.5%。作为互联网基础应用，搜索引擎用户规模增速继续与网民总体规模增速基本保持同步。图 4-1 为 2016 年 12 月—2017 年 12 月搜索/手机搜索用户规模及使用率。

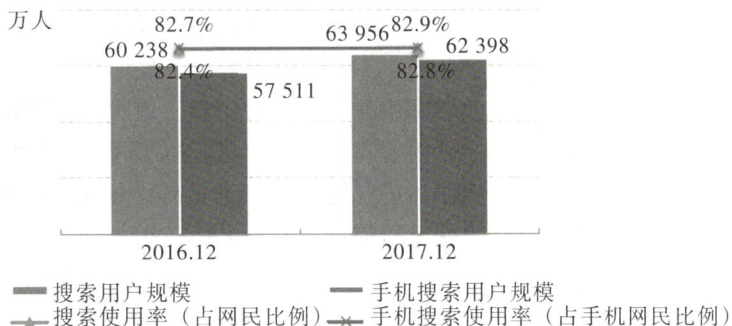

来源：CNNIC 中国互联网络发展状况统计报告.

图 4-1 2016 年 12 月—2017 年 12 月搜索/手机搜索用户规模及使用率

4.1 网络商务信息基本知识

一、网络商务信息搜集的基本要求

微课4-1

网络商务信息检索

网络商务信息搜集是指在网络上对商务信息的搜寻和调取工作。这是一种有目的、有步骤地从各个网络站点查找和获取信息的行为。一个完整的企业网络商务信息搜集系统包括先进的网络检索设备、科学的信息搜集方法和精通业务的网络信息检索员。网络商务信息搜集的要求是：及时、准确、适度和经济。

1. 及时

所谓及时，就是要迅速、灵敏地反映销售市场发展各方面的最新动态。信息都是有时效性的，其价值与时间成反比。"及时"要求信息流与物流尽可能同步。由于信息的识别、记录、传递、反馈都要花费一定的时间，因此，信息流与物流之间一般会存在时滞。尽可能减少信息流滞后于物流的时间，提高时效性，是网络商务信息搜集的主要目标之一。

2. 准确

所谓准确，是指信息应真实地反映客观现实，失真度小。在网络销售中，由于买卖双方不直接见面，准确的信息就显得尤为及时和重要。掌握准确的信息才能形成正确的市场决策；信息失真，轻则会贻误商机，重则会造成重大损失。信息失真通常有三方面的原因：一是信息源提供的信息不完全、不准确；二是信息在编码、译码和传递过程中受到干扰；三是信宿（信箱）接受信息时出现偏差。为减少网络商务信息的失真，必须在上述三个环节提高管理水平。

3. 适度

适度是指提供信息要有针对性和目的性，不能无的放矢。没有信息，企业的营销活动就会完全处于一种盲目的状态；信息过多、过滥，也会使营销人员无所适从。在当今的信息时代，信息量越来越大，范围越来越广，不同的管理层次又对信息提出不同的要求。在这样的情况下，网络商务信息的搜集必须目标明确、方法恰当，信息搜集的范围和数量都要适度。

4. 经济

这里的"经济"是指如何以最低的费用获得必要的信息。追求经济效益是一切经济活动的中心，也是网络商务信息搜集的原则。我们没有力量，也不可能把网络上所有的信息全部搜集起来，信息的及时性、准确性和适度性要求都建立在经济性基础之上。此外，提高信息搜集的经济性，还要注意使所获得的信息发挥最大的效用。

二、网络商务信息的可信度

网上的信息浩如烟海，但并非所有的信息都有使用价值。因为任何人、任何单位都可能在网上发布信息，这些信息中就有相当一部分是所谓的"垃圾信息"。通过互联网获取信息时，不得不鉴别哪些信息是有用的、值得信赖的，哪些信息应该批判性地接受，哪些信息应该彻底抛弃。一般可从以下两个方面粗略地判断网上资料的可信度。

1.根据网络信息发布者的身份进行判断。

（1）.edu教育类网站，可能是严肃的学术研究网站，也可能是学生随意制作的主页。

（2）.gov政府网站，其信息一般比较权威、可靠，不会随意发布不准确的信息。

（3）.com或.com.cn是商业网站，在互联网上最常见，也最多见。它们在介绍自己的产品时往往会附加一些形容词，所以要注意理性地做出判断。

（4）.net是网络服务公司，为商业或个人用户提供服务。

（5）.org一般是非营利性组织，其观点可能带有倾向性。

2.观察作者姓名、组织机构名称

博客/个人门户的兴起代表了草根（即普通网民）的话语权，已成为网络信息的重要来源之一。如果是个人信息，要观察是否有作者的简介、受教育程度、所属单位和是否为某一领域的专家。如果是组织机构或者公司、行业网站发布的信息，要观察是否有详细的介绍页面，其历史发展如何，发布这些信息的目的是什么，是否为专业的网站，是否是大型企业资金建立的门户网站，等等。

三、网络商务信息的分级

不同的网络商务信息对不同用户的使用价值（效用）不同，从网络商务信息本身所具有的总体价格水平来看，可以将其粗略地分为四个等级：

1.免费商务信息

这类信息主要是社会公益性信息。对社会和人们具有普遍服务意义的信息，大约只占信息库数据量的5%。这类信息主要是一些信息服务商为了扩大本身的影响，从产生的社会效益上得到回报，推出的一些方便用户的信息，如在线免费软件、实时股市信息等。

2.低收费信息

这类信息属于一般性的普通类信息。由于这类信息的采集、加工、整理、更新比较容易，花费也较少，是较为大众化的信息。这类信息占信息库数据量的10%～20%，只收取基本的服务费用，不追求利润，如一般性文章的全文检索信息。信息服务商推出这类信息一方面是体现社会普遍服务意义，另一方面是为了提高市场的竞争力和占有率。

3.收取标准信息费的信息

这类信息属于知识、经济类的信息，收费采用成本加利润的资费标准。这类信息的采集、加工、整理、更新等比较复杂，要花费一定的费用；同时，信息的使用价值较高，提供的服务层次较深。这类信息占信息库数据量的60%左右，是信息服务商的主要服务范围。网络商务信息大部分属于这一范畴。

4.优质优价的信息

这类信息是有极高使用价值的专用信息，如重要的市场走向分析、网络畅销商品的情况调查、新产品新技术信息、专利技术以及其他独特的专门性信息等，是信息库中成本费用最高的一类信息，可为用户提供更深层次的服务。一条高价值的信息一旦被用户采用，将会给企业带来较高的利润，给用户带来较大的收益。

4.2 搜索引擎基本知识

视频 4-1

获取网络信息
的策略和技巧

搜索引擎（Search Engine）是指根据一定的策略，运用特定的计算机程序从互联网上搜集信息，在对信息进行组织和处理后，为用户提供检索服务，将用户检索相关的信息展示给用户的系统。

一、搜索引擎的分类及工作原理

搜索引擎包括全文搜索引擎、目录索引、元搜索引擎、垂直搜索引擎、集合式搜索引擎、门户搜索引擎等。

1.全文搜索引擎

全文搜索引擎从网站提取信息建立网页数据库的概念。搜索引擎的自动信息搜集功能分两种：一种是定期搜索，即每隔一段时间（比如 Google 一般是 28 天），搜索引擎主动派出"蜘蛛"程序，对一定 IP 地址范围内的互联网网站进行检索，一旦发现新的网站，它会自动提取网站的信息和网址加入自己的数据库。另一种是提交网站搜索，即网站拥有者主动向搜索引擎提交网址，它在一定时间内（2 天到数月不等）定向向其网站派出"蜘蛛"程序，扫描其网站并将有关信息存入数据库，以备用户查询。随着搜索引擎索引规则的重大变化，主动提交网址并不能保证其网站进入搜索引擎数据库，最好的办法是多获得一些外部链接，让搜索引擎有更多机会找到其网站并自动收录。

当用户以关键词查找信息时，搜索引擎会在数据库中进行搜寻，如果找到与用户要求内容相符的网站，便采用特殊的算法——通常根据网页中关键词的匹配程度、出现的位置、频次、链接质量——计算出各网页的相关度及排名等级，然后根据关联度高低，按顺序将这些网页链接返回给用户。图 4-2 所示为全文搜索引擎整体框架。这种引擎的特点是搜全率比较高。

2.目录索引

（1）目录索引的定义。

目录索引也称为分类检索，是互联网上最早提供 WWW 资源查询的服务，主要通过搜集和整理互联网的资源，根据搜索到网页的内容，将其网址分配到相关分类主题目录的不同层次的类目之下，形成像图书馆目录一样的分类树形结构索引。目录索引无须输入任何文字，只要根据网站提供的主题分类目录，层层点击进入，便可查到所需的网络信息资源。

目录索引虽然有搜索功能，但严格意义上不能称为真正的搜索引擎，只是按目录分类的网站链接列表而已。用户完全可以按照分类目录找到所需要的信息，不依靠关键词（Keywords）进行查询。

例如，使用新浪的目录索引查找"北大光华管理学院"，可通过"教育"—"商学院"—"北大光华管理学院"的路径进行查找，如图 4-3 和图 4-4 所示。

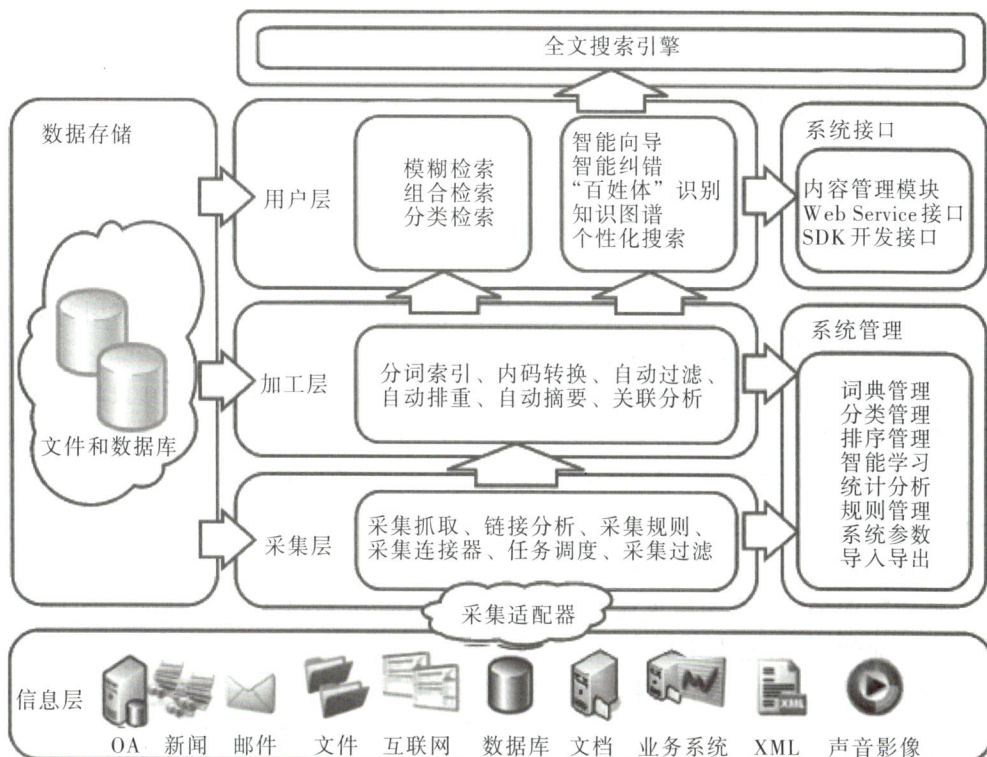

图 4-2　全文搜索引擎整体框架

图 4-3　新浪网"教育-国内"栏目

图 4-4　新浪网"商学院"栏目下"北大光华管理学院"链接

（2）目录索引与全文搜索引擎的区别。

首先，搜索引擎属于自动网站检索，而目录索引则完全依赖手工操作。用户提交网站后，目录编辑人员会浏览你的网站，然后根据一套自定的评判标准甚至编辑人员的主观印象，决定是否接纳你的网站。

其次，搜索引擎收录网站时，只要网站本身没有违反有关规则，一般都能登录成功；而目录索引对网站的要求则高得多，有时即使登录多次也不一定成功。尤其像Yahoo这样的超级索引，登录更是困难。

再次，在登录搜索引擎时，一般不用考虑网站的分类问题，而登录目录索引时则必须将网站放在一个最合适的目录（Directory）中。

最后，搜索引擎中各网站的有关信息都是从用户网页中自动提取的，所以从用户的角度看，我们拥有更多的自主权；而目录索引要求必须手工填写网站信息，并有各种各样的限制。更有甚者，如果工作人员认为你提交网站的目录、网站信息不合适，他可以随时对其进行调整，当然事先是不会和你商量的。

（3）搜索引擎与目录索引有相互融合渗透的趋势。

一些纯粹的全文搜索引擎也提供目录搜索，如Google就借用Open Directory目录提供分类查询。而像Yahoo这些老牌目录索引则通过与Google等搜索引擎合作扩大搜索范围。在默认搜索模式下，一些目录类搜索引擎首先返回的是自己目录中匹配的网站，如搜狐、新浪、网易等；而另外一些则默认的是网页搜索，如Yahoo。这种引擎的特点是搜索的准确率比较高。

3.元搜索引擎

元搜索引擎（META Search Engine）是指接受用户查询请求后，同时在多个搜索引擎上搜索，并将结果返回给用户。著名的元搜索引擎有InfoSpace、Dogpile、Vivisimo等。中文元搜索引擎中具代表性的是搜星搜索引擎。在搜索结果排列方面，有的直接按来源排列搜索结果，如Dogpile；有的则按自定的规则将结果重新排列组合，如Vivisimo。

4.垂直搜索引擎

垂直搜索引擎为2006年后逐步兴起的一类搜索引擎。不同于通用的网页搜索引擎，垂直搜索引擎专注于特定的搜索领域和搜索需求（例如：机票搜索、旅游搜索、生活搜索、小说搜索、视频搜索、购物搜索等），在其特定的搜索领域有更好的用户体验，如知名的提供机票搜索的携程网，如图4-5所示。相比通用搜索动辄数千台检索服务器，垂直搜索引擎需要的硬件成本低、用户需求特定、查询的方式多样。

图4-5　提供机票、酒店等垂直搜索的携程网首页（2018年11月）

5.集合式搜索引擎

集合式搜索引擎类似于元搜索引擎，区别在于它并非同时调用多个搜索引擎进行搜索，而是由用户从其提供的若干搜索引擎中选择，如 HotBot 在 2002 年年底推出的搜索引擎。

6.门户搜索引擎

门户搜索引擎，如 AOLSearch、MSNSearch 等，虽然提供搜索服务，但自身既没有分类目录也没有网页数据库，其搜索结果完全来自其他搜索引擎。

二、搜索引擎的作用

搜索引擎是网站建设中针对"用户使用网站的便利性"所提供的必要功能，同时也是"研究网站用户行为的一个有效工具"。高效的站内检索可以让用户快速、准确地找到目标信息，从而更有效地促进产品/服务的销售。

深度分析网站访问者的搜索行为，对进一步制定更为有效的网络营销策略具有重要价值。

（1）从网络营销的环境看，搜索引擎营销的环境发展为网络营销的推动起到举足轻重的作用；

（2）从效果营销看，很多公司之所以可以应用网络营销是利用了搜索引擎营销；

（3）就完整型电子商务概念组成部分来看，网络营销是其中最重要的组成部分，是向终端客户传递信息的重要环节。

三、常用搜索引擎介绍

1.百度

百度（www.baidu.com）是全球最大的中文搜索引擎、最大的中文网站，如图 4-6 所示。1999 年年底，身在美国硅谷的李彦宏看到了中国互联网及中文搜索引擎服务的巨大发展潜力，抱着技术改变世界的梦想，他毅然辞掉硅谷的高薪工作，携搜索引擎专利技术，于 2000 年 1 月 1 日在中关村创建了百度公司。百度公司从最初的不足 10 人发展至今，员工已超过 12 000 人。

新闻　hao123　地图　视频　贴吧　学术　登录　设置　更多产品

Baidu百度

[　　　　　　　　　　　　　　　　　　　　　　　　　　　　] 百度一下

百度

图 4-6　百度首页（2018 年 11 月）

"百度"二字，来自于800年前南宋词人辛弃疾的一句词"众里寻他千百度"。这句话描述了词人对理想的执着追求。

百度拥有数万名研发工程师，这可能是中国乃至全球最为优秀的技术团队。这支队伍掌握着世界上最为先进的搜索引擎技术，使百度成为中国掌握世界尖端科学核心技术的高科技企业，也使中国成为除美国、俄罗斯和韩国之外，全球仅有的4个拥有搜索引擎核心技术的国家之一。

百度秉承"用户至上"的理念，不断坚持技术创新，致力于为用户提供"简单可依赖"的互联网搜索产品及服务，其中包括：以网络搜索为主的功能性搜索，以贴吧为主的社区搜索，针对各区域、行业所需的垂直搜索，以及门户频道、IM等，全面覆盖了中文网络世界所有的搜索需求。根据第三方权威数据，在中国，百度PC端和移动端市场份额总量达73.5%，覆盖了中国97.5%的网民，拥有6亿用户，日均响应搜索60亿次。

2.Google

谷歌公司（Google Inc.）成立于1998年9月4日，由拉里·佩奇和谢尔盖·布林共同创建，被公认为全球最大的搜索引擎公司，如图4-7所示。Google搜索引擎主要的搜索服务有网页、图片、音乐、视频、地图、新闻、问答、购物、论坛、博客、学术、财经等。

图4-7　Google首页（2018年11月）

1999年下半年，谷歌网站"Google"正式启用。2010年3月23日，谷歌宣布关闭在中国内地市场搜索服务。2015年8月10日，谷歌宣布对企业架构进行调整，并创办了一家名为Alphabet的"伞形公司"（Umbrella Company），成为Alphabet旗下子公司。2015年，谷歌在2015年度"世界品牌500强"排行中重返榜首，苹果和亚马逊分别位居第二和第三名。2016年6月8日，"2016年BrandZ全球最具价值品牌百强榜"公布，谷歌以2 291.98亿美元的品牌价值重新超越苹果成为百强第一。2017年2月，Brand Finance发布2017年度全球500强品牌榜单，谷歌排名第一。2017年6月，"2017年BrandZ全球最具价值品牌百强榜"公布，谷歌名列第一位。2017年12月13日，谷歌正式宣布谷歌AI中国中心（Google AI China Center）在北京成立。2018年1月，腾讯和谷歌宣布双方签署一份覆盖多项产品和技术的专利交叉授权许可协议。2018年5月29日，"2018年BrandZ全球最具价值品牌百强榜"发布，谷歌名列第一位。

一个网站的命脉就是流量，而网站的流量可以分为两类：一类是自然流量，另一类就是通过搜索引擎而来的流量。如果搜索引擎能够有效地抓取网站内容，那么对于网站的好处是不言而喻的。所以，SEO就应运而生了。

在两大搜索引擎的工作中，百度的工作周期相对来说比谷歌短一些，百度大约在10天重新访问一次网站，谷歌大约在15天重新访问一次网站。由于一天之内不能游历全球所有的网站，如果推广网站时，能到更多的网站上提交相应的网站信息，也是加快"蜘蛛"收录网站内容的重要环节。

视频4-2

优米：搜索引擎
营销高手速成

>>>>>【阅读材料4-1】2017年度中国移动搜索市场研究报告

移动搜索用户规模达6.2亿人，浏览器是移动搜索核心入口。

2018年，移动互联网第三方数据挖掘及分析研究机构比达咨询（BDR）发布了《2018上半年度中国移动搜索市场研究报告》。报告指出，2017年我国搜索引擎整体用户规模达到6.4亿人，其中，移动搜索用户规模达到6.2亿人，在整体用户规模中的占比达到97.6%。2013—2017年中国搜索引擎整体用户规模及移动搜索用户规模占比如图4-8所示。伴随移动互联网产品技术的成熟，移动搜索在搜索领域占比逐年提高，已经成为主流的搜索方式。移动搜索呈多样化特点，包括输入方式多样化、结果呈现形式多样化、使用行为多场景化、用户需求多样化和细分垂直领域多样化。

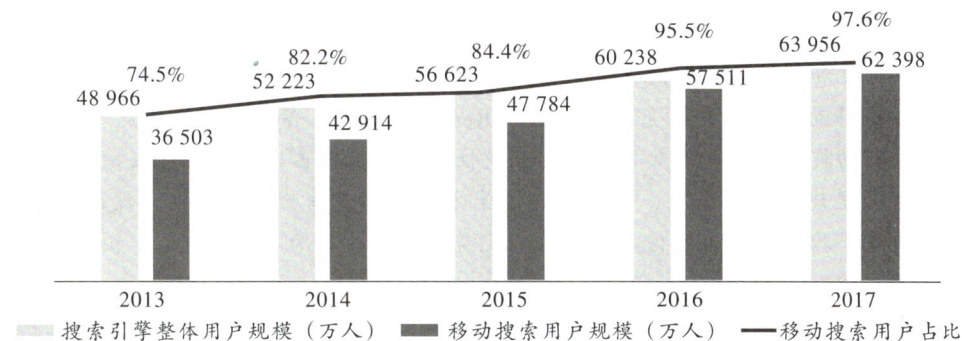

数据来源：CNNIC.

图4-8　2013—2017年中国搜索引擎整体用户规模及移动搜索用户规模

比达咨询数据中心监测数据显示的2017年中国移动搜索流量市场份额分布中，国内移动搜索市场产品目前主要分为两个梯队，其中百度搜索经过长期的发展和用户积累，稳居中国搜索行业第一梯队，并拥有较大优势，占比为64.3%；第二梯队阵容为同样拥有较大流量入口的神马搜索、搜狗搜索，其中神马搜索以18.5%的份额排名第二，搜狗搜索以15.2%的份额排名第三。

在2017年中国移动搜索市场用户使用移动搜索的方式分布中，文字搜索排名第一，占比为91.7%；排名第二的是语音搜索，占比57.5%；图片搜索以44.5%的占比排名第三。文字搜索俨然是用户最常用的移动搜索方式，除此之外，语音搜索的使用率超过其他方式，有望成为未来的主流。

移动搜索用户最常用搜索引擎的渠道中，浏览器依然是用户最常使用移动搜索的入口。手机网民较为偏好手机内置浏览器，占比58.0%；而另行下载浏览器的比例也占42.0%，其中，超过90%的手机网民偏好使用如UC、360等国内开发的浏览器，8.6%则选择下载如谷歌 Chrome、微软 Edge 等国外开发的浏览器。图 4-9 所示为移动搜索浏览器使用率。

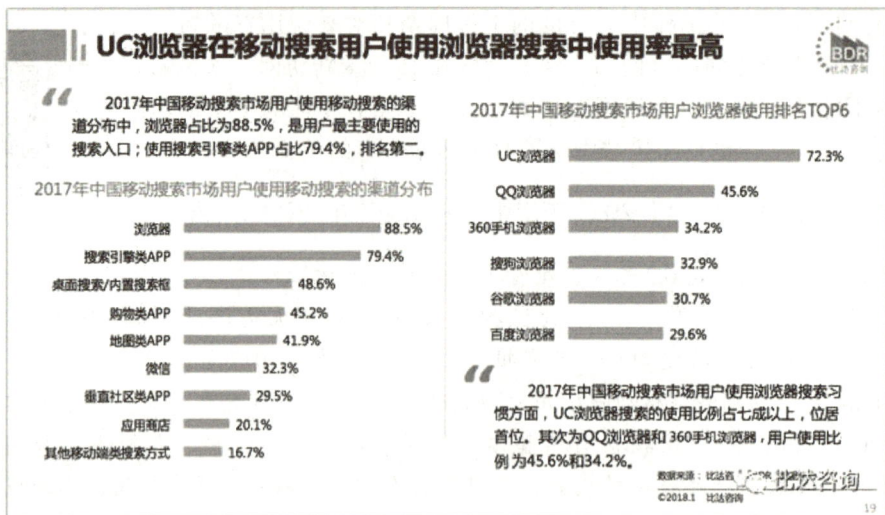

资料来源：比达咨询．

图 4-9 移动搜索浏览器使用率

移动搜索技术进步契合移动用户的使用习惯，与 PC 搜索相比，移动搜索主要体现出应用场景碎片化和结果呈现便捷化两大特征。

即时性为移动搜索的最大亮点，iiMedia Research（艾媒咨询）的数据显示，与 PC 端搜索相比，移动搜索的最大优势体现在其方便性和即时性，占比为 49%；在操作步骤、界面设计、结果呈现、搜索速度、信息可靠性等方面，两者体验相差不大。然而，PC 端阅读在阅读尺寸、搜索全面性和信息容量方面优势明显，占比为 46%～50%，相比之下移动搜索为 17%～30%。

艾媒咨询分析师认为，中国移动搜索大部分从 PC 端发展而来，迎合了手机用户便捷搜索的需求，但在信息容量、内容展示等方面的体验仍有较大提升空间，短期内移动用户对 PC 端搜索仍有较高需求。

由于移动设备的便捷性，内容展示的界面需重新设计，以增强阅读的舒适感；此外，移动搜索能契合用户需求发展出语音和图像搜索功能，进一步结合人工智能实现人与机器的问答对话，从而使技术辅助人的决策。

随着移动互联网用户增速放缓，中国移动搜索用户已进入平稳增长期，服务质量和内容成为移动搜索持续增长的关键，比如在个性化搜索、多种接入通道、引擎技术含量、涵盖领域、输入方式、精准定位系数等方面，需要打造出差异化，才能保证持续不断的增长。

《《《《《

》》》》》技能训练 4-1 对比搜索引擎结果

利用百度、Google 等搜索引擎，对你所在学校的校领导、学院领导、专业教师的"姓名"在校园网中出现的次数进行调研，再对返回的结果信息的有效性进行评估，得出校园人物影响力排名。

	校园人物	百度搜索结果（次）	Google搜索结果（次）	影响力排名	备注
校领导					
学院领导					
专业老师					
排名依据					

<<<<<<

本章小结

　　通过本章的学习，我们已经深深认识到现代社会知识爆炸和信息过载，信息和知识呈指数复利增长，我们要在海量知识中快速地搜索出对自己有用的知识并不容易。

　　幸运的是，搜索引擎功能强大，搜索引擎技术的迅猛发展，为我们在海量信息中快速获取自己需要的知识提供了极大的便利，善用搜索技术是网络时代人们应该具备的一种重要能力。这种能力也被成为"搜商"，即利用搜索引擎获取知识和解决问题的能力。

　　随着信息时代的到来，知识更新日新月异，我们不得不承认，即使人类拥有再高的智商、再多的大脑容量、再充足的生命时间，也不能满足理解和储存全部人类知识的要求，更何况人类的知识正以几何级数量迅速增长。越来越多的信息和知识储存在互联网上，我们只需要在运用时，利用搜索引擎快速获取。获取知识、解决问题越快，效果越好，时间越少，效率越高。

　　未来，网络信息检索将趋向于智能检索，即基于自然语言的检索形式，机器人对用户所提供的以自然语言表述的检索要求进行分析，而后形成检索策略进行搜索。同时，检索的信息形态也更加多样化，如文本、声音、图像、动画等。

思考题

1.百度检索工具不具备的检索功能是（　　）。

A.一般检索　　　　　　　　　　B.高级检索

C.检索途径　　　　　　　　　　D.分类检索

随堂测4

2.布尔逻辑算符不包括（　　）。

A.+　　　　　　　B.-　　　　　　　C.*　　　　　　　D.=

3.截词检索有（　　）。

A.前截　　　　　　B.后截　　　　　　C.前后截　　　　　D.中间截

4.利用搜索引擎检索内容包括（　　）。

A.检索工具　　　　B.检索方式　　　　C.检索途径　　　　D.检索词

5.布尔算符OR的作用为（　　）。

A.缩小检索范围　　　　　　　　　B.扩大检索范围

C.概念相同或相近的词　　　　　　D.具有并列关系

第5章　网上支付

□ 学习目标

1. 掌握网上支付的概念和参与主体；
2. 了解网上支付的模式和业务流程；
3. 了解网上银行的优势和其对传统银行的影响；
4. 掌握第三方支付的含义、特点；
5. 能使用第三方网站完成网上支付。

□ 引导案例

校园一卡通——网上支付初体验

小宋是一名来自云南一个小县城的沈阳某大学的一年级新生。到学校不久，他打电话给远在云南的爸爸，请他放心，他的钱保管得很好。原来，在接到录取通知书后，按照学校提供的招商银行账号，小宋的爸爸汇入了他在学校所需的学费、生活费等费用。到学校以后，小宋领到了一张集学籍管理、内部消费、图书借阅、就餐和存取款功能于一体的招商银行校园卡。利用这张卡，小宋交了学费、办了饭卡，还可以到超市买东西。

星期天，小宋和同学一块逛街，在商场买了一部手机。付款时，他惊喜地发现该卡还可以在商场使用。售货员告诉他，他还可以在学校的自助存取款机上交电话费，而不用去电信公司或银行。这样，小宋基本上可以不用现金了。而且，这张集磁卡、IC卡于一体的校园卡还有一个特别的功能，就是可以在自助存取款机上将小额的钱从需要密码的磁卡转到不需要密码的IC卡电子钱包上。这样，在食堂吃饭、去超市买东西等进行小额消费时就免除了输密码联机验证的麻烦，即使卡丢了损失也不大。后来，小宋成为了网民一族，在网上购物时开通了招商银行的网上支付功能，这样他既可以在线完成支付，也可以通过送货人员随身携带的手持卡读写设备刷卡结账，潇洒地体验电子商务了。

资料来源　作者根据相关资料整理.

5.1　网上支付概述

微课 5-1

网上支付概述

一、网上支付的定义

网上支付又称为网络支付，是电子支付的一种形式，它是通过第三方提供的与银行之间的支付接口进行的即时支付方式。这种方式的好处在于可以直接把资金从用户的银行卡中转账到网站账户中，汇款马上到账，不需要人工确认。客户和商家之间可采用信用卡、电子钱包、电子支票和电子现金等多种电子支付方式进行网上支付，从而节省了交易的相关开销。

从定义中我们可以看出网上支付与传统支付的区别主要体现在以下几个方面：

（1）网上支付以互联网为基础，以数字化的方式来完成信息传输；传统支付则是通过现金、票据等流转的方式来实现支付。

（2）网上支付在互联网上使用CA认证提供的数字证书验证用户身份；传统支付需要在现场使用密码或签名来验证持卡人身份。

视频 5-1

（3）网上支付是在开放的网络系统平台中进行；传统支付是在较为封闭的系统环境中进行。

（4）网上银行使用数字签名进行授权，不需要人工确认；传统支付需要在现场手写签名，通过该方式授权商家进行扣款。

银联在线支付

二、网上支付的典型应用

网上支付正逐渐走进人们的生活，利用网上支付，可以进行网上购物、网上缴费等操作，客户足不出户就可完成整个支付过程，方便又经济。每一种新的支付模式，在其出现和发展的过程中，都需要具备相应的环境，网络支付也不例外。近年来网络的快速发展及人们对网络更多的需求都为网络支付提供了发展的环境和空间。

下面以某国企销售经理陈女士使用工行网银的一天为例，介绍网上支付的典型应用。

上午9：00，陈女士查询3月在网上银行申购的基金，现在已经翻倍了，如图5-1所示。

图 5-1　中国工商银行网上证券

今天又有新基金发行，陈女士查看并购置，如图5-2和图5-3所示。

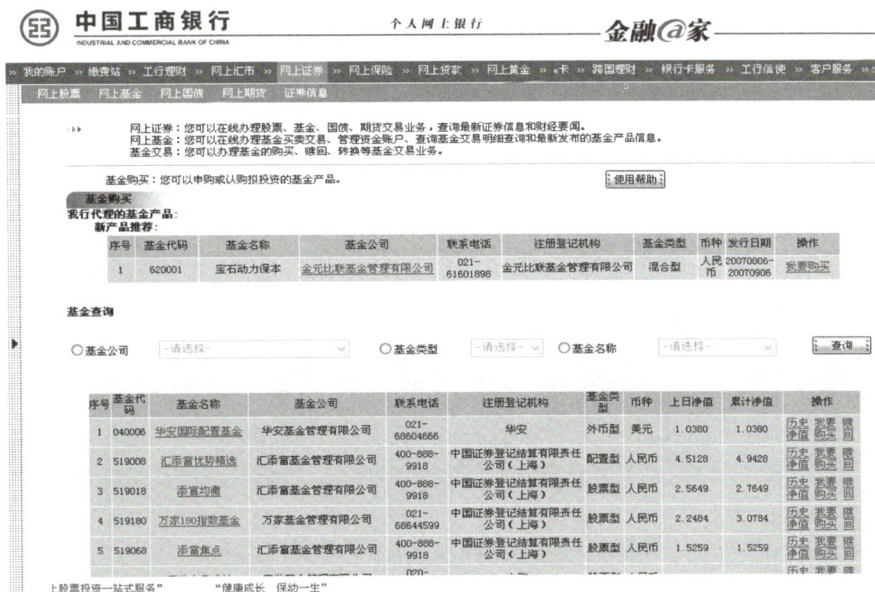

图 5-2 中国工商银行网上申购基金（一）

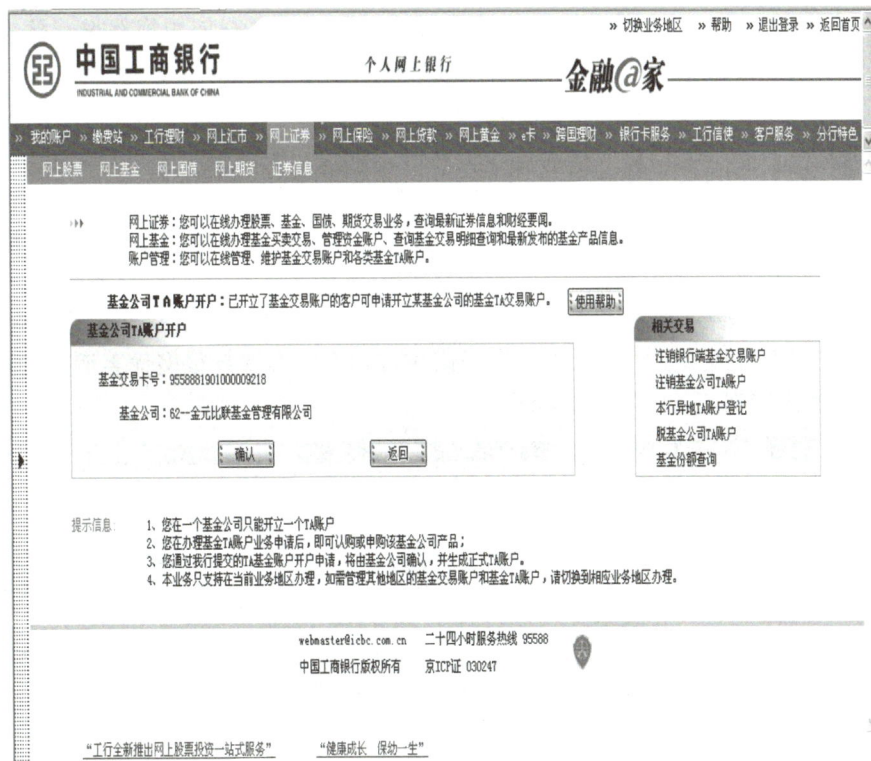

图 5-3 中国工商银行网上申购基金（二）

　　陈女士认为，工作太忙，没有时间实时追查股市变动，基金是最好的投资方式。输入购买金额，只用几分钟，就可以完成全部申购流程，如图 5-4 所示。

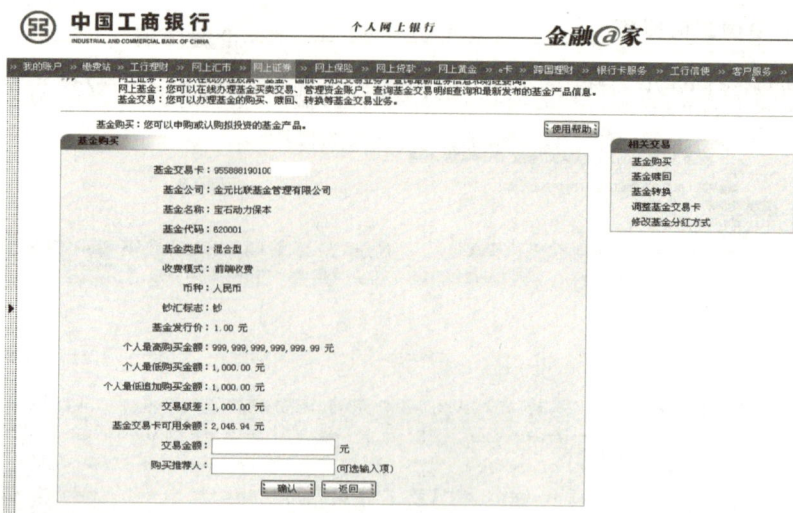

图5-4 中国工商银行网上申购基金（三）

陈女士还在网上银行给她8岁的女儿开了个基金账户，并设置基金定投业务，每个月为女儿买600元基金，为女儿将来上大学做资金筹备。

上午9：30，陈女士出门去见一位重要的客户。聊天中客户向她抱怨说：孩子在北京上大学，每年交学费就是一个头疼的问题。直接给现金吧，又怕路上不安全；汇款吧，一是排队麻烦，二是手续费又贵，每次都要50元。

陈女士立刻向客户推荐，通过工行的个人网上银行，坐在家里就可以交外地的学费，资金实时到账，还节省费用，不超过1万元的学费，每次只要5.5元的手续费。

陈女士的细心体贴博得了客户的好感，拉近了和客户的距离，使她顺利地和这位客户达成协议。

上午11：30，陈女士心情愉快地回到了公司。因为即将开展进一步的合作项目，陈女士下周将飞往上海出差。听说在工行电子商城订购电子客票有很多优惠活动（如图5-5所示），陈女士决定到工行的网站上看看。

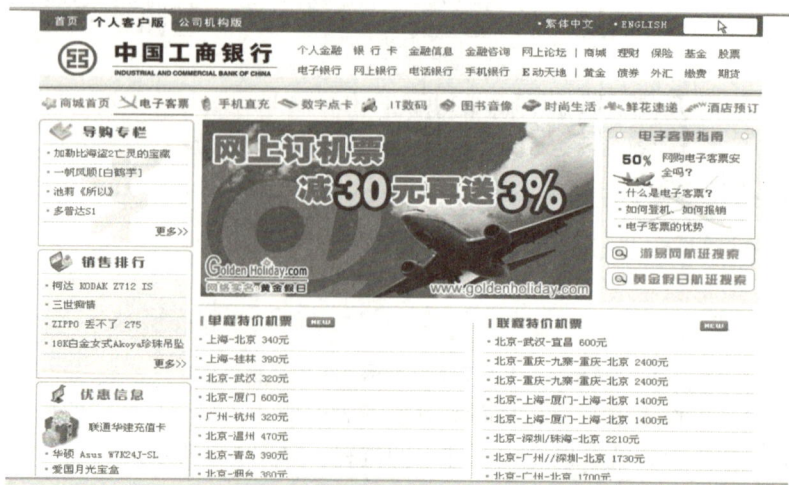

图5-5 工行电子商城订购电子客票

下午 3：30，陈女士的手机上接到一条信息：工行信使：你的尾号为 7788 的牡丹灵通卡16 日 15：30 网上银行收入（工资）2 800.00 元。详情请致电 95588。陈女士在办理了个人网银的时候同时订阅了工行信使（如图 5-6 所示），使她可以实时了解各项金融和账务信息。

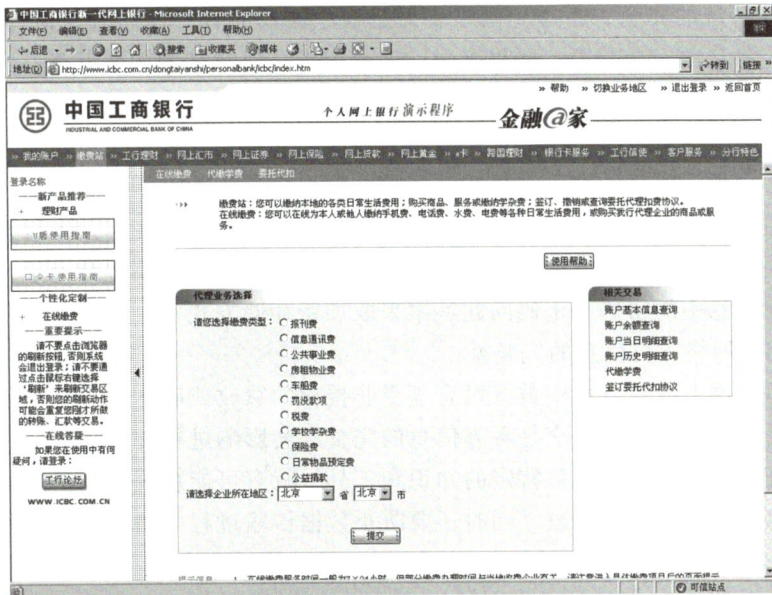

图 5-6 订阅工行信使

工资到账后，陈女士知道她马上又将多一笔定期存单。她在网上银行签订了理财服务协议，系统将自动完成协定金额转账（起点触发型），轻松帮自己理财！

晚上 9：30，陈女士接到朋友电话，托朋友买的特产已经给她寄出了。陈女士表示感谢，并要了朋友账号，说立即把钱汇给他。她决定利用个人网上银行，在家里立即给朋友汇款，如图 5-7 所示。即使银行下班了也不要紧，网上银行提供 7×24 小时服务，资金实时到账。

图 5-7 网上银行汇款

三、网上支付的安全需求

针对在网络支付过程中可能发生的安全问题，为了保证网络支付流程的安全和可靠，结合电子商务系统的安全，考虑到网络支付过程中涉及的客户、商家、银行、CA认证中心等商务系统各自的安全需要，网络支付的安全需求可以总结为如下五点：

1.保证网络上资金流数据的保密性

保密性是指交易过程中必须保证信息不会泄露给非授权的人或实体，不为其所用。网上支付系统必须保证信息在输入、传输、存储、输出过程中的保密性。

客户的关键信息如登录密码或交易密码是账户安全的关键。在网上支付系统要求客户输入密码等关键信息时，应采取安全控制措施，防止木马程序截获键盘记录；在存储信息时，应对用户信息中的密码、密码问题答案采取加密存储方式。

2.保证相关网络支付信息的完整性

完整性是指网上交易过程中数据没有遭受非授权的篡改或破坏。网上支付中必须保存数据原始的格式和内容，因为交易各方信息的完整性会影响进行交易和经营的战略。但由于互联网是开放体系，只要具备特定的知识和工具，就有可能篡改传输中的数据，因此必须预防对信息的随意生成和修改，同时还要防止数据传输过程中信息的丢失和重复，并保证信息传送秩序的统一。

3.保证网络上资金结算双方身份的真实性

真实性是指交易双方的身份是真实的，不是假冒的，网上支付系统应确保交易信息来自发送者，而不是第三者冒名发送，同时确保信息接收方的身份是真实的，而不至于发往与交易无关的第三方。由于网上支付是在开放的互联网环境下完成的，要使交易成功，必须能够互相确认身份，即网上支付系统如网络银行系统或第三方支付系统要考虑客户端是不是假冒用户。

4.保证网络上有关资金的支付结算行为发生的事实及发生内容的不可抵赖性

不可抵赖性是指在交易数据发送完成后，双方都不能否认自己曾经发出或接收过的信息。在传统支付过程中，交易双方通过对银行出具的纸质凭证盖章或签名，以预防抵赖行为的发生。随着《中华人民共和国电子签名法》的出台，电子签名也同样具有了法律效力。网上支付中应采用电子签名作为双方通信的凭证，以确认交易数据已经完成发送或接收，防止接收用户更改原始记录，或者否认已收到数据。

5.保证网上支付系统运行的稳定、可靠和快捷

网上支付系统应确保经过授权的用户能够在任何时间、任何地点使用其所提供的支付服务，保证网上支付系统服务的可靠性是开展电子商务网上支付的前提。由于网上支付不受时间和空间的限制，网上支付系统应能够提供7×24小时不间断的支付服务，同时对网络故障、操作错误、应用程序错误、硬件故障、计算机病毒以及黑客攻击等方面存在的潜在威胁加以控制和预防，并做好数据备份且具有灾难恢复功能，以保证系统的可靠性。

>>>>>> 【阅读材料5-1】

CNNIC第42次调查报告显示，截至2018年6月，我国网络支付用户规模达到5.69亿人，较2017年年末增加3 783万人，半年增长率为7.1%，使用比例由68.8%提升至71.0%。

网络支付已成为我国网民使用比例较高的应用之一。其中，手机支付用户规模增长迅速，达到 5.66 亿人，半年增长率为 7.4%，在手机网民中的使用比例由 70.0% 提升至 71.9%。

数据显示，网民在线下消费时使用手机网络支付的比例由 2017 年 12 月的 65.5% 提升至 68.0%，其中，城镇网民使用比例为 71.9%，农村为 57.0%。在线下消费的网络支付用户中，有 44.0% 首选手机网络支付，相比 2017 年 12 月提高 5 个百分点，其中城镇网民这一比例为 46.8%，农村网民为 36.5%。2017 年 12 月—2018 年 6 月网络支付/手机网络支付用户规模及使用率如图 5-8 所示。

单位：万人

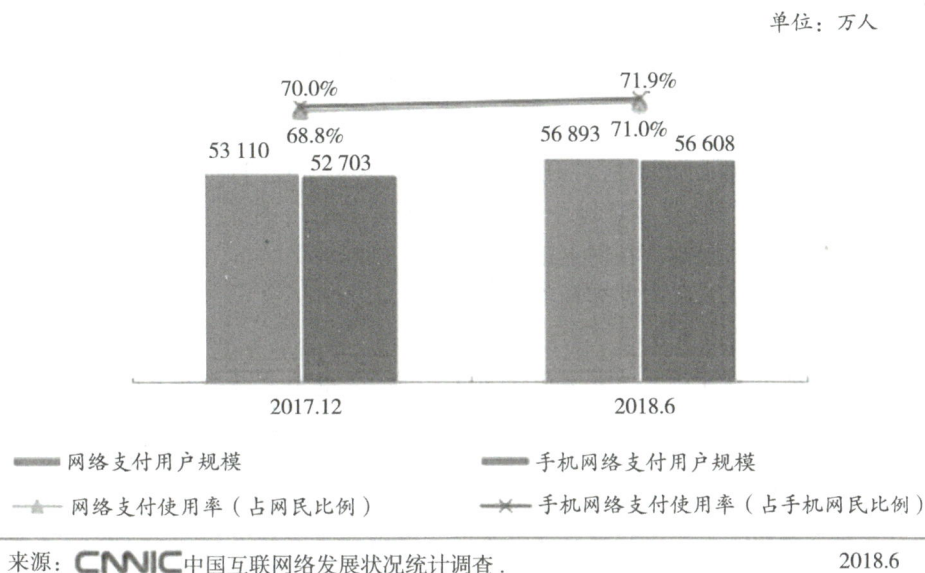

图 5-8　2017 年 12 月—2018 年 6 月网络支付/手机网络支付用户规模及使用率

5.2　网上银行与传统银行

一、网上银行概述

（一）网上银行的概念

网上银行也称网络银行、在线银行，网上银行按其服务内容和发展模式的不同又有广义和狭义之分。

广义的网络银行是指在网络中拥有独立的网站，并为客户提供一定服务的银行，这种服务可以是一般的信息和通信服务、简单的银行交易、所有银行业务。

狭义的网络银行是指在互联网上开展一类或几类银行实质性业务的银行，这些业务包括简单的银行交易、所有银行业务，一般都执行了传统银行的部分基本职能。

由 James S.Mahan 和 Michael C.Chemey 创建的美国安全第一网络银行（Security First Network Bank，SFNB）是全球第一家网络银行，也是目前最成功的一家网络银行，于

1995年10月18日正式开通，于1998年被加拿大皇家银行以2 000万美元收购了除技术部门外的所有部门。尽管在发展的过程中并非一帆风顺，但是它确实代表着一种全新的业务模式和发展方向，在网络银行的发展史上具有里程碑的意义。2015年6月，中国首批民营银行试点之一——网商银行在杭州宣布正式开业。网商银行将以互联网方式经营，不设物理网点，不做现金业务，没有分行，没有柜台，纯粹线上运营。

（二）网上银行的特点

1.打破传统商业银行的结构和运行模式

网上银行可以使任何规模的银行运用较少的投资购置最好的计算机系统，使用最先进的银行应用软件连接到用户，并以此向大型商业银行挑战。过去银行聚集廉价存款的分支机构正变成耗资巨大的包袱。

2.“3A”式服务

“3A”式服务是指网上银行能在任何时间（Anytime）、任何地点（Anywhere）、以任何方式（Anyhow）为用户提供各项金融服务的24小时不关门银行。“3A”式服务的网上银行突破了时间、空间的限制。在网上银行各种安全机制的保护下，用户可以随时随地在不同的计算机终端上登录互联网办理各项银行业务。

3.银行业务运营的电子化

传统银行使用的票证被全面电子化，如电子支票、电子汇票和电子收据等，同时，电子货币，即电子钱包、电子现金和安全零钱等被全面使用；银行的业务文件和办公文件完全改为电子化文件、电子化票据，签名也采用数字化签名；利用计算机和数据通信网完成票据和文件的传送，由电子资料交换进行往来结算，用户在家上网就可获得网上银行令人满意的服务；电子化办公提高了服务的准确性和精确度，提高了服务质量和效率。

4.银行标准化的服务

网上银行标准化的服务接口，使提供的服务速度快、效率高、内容广、方式多、成本低。传统经营模式下的因人力资源造成的响应时间慢、服务水平参差不齐的问题迎刃而解。同时，通过互联网进行金融交易的网上银行具有费用开支少的特点，经济效益明显。

>>>>>> 【案例5-1】拓展电子银行业务

截至2016年第一季度末，甘肃省农村信用社累计发行飞天借记卡2 517.92万张，其中飞天金融IC卡341.67万张，福农卡298.8万张，白金卡26 935张，飞天卡925.09万张，惠民一卡通202.33万张，社保卡744.99万张，ETC陇通卡2.34万张。网上银行业务功能进一步完善，在原有网银功能基础上新增了个人网银甘肃省内电信固话缴费、甘肃省内电信宽带缴费、全国手机话费充值、Q币充值、游戏充值、流量充值、电影票在线选座购买、加油卡充值、电子回单专用章打印、农信银快汇等功能，企业网银电子回单专用章打印功能。截至2016年第一季度末，累计开通个人网银65.9万户，其中2016年第一季度新增7.72万户，同比增长13.36%；个人网银累计完成交易930.65万笔（户均14.12笔），累计交易金额1 110.63亿元（户均16.85万元）。截至2016年第一季度末，开通企业网银2.67万户，其中2016年第一季度新增2 975户，同比增长51.4%；企业网银累计完成交易192.27万笔（户均72笔），累计交易金额达2 066.71亿元（户均774.1万元）。截至2016年第一季度末，累计开通手机银行95.42万户，其中2016年第一季度新增13.82万户，同比增长

28.68%；累计完成交易 2 212.27 万笔（户均 23 笔），累计交易金额达 774.46 亿元（户均 8.12 万元）。截至 2016 年第一季度末，累计发展特约商户 51 687 户，其中 2016 年第一季度新增 3 025 户，同比增长 1.75%；2016 年第一季度完成交易 186.56 万笔，交易金额达 75.82 亿元，实现手续费收入 1 485.2 万元。

资料来源　史怀璧.电子银行业务未来发展方向和营销策略［EB/OL］.［2018-05-01］.https://max.book118.com/html/2017/0520/107796077.shtm.

二、网上银行与传统银行的比较

传统的商业银行目前不仅面对着传统的保险公司、基金公司、信用卡公司等非银行金融机构的资本性"脱媒"，而且还面临着网络技术发展带来的技术性"脱媒"。一些 IT 企业开始介入社会支付服务领域，挑战传统银行在社会支付体系中的地位。同时，网络银行的发展降低了银行获取、传递、处理信息的成本，银行的中介作用逐渐减弱，银行的传统特权面临着极大的危机。因此，金融服务创新也由单一的提高服务质量阶段，发展成为调整市场营销与客户服务的方式，向客户提供多元化、全方位的金融服务阶段。这对传统的商业银行经营管理是一个严峻的挑战。

（一）网上银行的优势

（1）降低了银行、客户的交易成本，简化了银行系统的维护升级流程并降低了成本；

（2）能提供给客户及时、有效、互动的服务；

（3）帮助银行吸引更多的客户，并为客户提供全方位、多元化、个性化的服务；

（4）能够辅助企业强化金融管理，科学决策，降低经营风险；

（5）可以拓宽银行的金融服务领域，向全能型银行发展；

（6）实现银行的更好的自我宣传方式。

（二）网上银行对传统银行的影响

网络技术的发展对传统银行业的经营模式和理念形成巨大冲击，网上银行对传统银行的影响主要体现在以下几个方面：

1.网上银行改变了传统银行的经营理念

网上银行的出现改变了人们对银行经营方式的理解和对国际金融中心的认识，一系列传统的银行经营理念将随之发生重大转变。例如，前台店面装修的富丽堂皇不再是银行的标志，没有店面，银行也可以提供跨区域的品牌服务，突破了时空限制，改变了银行与客户的联系方式，削弱了传统银行分支机构网点的重要性，取而代之的是支持银行业务开展的信息设备。

2.网上银行降低了交易成本

一方面，网上银行由于节省了大量的房租和人员工资等支出，运营成本大为降低。另一方面，由于网上银行节省了大量的经营成本，因此可以把节省下的巨额资金返还给客户，提高利息以吸引客户。传统银行越来越难以吸收大量的资金形成规模经济，在降低交易成本上的优势正逐步丧失。

3.网上银行改变了传统银行的营销方式和经营战略

网上银行能够充分利用网络与客户进行沟通，使传统银行营销从以产品为导向转变为以客户为导向，通过提供更迅捷和高效的服务，以速度赢得客户，变被动为主动。网上银行将业务重点转为向客户提供个性化服务，通过积极与客户联系，获取客户的信息，了解不同客户的不同特点，提供更为个性化的服务，同时也能处理与客户的关系，将服务转向"人际化"，如咨询和个人理财业务，向客户提供更加具体、全面的服务。

4.网上银行改变了传统银行经营目标的实现方式

银行经营目标实现方式的改变主要体现在安全性、流动性上。从库存现金向电子现金的转变使安全概念也发生转变。因为电子货币的使用使银行资金的安全不再是传统的保险箱或者保安人员所能保障的，对银行资金最大的威胁是"黑客"的攻击与偷盗，很可能不知不觉间资金已经丢失。因此，银行必须转变安全概念，从新的角度特别是保护信息资源的角度确保资金安全。电子货币的独特存取方式也带来流动性需求的改变，电子货币流动性强的特点取消了传统的货币层次的划分，更不可避免地导致银行的流动性需求发生改变。

5.网上银行服务的开展促使银行更加重视信用的作用

在信息社会里，银行信用评估的标准正在发生改变，表现为银行获取信息的速度和对信息的优化配置将代表信用。在如今的电子商务时代，银行获取信息的能力将在很大程度上体现其信用，而电子商务也要求传统银行在信息配置方面起主导作用。信息配置较之传统经济学中的资源配置，将发挥同样巨大甚至更大的作用，对经济学的发展也是一个推动，这也将是银行信用的一个重要方面。

6.网上银行加快金融产品的创新

网上金融产品易诞生也易消亡的特点对银行的金融产品创新提出了更高的要求。在网络时代，新的金融衍生工具创造将翻倍加速，但也可能被淘汰、消失得更快。这一方面为银行突破传统的历史阶段性发展模式而利用技术创新进行跳跃式发展提供了可能，另一方面则对银行自身的创新能力提出更高的要求。如果银行自身没有具备创新的实力，就有可能长期处于"跟随者"的不利地位，时刻有被淘汰的危险。

7.网上银行正改变传统银行的竞争格局

基于互联网平台的网上银行提供的全球化服务，使金融业全面自由和金融市场全球开放，银行业的竞争也不再是传统的同业竞争、国内竞争、服务质量和价格竞争，而是金融业与非金融业、国内与国外、网上银行与传统银行等的多元竞争。

8.网上银行将给传统的金融监管带来挑战

由于网络的广泛开放性，网上银行可在全球范围内经营，这也给金融监管带来新的课题。专家指出，网上银行以其方便、快捷、超时空等特点，通过计算机网络，可以在瞬间将巨额资金从地球的一端传到另一端。大量资金突发性的转移无疑会加剧金融市场的波动，而网络快速传递的特性则会使波动迅速蔓延。同时，网上银行的整个交易过程几乎全部在网上完成，金融交易的"虚拟化"使金融业务失去了时间和地域的限制，交易对象变得难以明确，过程更加不透明。这无疑加大了监管的难度。因此，金融领域商务的电子化给传统的金融监管提出了更高的要求。

>>>>>>【阅读材料5-2】U盾工具

U盾是获得国家专利的硬件加密工具，办理一个U盾一般要80元，有了U盾等于加了一把安全锁，即使客户的账号、密码等个人信息被窃，也可以将客户资金转移；若没有U盾，就无法将客户资金转移。客户只要保证U盾、U盾密码、账号（别名）、登录密码和支付密码这些安全措施不被同一个人窃取，资金损失的可能性几乎为零。可以这样说，U盾是目前网上银行客户端安全级别最高的一种安全工具，只是价格较高。目前几种常见的U盾工具如图5-9所示。

产品型号		证书价格	现U盾外观	原U盾外观
金邦达	GEMPC KEY（16K）	76元		
	Gem e-Seal（32K）	76元		
捷德	STARKEY 100（32K）	76元		
华虹	BHDC USB（16K）	60元		
	BHDC USB（32K）	68元		
备注：	• 各种型号的U盾产品功能一致。			
	• 本表为参考价格，最新价格以网点公告为准。			

图5-9　几种常见的U盾工具

5.3　第三方支付

一、第三方支付的定义与特点

（一）第三方支付的定义

第三方支付是指在电子商务企业与银行之间建立一个中立的支付平台，为网上购物提供资金划拨渠道和服务的企业。

这个中立的支付平台，就是一些和国内外各大银行签约并具备一定实力和信誉保障的第三方独立机构提供的交易支持平台。在通过第三方支付平台的交易中，买方选购商品后，使用第三方平台提供的账户进行货款支付，由第三方通知卖家货款到达、进行发货；买方检验物品后，就可以通知付款给卖家，第三方再将款项转至卖家账户。

（二）第三方支付的特点

1.支付中介

第三方支付平台采用了与众多银行合作的方式，提供一系列应用接口程序，将多种银行卡支付方式整合到一个界面上，负责交易结算中与银行的对接，商家和客户之间的交涉由第三方来完成，使网上交易变得更加快捷、简单。对于商户，不用安装各个银行的认证软件，从一定程度上简化了操作，降低了开发和运营成本；消费者和商家不需要在不同的银行开设不同的账户，可以帮助消费者降低网上购物的成本；对于银行，可以直接利用第三方的服务系统提供服务，帮助银行节省网关开发成本，并为银行带来一定的潜在利润。

2.技术服务

第三方支付服务商连接多家银行，使互联网与银行系统之间能够加密传输数据，向商户提供统一的支付接口，使商户能够同时利用多家银行的支付通道。

3.信用保证

运行规范的第三方支付服务商，只向合法注册的企业或认证后的个人商户提供支付网关服务，在很大程度上避免了交易欺诈的发生，使消费者使用网上支付更有信心。同时，第三方支付平台可以对交易双方的交易进行详细的记录，从而防止交易双方对交易行为可能出现的抵赖以及为在后续交易中可能出现的纠纷问题提供相应的证据。

视频5-2

4.个性化与增值服务

各种面向个人客户的生活服务应用，面向行业客户的行业解决方案，以及提供专业性更强的理财专业服务等都可以在第三方支付领域应用。

"畅购一卡通"
为何突然不畅

二、第三方支付的优缺点及安全策略分析

（一）第三方支付的优点

（1）对商家而言，通过第三方支付平台可以规避无法收到客户货款的风险，同时能够为客户提供多样化的支付工具，尤其为无法与银行网关建立接口的中小企业提供了便捷的支付平台。

（2）对客户而言，不但可以规避无法收到货物的风险，而且货物质量在一定程度上也有了保障，有利于增强客户网上交易的信心。

（3）对银行而言，通过第三方平台银行可以扩展业务范畴，同时也节省了为大量中小企业提供网关接口的开发和维护费用。

（二）第三方支付的缺点

网络技术的发展对传统银行业的经营模式和理念形成巨大冲击。第三方支付对传统银行的影响主要体现在以下几个方面：

（1）这是一种虚拟支付层的支付模式，需要其他"实际支付方式"完成实际支付层的操作。

（2）付款人的银行卡信息将暴露给第三方支付平台，如果这个第三方支付平台的信用度或者保密手段欠佳，将带给付款人相关风险。

（3）第三方结算支付中介的法律地位缺乏规定，一旦该中介破产，消费者所购买的"电子货币"可能成了破产债权，无法得到保障。

（4）由于有大量资金寄存在支付平台账户内，而第三方平台非金融机构，所以有资金寄存的风险。

（三）第三方支付的安全性问题

1.信用卡套现、洗钱问题层出不穷

由于第三方支付账户可以从一家商业银行账户中充值，再将账户余额转到在另一家商业银行的账户中，易出现信用卡套现。同时，由于支付宝之类的第三方支付兼具资金的收付功能，因此，它还面临诸如洗钱之类的问题。在支付中，有相当一部分交易属于虚拟货币的交易，比如腾讯公司的Q币、移动通信公司的话费充值等。因而不排除有些人通过设立多个账户，从事虚假的虚拟货币交易，以此达到转移不法资金甚至洗钱的目的。

2.网络钓鱼导致账户信息泄露

网络钓鱼是指用户进行网上交易进入支付环节时，被诱导点击不安全的链接，进入与网银登录界面几乎一样的伪造界面，输入用户名和密码登录后，其银行账户和密码就被伪造页面的恶意用户全部获取。

造成网络钓鱼的原因可能有两个：一是该第三方平台本身存在安全漏洞，被恶意用户利用篡改了正常的页面，或利用平台账户发送了伪造的电子邮件诱导用户中招；二是用户安全意识不足，轻信卖家提供的链接或电子邮件，主动点击了不安全的页面。

3.第三方支付平台隐私政策不合理

由于第三方支付平台掌握了大量用户的真实信息，它除了应该采用技术手段进行保护之外，还应该以文件、政策或公告的方式在网站上公开对用户信息进行安全承诺。但目前网站隐私政策普遍不完整，内容不合理，免责条款过多，不少网站公然将黑客、病毒等引发的安全问题当作"不可抗力"，推卸责任。用户为了使用其服务只能同意该条款，导致发生问题时维权艰难。

另外，目前第三方支付平台普遍采用的重要技术安全保障手段——数字证书，并不是真正意义上的独立第三方 CA 认证，而是内部建设一套符合实际要求的证书注册审计系统，使自身具备证书申请、审批、下载、状态在线查询、撤销等功能，然而这种数字证书并没有法律效力。

（四）第三方支付安全策略分析

1.实名认证、全额赔付应对资金被盗、网络诈骗

国内领先的第三方支付平台不仅从技术手段上进行防范，还对用户进行了实名认证服务。例如，支付宝对用户进行双重身份认证——身份认证和银行卡认证。除了与公安部全国公民身份证号码查询服务中心合作校验身份证的真伪，支付宝还与各大商业银行进行合作，利用银行账户实名制信息来校验用户填写的姓名和银行账户号码是否准确。快钱在安全方面还加设了用户的认证系统等六项功能。

2.采用多重技术手段保障用户安全

（1）采用 SSL 协议保障底层安全。到目前为止，几乎所有主流第三方支付都采用安全套接层协议（SSL 协议）作为底层协议，客户机和服务器交换信息前都必须构建安全通道，所有信息都经过加密传输，安全性将大为提高。

（2）采用数字证书保护用户账户安全。第三方支付平台除了中国银联在线外都推荐使用数字证书，即使用户发送的信息在网上被他人截获，甚至丢失了个人的账户、密码等信息，仍可以保证用户的账户、资金安全。

（3）采用手机验证保护用户账户安全。数字证书安全级别虽然较高，但对于不少计算机入门者来说使用有一定难度，于是支付宝推出了手机短信的动态口令登录的方式，财付通、支付宝等推出了短信验证服务、信使服务等，既可以保护用户账户安全，又为用户对数字证书的备份、导入等难题提供了解决方案。

（4）采用 U 盾或银行 U 盾绑定保护用户账户安全。第三方支付虽然现在还是民营企业在做，但是为了保障用户账户安全，不少企业向金融机构看齐，不断提升安全保障措施。现在不少第三方支付还可以提供类似于银行网银 U 盾这样的工具，既方便了用户，又保证了用户的使用安全；还有的第三方支付平台和银行加强合作，银行的 U 盾即可用来登录、

管理第三方支付平台的账户。

（5）多重安全技术策略确保用户安全。第三方支付平台越来越重视安全性能的开发，像支付宝这样的领军企业，为了用户安全不断创新，采取数字证书、手机动态口令、安全控件和风险实时监控等多重安全策略并举的方案，大大降低了技术风险。

>>>>>> **【案例5-2】"勒索病毒"事件**

2017年注定是数字货币狂欢的一年，比特币、莱特币、门罗币等空前火爆。比特币的价格甚至从年初的970美元涨到了年末的2万多美元，翻了将近20倍。各种其他数字货币也是水涨船高。2017年5月12日，WannaCry勒索病毒的疯狂肆虐一度"逼哭"了成千上万个受害者。这起大规模勒索病毒网络爆发事件袭击了全球超过100多个国家和地区的众多组织机构，教育、电力、能源、银行、交通、医疗、企业等多个行业均遭受了不同程度的影响，中国也成为此次勒索病毒爆发的重灾区。

据悉，在它的影响下，我国多地的出入境、派出所等官网疑似遭遇了病毒袭击，不得不一度暂时停办出入境业务；勒索病毒也侵袭到生产网络中，中石油旗下不少加油站也因遭受病毒袭击而"断网"，使在线支付业务一度中断；由于眼下正值毕业季，勒索病毒在我国校园网内的肆虐，甚至导致不少毕业生的毕业设计论文被锁。

资料来源　佚名.2017年中国网络安全报告：比特币火爆背后带来病毒爆发［EB/OL］.［2018-01-29］. http://www.sohu.com/a/219555815_254337.

>>>>>> **【技能训练5-1】数字认证安全操作**

下面以中国数字认证网为例，演示数字认证的安全操作。

数字认证要解决的是网上互不相识的人之间的信任问题，也就是说，你怎么知道对方的身份是否可靠。为了实现这一点，引入一个第三方认证机构，即CA。

首先，当事双方都要信任这个认证中心，表示信任的方法就是当事双方都要在自己的计算机上安装一个表达CA身份的证书，即根证书。CA有很多种，你安装了某个CA的根证书就表示你信任这个CA颁发的所有证书，即你认为这些人的身份是可靠的，然后才能进行各种交易和操作。

通过执行浏览器的"工具"—"Internet选项"—"内容"—"证书"—"受信任的根证书颁发机构"可以看到你安装的所有CA根证书，如图5-10所示。为了方便用户，微软操作系统已经预装了一些CA的根证书，凡是使用不包括在这里面的CA证书，都需要客户机安装根证书。由于证书是按照X.509国际标准生成的文件，安装了根证书后的任何厂商颁发的证书格式都是一样的。

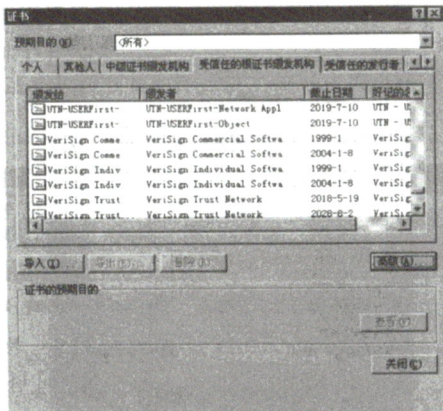

图5-10　查看CA根证书

1.浏览器的安全设置（如图5-11和图5-12所示）

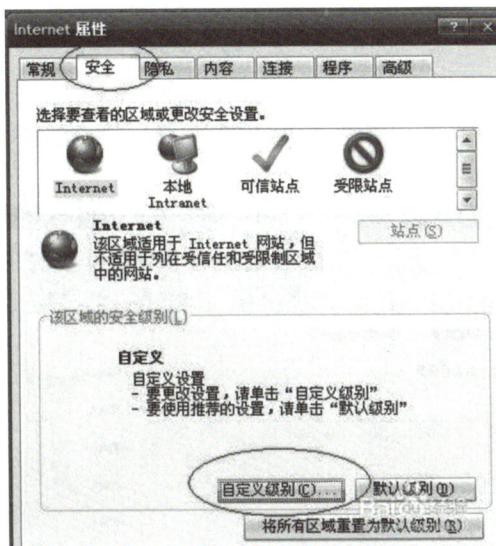

图5-11　设置浏览器的安全级别

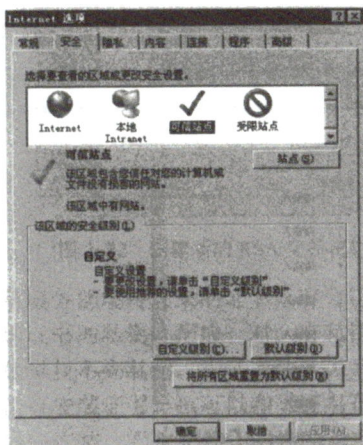

图5-12　安全站点添加

浏览器为4种安全级别设置了缺省的安全策略，单击"自定义级别"按钮，可以详细定义安全策略的具体内容，指明哪些操作是被允许的，哪些操作是被禁止的。"禁用"选项会使浏览器阻止某些控件，如图5-13所示。

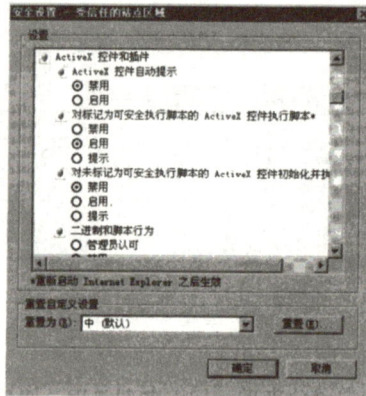

图5-13　浏览器安全设置

2.安装根申请证书

从数字认证的网站首页选择"用表格申请证书"，并选择证书的用途，如图5-14所示。

图5-14　证书申请表格

"加密服务提供"一般用缺省值，如果使用能够生成密钥的Ukey，则选择Ukey厂商提供的"加密服务提供"。证书必须安装在申请证书的计算机上，因为这台计算机有用户的私钥。如果需要将密钥备份或者安装到其他计算机上使用，则在"密钥是否可导出"中打"√"，如图5-15所示。

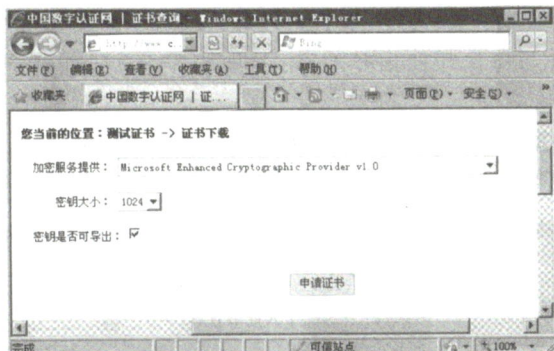

图 5-15　证书查询

密钥是在客户端生成的，私钥留在客户机内，公钥送到 CA 制作证书，中国数字认证网不掌握用户的私钥（有时也称密钥），如图 5-16 所示。

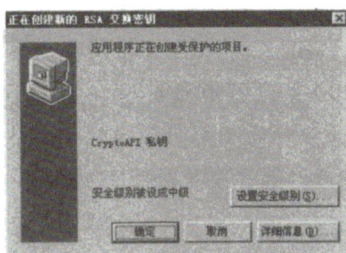

图 5-16　创建新的 RSA 交换密钥

如果证书实现了正确申请和签发，系统会提示用户安装证书，如图 5-17 所示。

图 5-17　系统会提示用户安装证书

3.保存密钥和证书

通过执行浏览器的"工具"—"Internet 选项"—"内容"—"证书"—"个人"可以看到你安装过的证书，如图 5-18 所示。

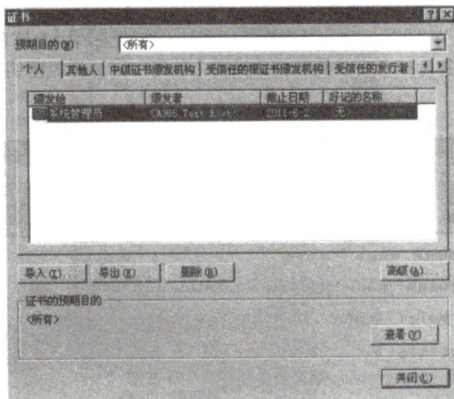

图 5-18　个人证书查看

4.发送签名、加密邮件

在申请证书时选择"电子邮件保护证书"，同时填写与实际使用信箱一致的电子邮件地址，如图5-19所示。

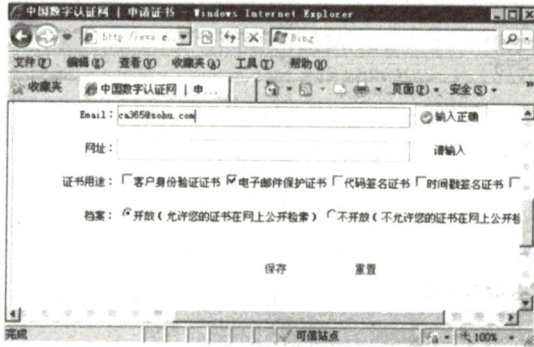

图5-19 电子邮件保护证书申请

安装电子邮件保护证书后，通过执行浏览器的"工具"—"Internet选项"—"内容"—"证书"—"个人"可以看到你申请的证书。选择证书并双击，即可查看证书信息，可以看到证书的目的是"保护电子邮件消息"，如图5-20所示。

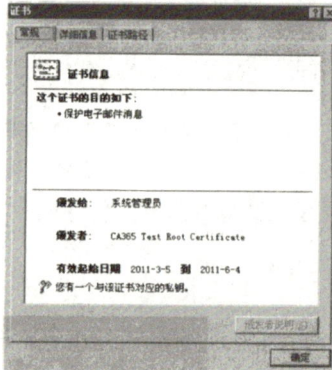

图5-20 电子邮件保护证书信息查看

一般情况下，如果电子邮件证书安装正确，则发送签名电子邮件时，系统会自动找到正确的证书进行签名。如果系统找不到证书，也可以手动设置邮件使用的签名证书。

5.对控件进行签名

在申请证书时选择"代码签名证书"，如图5-21所示。

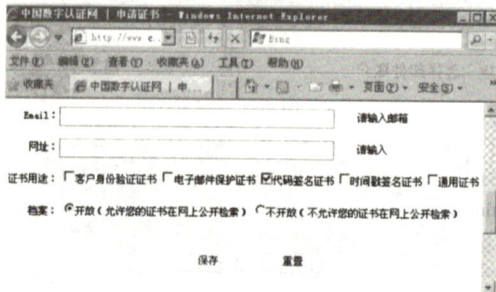

图5-21 代码签名证书申请

　　安装代码签名证书后，通过执行浏览器的"工具"—"Internet选项"—"内容"—"证书"—"个人"可以看到你申请的证书，双击证书查看证书信息，可以看到证书的目的是"确保软件来自软件发行商"和"保护软件在发行后不被改动"，如图5-22所示。

图5-22　代码签名证书信息查看

　　如果是对需要从网上自动下载安装的ActiveX控件进行签名，如网络银行、支付宝安全控件等，则必须在ActiveX控件的程序代码中实现"初始化安全"和"脚本安全"两个接口。ActiveX控件能否自动下载与"代码签名证书"的有效期有关。当"代码签名证书"失效后，ActiveX控件不能继续下载，但已经下载的ActiveX控件仍然可以继续有效使用，因此，用户应当根据需要确定"代码签名证书"的有效期。

　　下载好代码签名证书，就可以使用代码签名证书签名了。首先下载代码签名工具"signcode.exe"并运行；选择要签名的文件，用鼠标单击"下一步"，如图5-23所示。

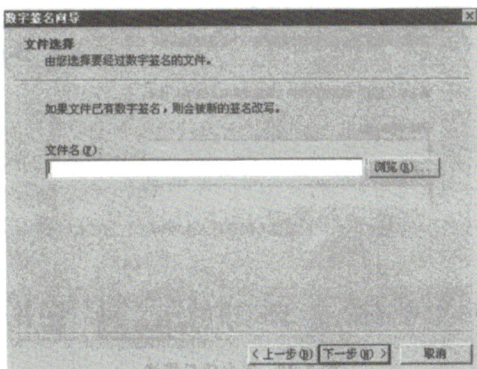

图5-23　选择签名的文件

　　选择签名证书，单击"确定"，如图5-24所示。

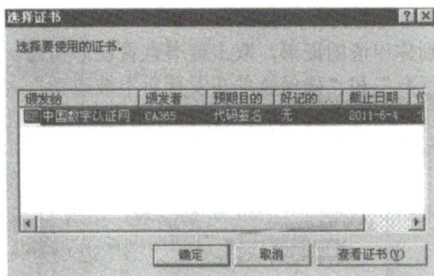

图5-24　选择签名证书

单击"从存储区选择",并单击"下一步",如图5-25所示。

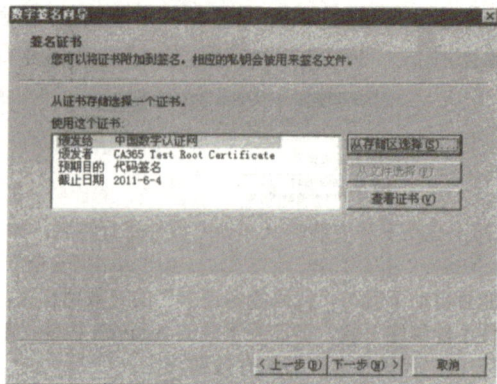

图5-25 选择签名证书完成

输入必要的信息,如图5-26所示。

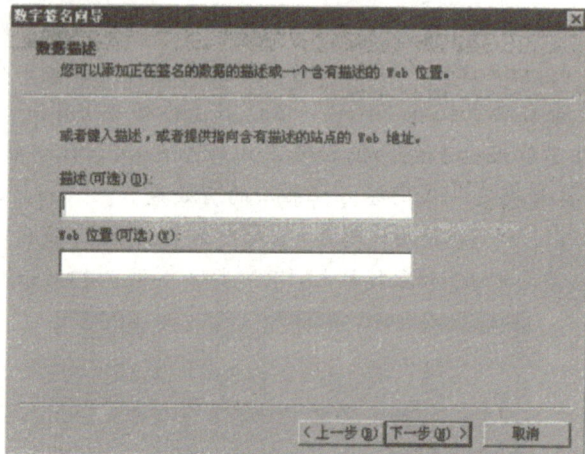

图5-26 签名信息描述

如果需要添加时间戳,则在"时间戳服务URL"编辑框中填入权威第三方认证的URL地址,如图5-27所示。

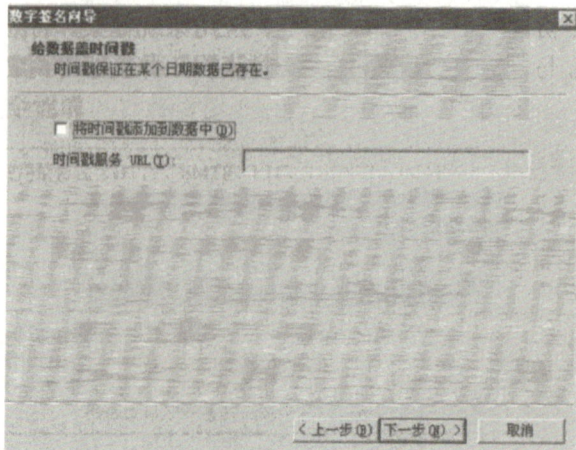

图5-27 添加时间戳

至此，控件、软件以及代码的数字签名就完成了。我们可以通过属性查看数字签名信息，也可以通过“chktrust.exe”验证签名。设置服务器证书和使用证书进行客户身份认证的学习，可以参考中国数字认证网（http://www.ca365.com）用户手册。

【技能训练5-2】中国建设银行个人网络银行申请

中国建设银行个人网络银行界面如图5-28所示。

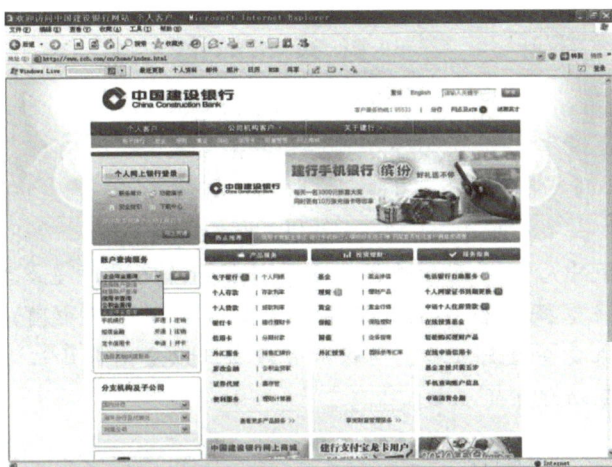

图5-28　中国建设银行个人网络银行界面

1. 中国建设银行个人网络银行开通条件

（1）在建设银行开设有银行账户，包括各种龙卡、定期存折、活期存折、一折通或一本通账户等，并拥有有效身份证件，包括身份证、护照、军官证等。

（2）具备使用互联网的机器和网络条件，使用IE 6.0以上浏览器。

中国建设银行个人网络银行开通指南如图5-29所示。

用户类型	普通客户	便捷支付客户	高级客户
开通方式	在线开通 或通过柜台、E动终端开通	在线开通 或通过柜台、E动终端开通	网点、E动终端 ▸查询最近的营业网点
手机绑定	需要	需要	需要
注意事项	身份证件类型、证件号码需与签约账户开户时一致	账户开户时预留的手机号码和目前使用的手机号码一致	开通后首次使用网上银行，需设置网上银行登录密码 ▸了解首次登录
开通流程	观看演示		领取并填写网银申请表，交由工作人员办理 ▸在线下载申请表
可享服务	· 账户查询 · 投资理财 · 本人信用卡还款	· 小额转账汇款 · 单笔缴费支付 · 网上支付功能	网银提供的全部功能 · 我的账户 · 转账汇款 · 缴费支付 · 信用卡 · 个人贷款 · 投资理财

图5-29　中国建设银行个人网络银行开通指南

2.使用中国建设银行个人网络银行的步骤

（1）进入中国建设银行个人网络银行页面，点击左上角的"个人网上银行登录"下面的"下载中心"按钮，如图5-30所示。

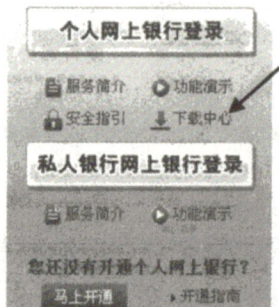

图5-30　个人网络银行的"下载中心"

（2）进入"下载中心"页面后选择中国建设银行个人客户E路护航网银安全组件，然后根据自己的系统选择32位或64位版本，如图5-31所示。中国建设银行E路护航安全网银组件包括网银安全检测工具、网银盾管理工具以及网银盾证书更新工具，可一次性完成所有控件、驱动程序的安装。

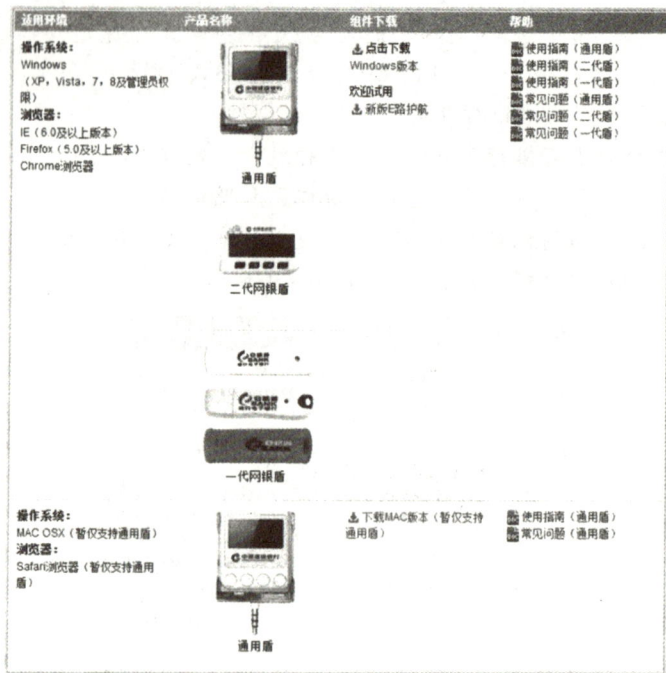

图5-31　个人客户E路护航网银安全组件下载界面

（3）下载成功后，开始安装中国建设银行E路护航网银安全组件，安装界面如图5-32所示。

图 5-32　组件安装界面

（4）如果中间出现"您想安装此证书吗？"，直接点击"是"按钮，如图 5-33 所示。

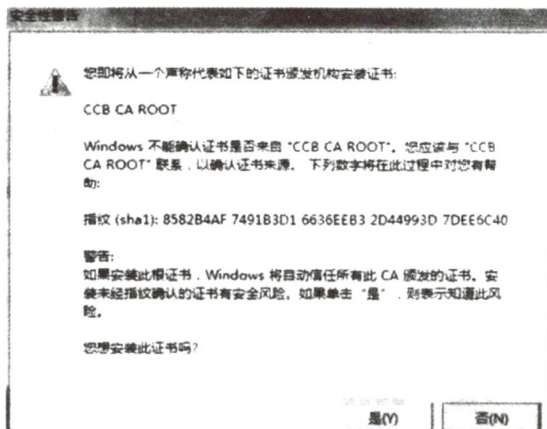

图 5-33　弹出安全性警告窗口

（5）组件安装完成界面，如图 5-34 所示。

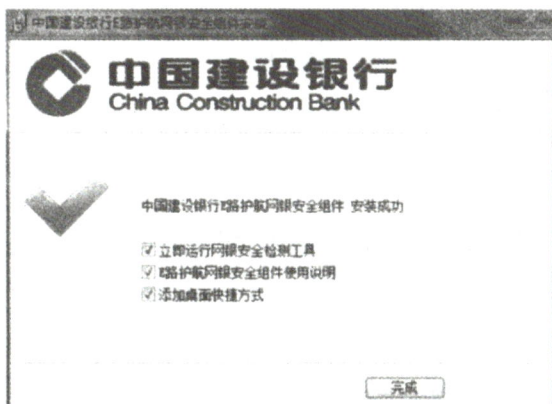

图 5-34　组件安装完成界面

（6）单击"完成"按钮，弹出"中国建设银行网银盾"窗口，输入 6～8 位密码，如图 5-35 所示。

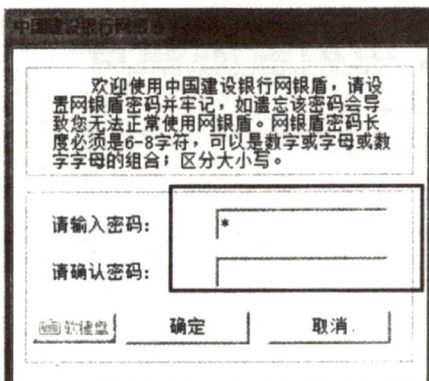

图 5-35　中国建设银行个人网络银行网银盾口令设置

（7）在柜台签约或通过网站开立并激活 e 账户后首次使用个人网上银行，需设置网上银行登录密码。输入证件号码和姓名，如图 5-36 所示。

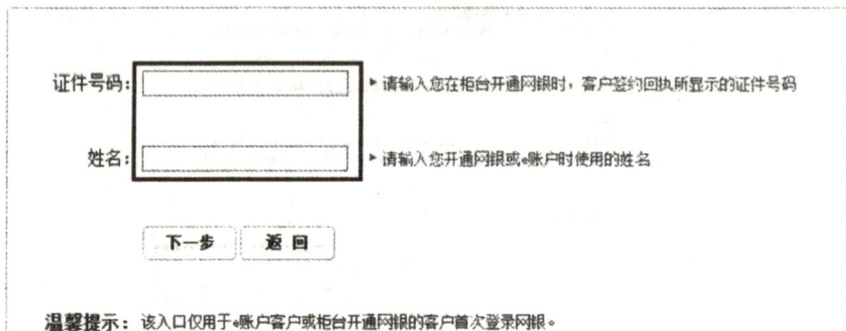

图 5-36　中国建设银行个人网络银行设置登录密码界面 1

（8）此处输入用户的账户取款密码，如图 5-37 所示。

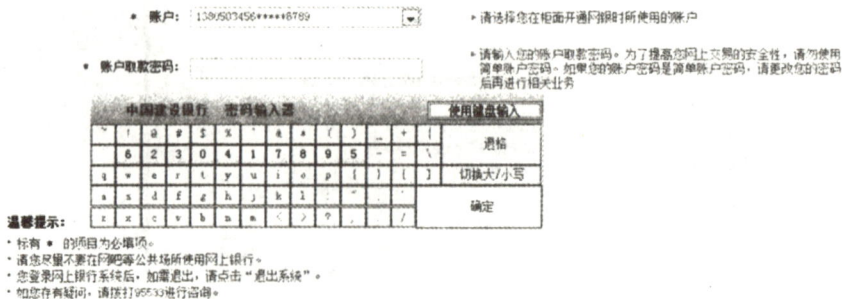

图 5-37　中国建设银行个人网络银行设置登录密码界面 2

（9）接着设置登录密码，这一次输入的是 6~10 位字符，此处要注意与前面用户设置的网银盾密码进行区别，如图 5-38 所示。

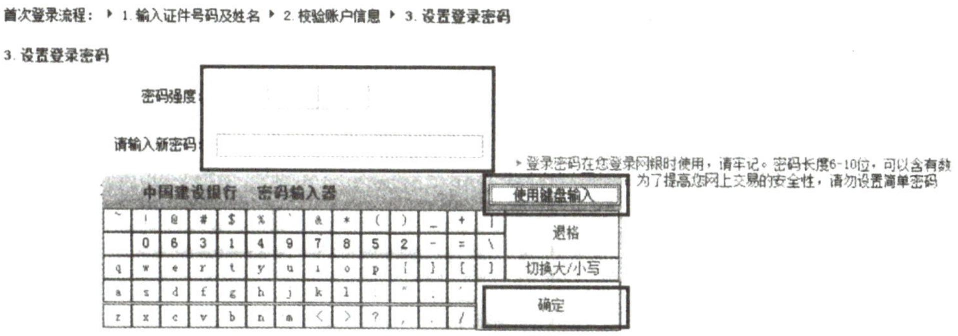

首次登录流程： ▶ 1. 输入证件号码及姓名 ▶ 2. 校验账户信息 ▶ 3. 设置登录密码

3. 设置登录密码

图 5-38　中国建设银行个人网络银行设置登录密码界面 3

（10）设置完成以后，点击确认，会提示设置网上银行交易密码，如图 5-39 所示。

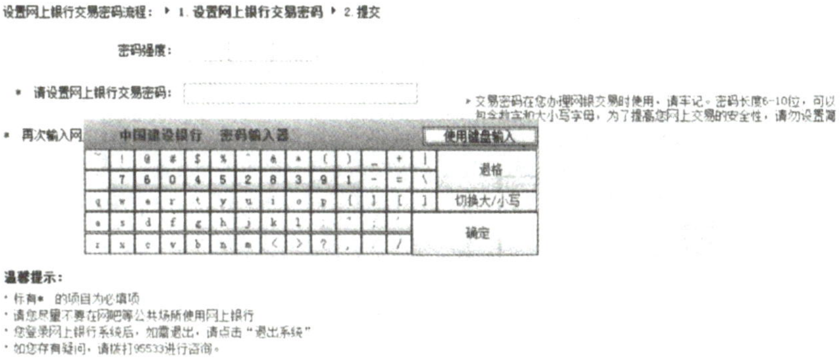

图 5-39　设置网上银行交易密码

（11）以上全部设置完成后，便会提示完成首次登录，如图 5-40 所示。

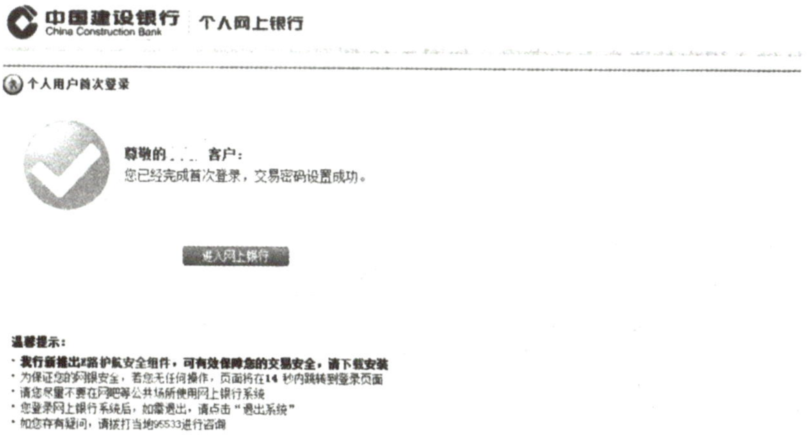

图 5-40　完成首次登录界面

（12）以后就可以登录属于用户自己的网络银行了。在如图 5-41 所示的登录界面中，第一行输入自己的身份证号，第二行输入网银登录密码，第三行输入附加码，点击"登录"，便可进入如图 5-42 所示的登录界面。

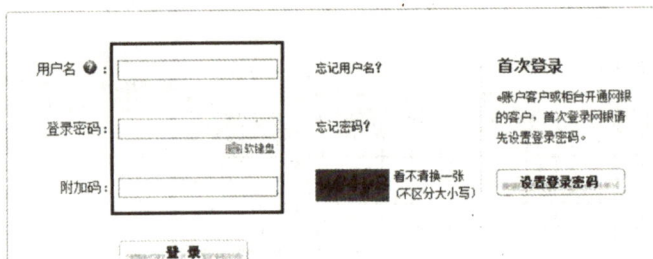

图 5-41　中国建设银行个人网络银行登录界面

图 5-42　登录中国建设银行个人网络银行

>>>>>>【技能训练 5-3】Internet Explorer 的安全措施

IE 可对基于 ActiveX 或 Java 的活动内容做出反应，采用特殊的技术验证所下载活动内容的身份。

1.在 IE 中进行安全设置（如图 5-43 和图 5-44 所示）

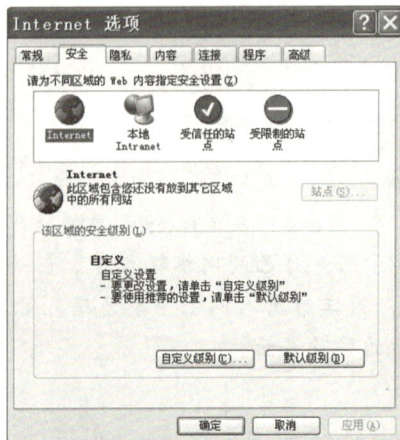

图 5-43　Internet 选项

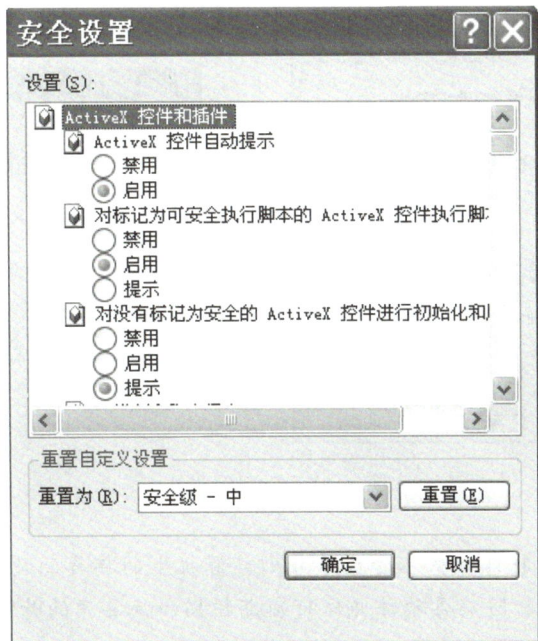

图5-44　安全设置

2.Navigator的安全措施

安全对话框：单击工具栏上的Security，或者从菜单栏选择Communicator、Tools、Security Info进入。单击Navigator，使用安全对话框中的复选框和列表可以选择显示的警告消息。如要了解每一项设置的意义，单击对话框中的"Help"按钮，如图5-45所示。

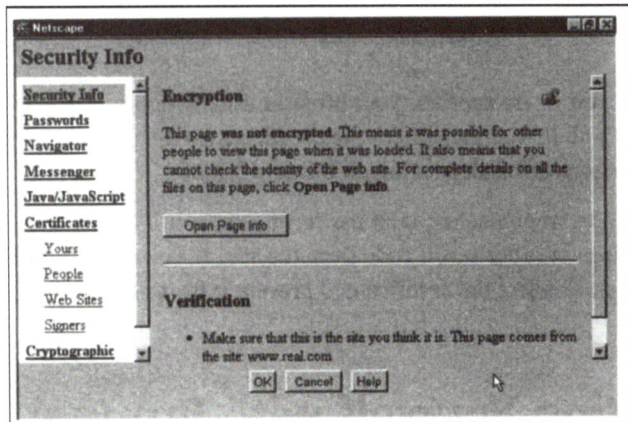

图5-45　Navigator的安全设置

3.处理Cookie

Cookie可能包含各种信息，如发布Cookie的网站名、用户在此网站上所访问的页面、用户名和口令、信用卡卡号和地址信息等，目的是让用户在下次可以快速实现访问。

Cookie所带来的问题是以不为人觉察的方式收集或存储信息，这就带来不安全的因素。如果希望安全地访问网络资源，可以在设置中限制Cookie的使用，如图5-46所示。

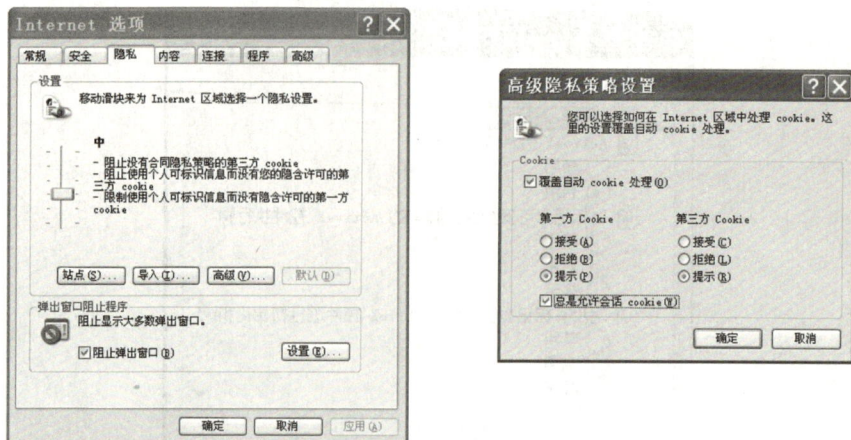

图 5-46　Cookie 限制

4.使用防病毒软件

防病毒软件可以保护计算机不受已下载到计算机上的病毒的攻击，是一种防卫策略。计算机应该至少安装一种防病毒软件并保持定期扫描和病毒库的升级。

本章小结

网络基础设施和迅猛发展的互联网为网上支付的发展奠定了良好的基础。采用网上支付最重要的就是具有方便、快捷、高效、经济的优势。用户只要拥有可以上网的终端设备，便可足不出户地完成整个支付过程，支付费用仅相当于传统支付的几十分之一，甚至几百分之一。然而，这些优势的建立，需要网上支付工作环境Internet是一个开放的系统平台，而不像传统支付那样在较为封闭的系统中运作，这就带来了安全上不可避免的隐患。

思考题

1.传统支付方式有哪些局限性？
2.分析目前网络支付兴起的主要原因。
3.网络支付的安全隐患有哪些？

第6章　电子商务物流

□ 学习目标

1.了解电子商务物流的特点；

2.了解电子商务物流的发展现状；

3.理解电子商务物流的含义；

4.理解电子商务的现代物流技术应用；

5.掌握电子商务物流的配送模式。

□ 引导案例

沃尔玛成功的利器——物流配送

沃尔玛百货有限公司（以下简称"沃尔玛"）由美国零售业的传奇人物山姆·沃尔顿先生于1962年在阿肯色州成立。经过40余年的发展，沃尔玛已经成为美国最大的私人雇主和世界上最大的连锁零售商。目前，沃尔玛在全球十几个国家开设了超过7 000家商场，员工总数超过190多万人，每周光临沃尔玛的顾客近1.76亿人次。2006财政年度，沃尔玛全球销售额达到3 449亿美元。沃尔玛连续多年荣登《财富》杂志世界500强企业和"最受尊敬企业"排行榜。

沃尔玛的业务之所以能够迅速增长，并且成为国际上非常著名的公司之一，其前任总裁大卫·格拉斯这样总结：配送设施是沃尔玛成功的关键之一，如果说我们有什么比别人干得好的话，那就是配送中心。

沃尔玛公司1962年建立第一个连锁商店，随着连锁店铺数量的增加和销售额的增长，物流配送逐渐成为企业发展的瓶颈。于是，1970年沃尔玛在公司总部所在地建立起第一个配送中心，集中处理公司所销商品的40%。随着公司的不断发展壮大，配送中心的数量也不断增加。到现在，该公司已建立110个配送中心，为全球4 900多家商场提供配送服务。

沃尔玛配送中心的基本流程是这样的：供应商将商品送到配送中心后，经过核对采购计划、进行商品检验等程序后，分别送到货架的不同位置存放；商店提出要货计划后，电脑系统查出所需商品的存放位置，并打印有商店代号的标签；整包装的商品直接从货架上送往传送带，零散的商品由工作台人员取出后送到传送带上。一般情况下，商店要货的当天就可以将商品送出。

如今，沃尔玛在美国拥有完整的物流系统，配送中心已是其中一小部分，沃尔玛完整的物流系统不仅包括配送中心，还有更为复杂的资料输入采购系统、自动补货系统等。

为了满足国内3 000多个连锁店的配送需要，沃尔玛公司在国内共有近3万辆大型集装箱挂车、5 500辆大型货运卡车，24小时昼夜不停地工作。每年的运输总量达到77.5亿箱，总行程达6.5亿公里。要合理调度如此规模的商品采购、库存、物流和销售管理，离不开高科技的手段。为此，沃尔玛公司建立了专门的电脑管理系统、GPS卫星定位系统等，拥有世界一流的先进技术。

沃尔玛公司总部只是一座普通的平房，但与其相连的计算机控制中心却是一座外型类似于体育馆的庞然大物，公司的计算机系统规模在美国仅次于五角大楼（美国国防部），甚至超过了联邦航天局，全球 4 900 多个店铺的销售、订货、库存情况可以随时调出查询。公司同休斯公司合作，发射了专用卫星，用于全球店铺的信息传送与运输车辆的定位及联络。公司 5 500 辆运输卡车，全部装备了卫星定位系统，每辆车在什么位置、装载什么货物、目的地是什么地方，总部一目了然。公司可以合理安排运量和路线，最大限度地发挥运输潜力，避免浪费，降低成本，提高效率。

资料来源　佚名. 沃尔玛成功的利器——物流配送［EB/OL］.［2018-02-11］. https：//wenku.baidu.com/view/dbd4fc0303d8ce2f0066235b.html.

□ 案例思考

沃尔玛正是通过对物流、信息流的有效控制，使公司从采购开始，到最后由销售网络把产品送到消费者手中的过程变得高效有序，实现了商业活动的标准化、专业化、统一化、单纯化，从而达到实现规模效益的目的，使其在零售业界所向披靡。从沃尔玛物流配送的案例中我们可以得到以下启示：

1.物流配送对于企业发展的重要性，即使是一个商业企业。

2.物流是一个复杂的系统，包括运输、储存、配送、信息处理等多个环节。

3.尤其要重视信息及现代信息技术的应用。现代社会是一个信息社会，企业要想成为一流的企业，必须运用一流的信息技术作保证。沃尔玛拥有世界一流的先进信息技术。

微课6-1

4.规模出效益。在物流领域，随着业务规模的扩大，可以让企业的物流设施、人力、物力、财力等资源得到充分利用，发挥其效益；可以采用专用设备、设施，提高工作效率；采用先进技术，跟高科技接轨。这些都是规模扩大后带来的好处。沃尔玛实现了规模效益的目的。

电子商务物流概述

6.1 电子商务物流概述

一、电子商务物流的概念

"物流"（Physical Distribution，PD）一词最早出现在美国，汉语的意思是"实物分配"或"货物配送"。物流是一种常见的经济活动，随着电子商务的发展与应用，物流越来越受到人们的关注和重视，各种类型的物流企业如物流公司、配送中心等也如雨后春笋般大量涌现。物流继第一、第二利润源（资源和人力）后，被人们称为第三利润源。

1915年，美国人阿奇·萧在《市场流通中的若干问题》一书中最早提出物流的概念。随着人们对物流认识的深化和提高，物流的内涵日益丰富。从20世纪70年代起，美国经济学界更多地把物流称为 Logistics，而不是 Physical Distribution，Logistics 的研究领域更宽广。

第二次世界大战中，美国军队围绕战争供应建立了"后勤"（Logistics）理论，"后勤"是指战时的物资生产、采购、运输、配给等活动。后来"后勤"在商业活动中得到了广泛应用，包含了生产过程和流通过程的物流，形成了范围更广泛的概念。

PD 的概念在 20 世纪 50 年代被引入日本，在日本被译为"物的流通"，之后迅速地被广泛使用。到 20 世纪 70 年代，日本成为世界上物流最发达的国家之一。20 世纪 80 年代初，我国从日本引进物流的概念。

目前国内外对物流的定义很多。我国 2001 年 4 月颁布的《中华人民共和国国家标准物流术语》中将物流定义为："物流是指物品从供应地向接收地的实体流动过程。根据实际需要，将运输、存储、装卸搬运、包装、流通加工、配送、信息处理等基本功能实施有机结合。"

电子商务交易所涉及的商品形态，包括有形商品和无形商品。对于无形商品交易，如电子出版物、软件、各种信息服务等，可以直接通过网络进行传输；而对于有形商品交易来讲，仍然要经过物理方式进行传输，有一个商品实体流动过程，即物流过程。

人们常说，物流水平代表一个国家的经济发展程度，而物流管理则是物流水平的集中体现。物流管理即应用管理的基本原理与方法，对物流活动进行计划、组织、协调与控制，以最低的物流成本，实现客户最满意的物流服务，提高综合物流效益。物流管理包括对物流活动诸要素运输、储存、装卸搬运、包装、流通加工、配送等的管理，对物流系统诸要素人、财、物、设备、方法和信息等的管理，以及对物流活动中具体职能计划、质量、技术、经济的管理。

二、电子商务物流的发展阶段

人类社会有经济活动开始就有了物流，只是当时人们没有这样的认识和文字定义。物流作为一种社会经济活动，早在"物流"这样一个名词出现之前就已经存在了。其发展过程可以概括为："物流随人类社会的产生而产生，随商品经济的发展而发展。"

物流的发展历程可分为四个阶段：

1. 第一阶段：物流概念形成阶段（20 世纪初到 50 年代）

这是物流概念的孕育和萌芽阶段。当时，物流的概念有两种：一是美国市场营销学者阿奇·萧（Arch W. Shaw）于 1915 年提出的叫作 Physical Distribution 的物流概念。他是从市场分销的角度提出的。二是美国少校琼西·贝克（Chauncey B. Baker）于 1905 年提出的叫作 Logistics 的物流概念。他是从军事后勤的角度提出的。

这两个概念的实质内容是不一样的。阿奇·萧是从市场营销的角度来定义物流，Physical Distribution 直译应该是"实体分配"，按中国人的语言习惯应该译成"分销物流"。它实际上就是指把企业的产品怎样分送到客户手中的活动。而 Logistics 是后勤的意思，主要是指物资的供应保障、运输储存等。

在这个阶段对企业而言，真正关心物流活动的只有采购和销售部门，物流成本意识开始出现，但只有少数个别部门在努力控制和降低物资采购及销售成本。

2. 第二阶段：实物分配阶段（20 世纪 60 年代到 70 年代）

在这一阶段，分销物流学 Physical Distribution 的概念产生发展并占据了统治地位，并且从美国走向了全世界，得到世界各国一致公认，形成了一个比较统一的物流概念，形成和发展了物流管理学，因而也形成了物流学派、物流产业和物流领域。

物流的概念就产生于这个时期。物流被认识到是为顾客提供优质服务的重要内容。随着物流概念的认识和深化，非分销领域（供应物流、生产物流）的物流概念逐渐强化起来。

3.第三阶段：现代物流阶段（20世纪70年代到80年代）

20世纪80年代后期，电子计算机技术和物流软件的发展日益加快，进而更加推动了现代物流实践的发展。对物流各项功能活动的管理由过去的分散管理开始向系统化、集成化方向转变，通过物流功能的最佳组合，可以实现物流总成本的最低化，这也是现代物流的重要特征。

物流外包和第三方物流的产生，进一步导致物流专业化、技术化和集成化，实现了生产和物流的分工合作，提高了各自的核心竞争力。

4.第四阶段：供应链管理阶段（20世纪90年代以来）

20世纪90年代，企业开始把目光放在物流活动的整个过程中，将供应商、制造商、分销商、零售商，直到最终消费者连成一个整体，形成供应链。供应链管理系统的形成进一步导致物流管理的联合化、共同化、集约化和协调化。

供应链管理是对供应链中的信息流、物流和资金流进行设计、规划和控制，从而增强企业的竞争实力，提高供应链中各成员的效率和效益。它超越了个别企业，对整个供应链的所有企业的物流实施一体化管理。

三、电子商务物流的特点

1.信息化

在电子商务时代，物流的信息化是电子商务的必然要求。物流的信息化表现为：物流信息的商品化、物流信息收集的数据库化和代码化（条码技术、数据库技术），物流信息处理的电子化和计算机化（电子订货），物流信息传递的标准化和实时化（电子数据交换、快速反应及有效的客户反应），物流信息存储的数字化等。

信息化是一切的基础，没有物流的信息化，任何先进的技术设备都不可能应用于物流领域，信息技术及计算机技术在物流中的应用将会彻底改变世界物流的面貌。

2.自动化

自动化的基础是信息化，自动化的核心是机电一体化，自动化的外在表现是无人化，自动化的效果是省力化。

物流自动化的设施：条码/语音/射频自动识别系统、自动分拣系统、自动存取系统、自动导向车、货物自动跟踪系统等。这些设施在发达国家已普遍应用于物流作业流程中。而在我国，由于物流业起步晚，发展水平低，自动化技术的普及还需要相当长的时间。

3.网络化

物流的网络化表现在两个层面：一是物流配送系统的计算机通信网络，包括物流配送中心与供应商或制造商的联系要通过计算机网络，称为外部网络化。二是组织的网络化，即所谓的组织内部网Intranet，称为内部网络化。

物流的网络化是物流信息化的必然，是电子商务下物流活动的主要特征之一。当今世界Internet等全球网络资源的可用性及网络技术的普及为物流的网络化提供了良好的外部环境，物流的网络化是必然趋势。

4.智能化

这是物流自动化、信息化的一种高层次应用，物流作业过程大量的运筹和决策，如库存水平的确定、运输（搬运）路径的选择、自动导向车的运行轨迹和作业控制、自动分拣机的运行、物流配送中心经营管理的决策支持等问题都需要借助于大量的知识才能解决。

在物流自动化的进程中，物流智能化是不可回避的技术难题。专家系统、机器人等相关技术在国际上已经有比较成熟的研究成果。为了提高物流现代化的水平，物流的智能化已成为电子商务下物流发展的一个新趋势。

5.柔性化

柔性化本来是为实现"以顾客为中心"的理念而在生产领域提出的，但要真正做到柔性化，即真正地能根据消费者需求的变化来灵活调节生产工艺，没有配套的柔性化的物流系统是不可能达到目的的。

20 世纪 90 年代，国际生产领域纷纷推出弹性制造系统（Flexible Manufacturing System，FMS）、计算机集成制造系统（Computer Integrated Manufacturing System，CIMS）、制造资源系统（Manufacturing Requirement Planning，MRP）、企业资源计划（Enterprise Resource Planning，ERP）以及供应链管理的概念和技术。这些概念的实质都是将生产、流通集成，根据需求组织生产，安排活动。因此，柔性化的物流正是适应生产、流通与消费需求发展起来的一种新型的物流模式。这就要求物流配送中心根据需求"多品种、小批量、多批次、短周期"的特色，灵活组织物流作业。

四、电子商务物流的发展现状

电子商务物流主要服务于电子商务的各类物流活动，具有时效性强、服务空间广、供应链条长等特点。加快电子商务物流发展，对于提升电子商务水平，降低物流成本，提高流通效率，引导生产，满足消费，促进供给侧结构性改革都具有重要意义。

近年来，随着电子商务的快速发展，我国电子商务物流保持较快增长，企业主体多元发展，经营模式不断创新，服务能力显著提升，已成为现代物流业的重要组成部分和推动国民经济发展的新动力。

1.发展规模迅速扩大

国家统计局电子商务交易平台调查显示，2017 年全国电子商务交易额达 29.16 万亿元，同比增长 11.7%。其中，商品、服务类电子商务交易额为 21.83 万亿元，同比增长 24.0%。全国网络零售交易额为 3.88 万亿元，同比增长 33.3%，其中实物商品网上零售额为 32 424 亿元，同比增长 31.6%。

2017 年，全国快递服务企业业务量累计完成 400.6 亿件，同比增长 28%；业务收入累计完成 4 957.1 亿元，同比增长 24.7%。其中，同城业务量累计完成 92.7 亿件，同比增长 25%；异地业务量累计完成 299.6 亿件，同比增长 28.9%；国际/港澳台业务量累计完成 8.3 亿件，同比增长 33.8%。总体来看，电子商务引发的物流仓储和配送需求呈现高速增长态势。

2.企业主体多元发展

企业主体从快递、邮政、运输、仓储等行业向生产、流通等行业扩展，与电子商务企业相互渗透融合速度加快，涌现出一批知名电子商务物流企业。

3.服务能力不断提升

第三方物流、供应链型、平台型、企业联盟等多种组织模式加快发展。

在服务空间分布上，有同城、异地、全国、跨境等多种类型；在服务时限上，有限时达、当日递、次晨达、次日递等；还可提供预约送货、网订店取、网订店送、智能柜自提、代收货款、上门退换货等多种服务。

4.信息技术广泛应用

企业信息化、集成化和智能化发展步伐加快。条形码、无线射频识别、自动分拣技术、可视化及货物跟踪系统、传感技术、全球定位系统、地理信息系统、电子数据交换、移动支付技术等得到广泛应用，提升了行业服务效率和准确性。

>>>>>> **【阅读材料6-1】** 2019年中国物流行业发展分析

物流产业作为国民经济的动脉系统，它连接各经济部门并使之成为一个有机的整体，其发展程度成为衡量一个国家现代化程度和综合国力的重要标志之一。

物流行业规模与经济增长速度具有直接关系，近年来物流行业快速发展主要得益于国内经济的增长，但是与发达国家物流发展水平相比，我国物流业尚处于发展期向成熟期过渡的阶段。其一，物流企业资产重组和资源整合步伐进一步加快，形成了一批所有制多元化、服务网络化和管理现代化的物流企业；其二，物流市场结构不断优化，以"互联网+"带动的物流新业态增长较快；其三，社会物流总费用与GDP的比率逐渐下降，物流产业转型升级态势明显，物流运行质量和效率有所提升。但是，我国社会物流总费用占GDP的比重一直远高于发达国家，2016年中国该比例为14.9%，美国、日本、德国均不到10%，因此，我国物流产业发展还有较大空间。2011—2018年，全国社会物流总额从158.4万亿元攀升至283.1万亿元，社会物流需求总体上呈增长态势，如图6-1所示。

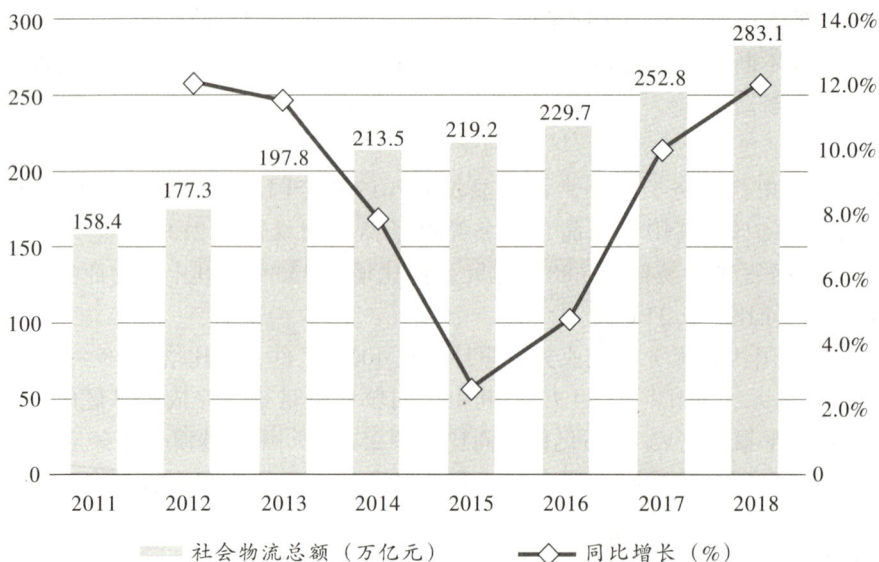

图6-1 2011—2018年中国社会物流总额及增速情况

物流供给侧改革主要是物流服务供需链的改善，即从技术装备、业务模式等方面进行相应调整与改革，进而促进企业、物流行业以及社会经济的发展。因此，在国家政策的推动和调整下，产业结构持续优化，无用物流成本消耗将减少；未来随着国民经济的发展及社会物流需求的上升，一方面，物流行业发展持续繁荣景气；另一方面，中国社会物流总费用与GDP比率也将会逐步下降。2013—2020年中国社会物流总费用及其与GDP比率预测如图6-2所示。

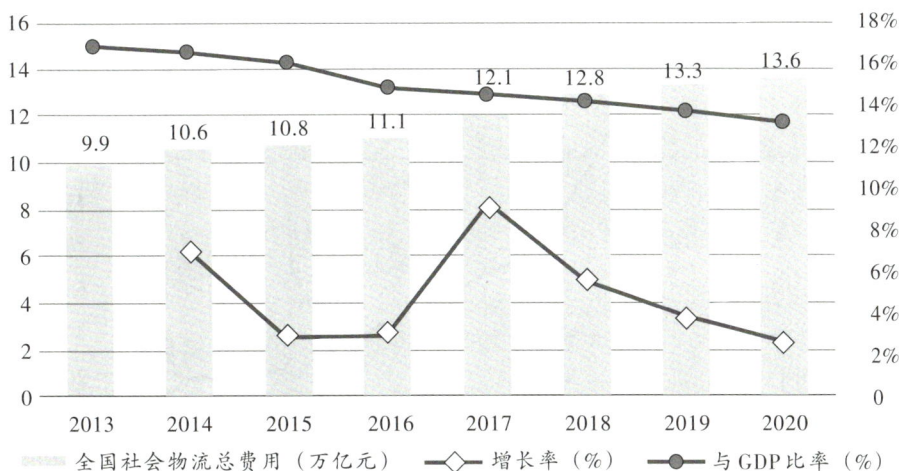

图6-2 2013—2020年中国社会物流总费用及其与GDP比率预测

2017年，我国第三方物流规模达到2 055亿美元，增速达16.7%，远超社会物流总费用2017年9.2%的增速。同时，第三方物流在整体社会物流总费用中的占比不断提升，预计，该比例将从2017年的11.5%上升到2020年的14.2%。2013—2020年中国第三方物流规模与份额预测如图6-3所示。

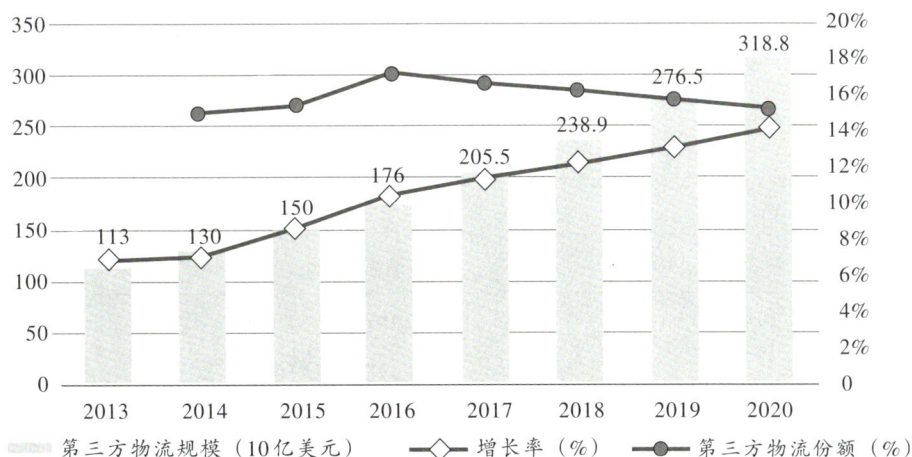

图6-3 2013—2020年中国第三方物流规模与份额预测

公路货运占整个物流运输的比重最大，进一步可细分为整车、零担和快递三个部分。零担和快递的行业集中度相对整车市场较高，相应运营效率较好。剩下的整车领域，行业分散，一个人一辆货车就可以做起整车生意，但也正因如此，可优化的空间和市场潜力广阔。2013年前后，以"运满满"为代表的一大批车货匹配平台涌入到整车行业，利用信息技术改善车源和货源的双向匹配效率，给行业带来了变革。2016年全年车货匹配平台的市场规模超过万亿元，并继续保持稳定增长。2013—2018年中国车货匹配平台市场规模及增速如图6-4所示。除了信息化平台的建设，智能装备的应用也在蓬勃发展，2016年市场规模接近347亿元，较之上一年增长29.8个百分比。2013—2018年中国物流业智能装备市场规模及增速如图6-5所示。

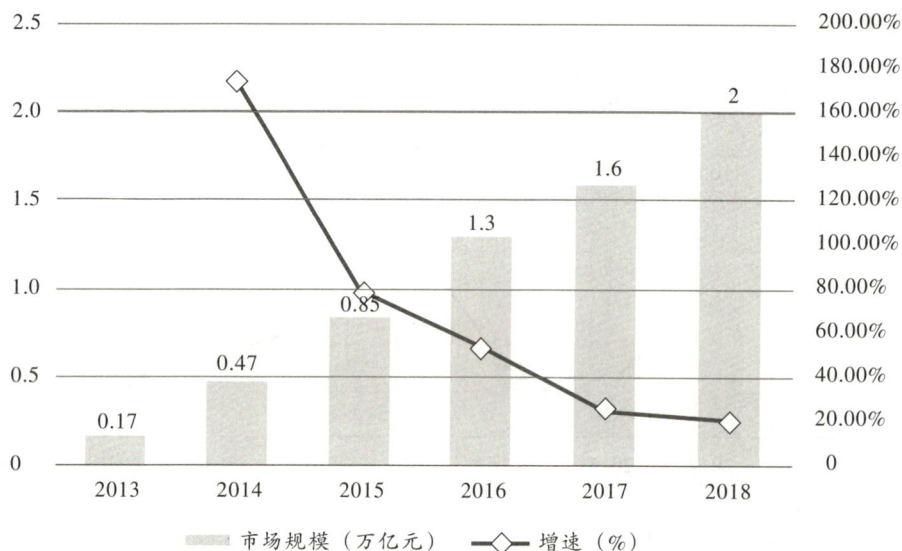

图6-4 2013—2018年中国车货匹配平台市场规模及增速

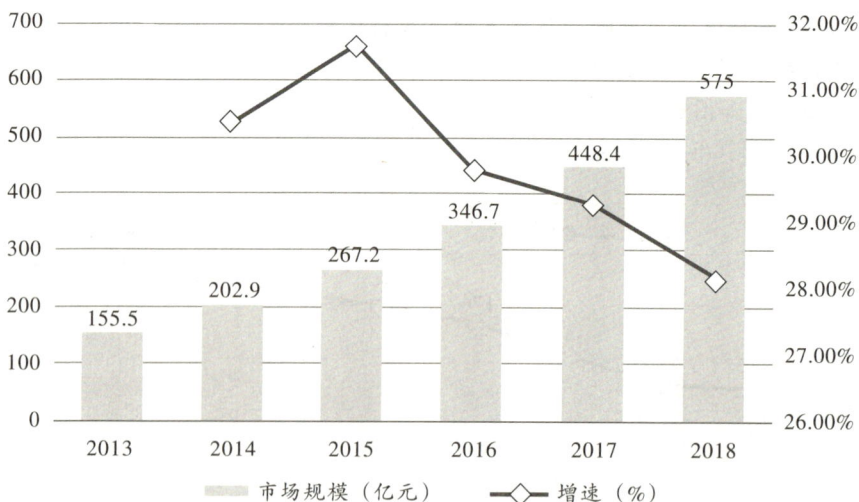

图6-5 2013—2018年中国物流业智能装备市场规模及增速

随着即时物流企业在外卖O2O、新零售以及快递末端市场的进一步布局，即时物流的服务品类持续扩充，需求量也逐渐增加，使行业物流成本提升，这也侧面反映出整个即时物流行业走势良好，拥有巨大发展空间。2013—2020e中国即时物流行业成本规模预测如图6-6所示。

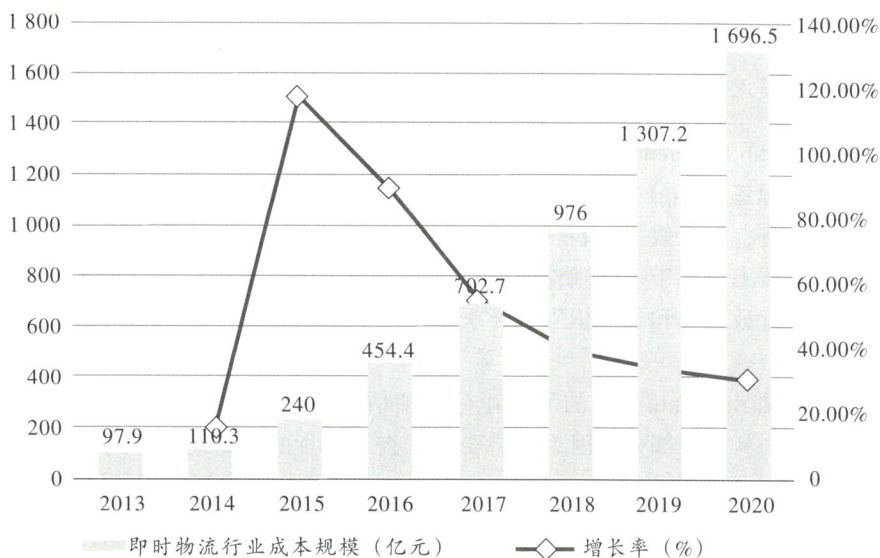

图6-6 2013—2020e中国即时物流行业成本规模预测

资料来源 佚名. 2019年中国物流行业发展分析及未来三年市场发展预测［EB/OL］.［2019-06-28］. http：//www.chyxx.com/industry/201904/728230.html.

6.2 现代物流技术应用

拓展阅读6-1

我国物流行业的发展趋势

一、条码技术的应用

条码技术（Bar Code）：自动识别技术，实现快速、准确、可靠地采集数据。

条码：由一组排列规则的条、空和相应的字符组成。这种用条、空组成的数据编码可以供机器识读，而且很容易译成二进制和十进制数。商品上的条码如图6-7所示。

微课6-2

现代物流技术应用

图6-7 商品上的条码

条码技术的应用解决了数据录入和数据采集的"瓶颈"问题，为物流管理提供了有力的技术支持。

条码技术为我们提供了一种对物流中的物品进行标识和描述的方法，当今在欧美等发达国家兴起的供应链管理策略，都离不开条码技术的应用。

条码是实现EDI、电子商务、供应链管理的技术基础，是物流管理现代化、提高企业管理水平和竞争能力的重要技术手段。

二、射频识别技术

RFID（Radio Frequency Identification），即射频识别，俗称电子标签。RFID的基本组成部分有：①标签（Tag）：标识目标对象；②阅读器（Reader）：读取（有时还可以写入）标签信息的设备；③天线（Antenna）：在标签和读取器间传递射频信号。

射频识别技术是基于电磁理论的通信技术，利用无线电波对记录媒体进行读写。适用于物料跟踪、运载工具和货架识别等要求非接触数据采集和交换的场合，完成识别工作时无须人工干预。

据Sanford C.Bernstein公司的零售业分析师估计，通过采用RFID，沃尔玛每年可以节省83.5亿美元，其中大部分是因为不需要人工查看进货的条码而节省的劳动力成本。

RFID有助于解决零售业两个最大的难题：商品断货和损耗（因盗窃和供应链被搅乱而损失的产品），而现在单是盗窃一项，沃尔玛一年的损失就差不多有20亿美元。研究机构估计，这种RFID技术能够帮助把失窃和存货水平降低25%。

三、全球定位系统

全球定位系统（Global Positioning System，GPS），是指用卫星（通信卫星）、地面控制部分和信号接收机对对象进行动态定位的系统。这是美国从20世纪70年代开始研制的，历经20年，耗资200亿美元，1994年全面建成。GPS是具有在海、陆、空进行全方位实时三维导航与定位能力的新一代卫星导航与定位系统。

GPS是一个中距离圆形轨道卫星定位系统。GIS是一种基于计算机的工具，它可以对在地球上存在的东西和发生的事件进行成图和分析。GPS是GIS数据的重要来源，GIS是用来管理空间数据的。GPS的显著特点是：全天候、高精度、自动化、高效益等。

GPS在物流领域可以应用于汽车自定位、跟踪调度、陆地救援，可用于铁路运输管理、远洋运输及船舶导航管理、空中交通管理和军事物流。

四、地理信息系统

地理信息系统（Geographic Information System，GIS），有时又称为"地学信息系统"或"资源与环境信息系统"。它是一种特定的十分重要的空间信息系统。它是在计算机硬、软件系统支持下，对整个或部分地球表层（包括大气层）空间中的有关地理分布数据进行采集、储存、管理、运算、分析、显示和描述的技术系统。

随着计算机技术的日益发展和普及，地理信息系统以及在此基础上发展起来的"数字地球""数字城市"在人们的生产和生活中起着越来越重要的作用。

视频6-1

机器人自动分拣包裹

五、自动分拣系统

自动分拣系统是第二次世界大战后在美国、日本和欧洲的物流配送中心广泛采用的一种分拣系统，具有很高的分拣效率，通常每小时可分拣商品6 000～12 000箱。可以说，自动分拣机是提高物流配送效率的一项关键因素。该系统目前已经成为发达国家大中型物流中心不可缺少的一部分。

自动分拣系统（ASS）的含义：物流中心每天接收到大量商品，在最短时间内卸下商品，并按照一定的逻辑分类，将这些商品运送到指定地点；同时，当收到发货指示时，最短时间内完成出库，按配送地点运送到不同理货区域或配送站台，以便装车配送。

六、自动化立体仓库

自动化立体仓库，称为"ASW"，是由立体货架、有轨巷道堆垛机、出入库托盘输送机系统、尺寸检测条码阅读系统、通信系统、自动控制系统、计算机监控系统、计算机管理系统以及其他如电线电缆桥架配电柜、托盘、调节平台、钢结构平台等辅助设备组成的复杂的自动化系统。

自动化立体仓库，是运用一流的集成化物流理念，利用计算机管理和控制，不需要人工搬运工作而实现收发作业的、采用高层货架配以货箱或托盘存储货物，用巷道堆垛起重机及其他机械进行作业的仓库。

自动化立体仓库在我国应用非常广泛，其应用领域包括工业生产领域、商品制造领域、物流领域及军事领域。

中国物流的总体规模已居全球第一位，物流行业市场空间和市场容量大，截至2016年11月底，中国社会物流总额为208.8万亿元。物流行业细分市场主要有商品销售型、园区服务型、零担货运型、配送/快递型、仓储型等，其中，零担货运型是指具有运输工具、主要从事货物运输业务的企业，货运车辆约有1 500万辆，司机约有2 300万人；配送/快递型是指具有全国或本地的揽收、配送网络的企业，快递企业约有7 000家，配送企业约有82万家，从业人员约有850万人；园区服务型，包括物流中心、物流货物集散地，园区约有782家，约有180万从业人员。

拓展阅读6-2

智慧物流必备的
十大物流技术

>>>>>> 【阅读材料6-2】物联网技术在物流行业的应用分析

当前信息化技术不断演进，"工业4.0""互联网+""大众创业、万众创新"等成为人们关注的热点，本文从以下几个方面来分析物流信息化的发展，重点对物联网技术在物流方面的新应用进行分析，探讨下一步从技术层面推动智慧物流的发展趋势。

（一）物流行业的物联网应用场景

物联网技术能帮助实现物流业务中自动识别、人工智能、GIS定位、数据挖掘4个功能，在物流行业中有4个典型的应用场景：

1. 货物的可视化追溯：基于RFID实现货物追踪、识别、查询、信息采集与管理等功能。

2. 智能监控调度：使用GPS、RFID、传感技术等，实现车辆定位、运输物品监控、在线调度与配送可视化与管理。例如，连接传感器的定位标签，可以实时监测运输过程中货物的状态（温度、压力、湿度等），并伴有报警功能；定位标签还可以连接GPS和GPRS，实现运输途中车辆、货物的定位和数据上传。运输监控则充分运用车联网技术，对传统运输行业改造升级，车联网网关由此成为物流生态链中数据的关键节点。

3. 仓储自动化：基于RFID的物流仓储管理可实现自动堆垛、自动分拣。例如，在仓储中，通过在物流托盘、货箱上贴RFID标签，可在电子地图上呈现该物品所处位置；给贵重资产贴上RFID标签可实现对标签货物的实时追踪和监管，有效防止资产丢失。

4.智慧供应链：满足个性化订单需求，实现订单、生产、物流、客户服务一体化及快速响应。

（二）NB-IoT与智能物流

3GPP在2016年6月已推出首个NB-IoT版本，属于LPWAN（Low Power Wide Area Network，低功耗广域网络）的技术类型之一，为低带宽、低功耗、远距离、大量连接的物联网应用而设计。NB-IoT技术具有覆盖广、连接多、速率低、成本低、功耗少、架构优等特点。NB-IoT技术在现有电信网络基础上进行平滑升级后便可大面积适用于物联网应用，能大幅提升物联网覆盖的广度、深度，在运营商和通信设备商的支持下，NB-IoT走入了推广试用阶段，将改变未来连接的格局。

NB-IoT可推动具有物流跟踪能力的应用的发展。NB-IoT覆盖范围广，其基站覆盖范围远超3G、4G；可支持海量连接，NB-IoT每扇区可以提供10万个连接；在安全性和抗干扰上比没有授权频谱的LoRa、Sigfox技术要佳，在成本方面，NB-IoT模组成本未来有望降至5美元之内。随着物流车、物流分拣、物流仓储中传感器的大规模应用，物流跟踪物联云将逐渐形成，广泛地连接人、车、货，形成可视化的全过程跟踪，在冷链物流、医药物流、贵重物流、物流托盘等方面具有较好的应用发展前景。

（三）无人机与智能物流

随着物联网技术在仓储机器人、无人机运输等方面的广泛应用，智能物流仓储系统成为物流信息化发展的重点之一。2016年，全国已累计建成自动化立体库3 000多座，机器人将改变传统电商物流"人找货、人找货位"的模式，通过调动机器人，可实现"货找人、货位找人"的模式，整个物流中心库区将逐渐形成无人化。

目前，菜鸟、京东都在试点推广无人化，京东计划要实现无人仓储、无人快递和无人机送货。据悉，京东今年已在公司内部新成立了一个项目组，主要攻克未来在实现无人仓储、无人快递和无人机送货方面的问题。在京东固安3C仓库，每日有超过30万峰值自动分拣任务，无人仓储计划由智能机器完成入库、理货、出库、分拣等操作，取代了传统的人力搬运。菜鸟增城物流园区专门为天猫超市提供仓储和分拣服务，从收到订单到包裹出库均实现自动化。2015年，亚马逊已经将机器人数量增至10 000台，Kiva系统作业效率要比传统的物流作业提升2～4倍。

在仓库环境内使用智能机器人比在室外使用无人机的可行度要高得多，但无人机仍是当前物流创新领域最吸引眼球的应用。

（四）大数据与智慧物流

目前，城市物流车的空载率达到40%，故需利用大数据解决配送空载率高的问题，减少公路上无效车辆的流动。解决物流运力的共享是大数据在物流行业的应用之一。菜鸟网络物流数据平台通过整合物流公司、商家、消费者以及第三方社会机构的数据，致力于实现物流过程的数字化、可视化，使物流公司和商家的信息对称化程度得到极大提升，实现数据驱动的云供应链协同平台。海尔表示，"我们希望海尔就是一个大物流服务平台，包括产品平台、货源平台以及解决方案平台等。将供应链管理、定制需求、通用需求结合起来，形成一个智慧物流生态"。

大数据驱动的智能拣货和智能算法：京东在分析各地电商客户的购买习惯之后，结合电商平台中相应的促销信息，对入库的热销货物进行预先调配与堆放；这样，当消费者在电商平台的订单生成后，系统将自动给出物流仓储中最优的商品分拣路线，并迅速打包、出库，将货物运送到客户手中。京东电商依托自行积累的用户电商行为大数据建立了一个内部仓储配货出错评估体系，对智能分拣、包裹运行及分拣中心处理的号单和核心节点之间的差错实施实时的监控和比对评估，找出可能的配货错误。

大数据有助于化解城市"最后一公里"配送难题。阿里巴巴研究院通过收集、整理、分析淘宝用户电商行为大数据，可得到每一个客户的购物记录，并预测出该客户下次可能的购物目标，通过在工厂预先生产备货，即可不必经过电商，直接从生产厂家将货品发送到物流仓库，在几分钟内实现"买家下单—卖家发送配货指令—物流企业发货"的"闪电"物流配送。

资源来源：思睿产业研究中心. 当前智慧物流技术发展趋势分析［EB/OL］.（2017-02-04）.http：//www.chinaforklift.com/news/detail/201702/54795.html.有删节。

<<<<<<< ───────

6.3　电子商务物流要素管理

从物流的定义可知，物流过程一方面包含了物料的运输、存储、装卸、搬运、包装、流通加工、配送、信息处理及其他相关活动，另一方面包含了效率与效益，其最终目的是满足客户的需求与企业盈利目标。

一、电子商务物流运输管理

运输是指利用各种运输设备和工具，将物品从一个地点向另一地点运送的物流活动。其主要任务是对物品进行较长距离的空间位移，包括集货、分配、搬运、中转、装入、卸下、分散等一系列操作。

运输是物流活动的主要功能要素之一，可以创造空间价值，是第三利润源的主要源泉。运输主要涉及以下三个问题：

（1）各种运输方式的选择。应根据运输物品的属性特征、运输需求、运输费用的承担能力、运输条件等因素，科学合理地选择运输方式。因为铁路运输、公路运输、水路运输、航空运输、管道运输这几种不同的运输方式，各有其不同的优缺点和适用性。

（2）运输路线的确定。运输路线与运输费用、运输时间等息息相关。

（3）运输必须追求合理化。物流合理化在很大程度上依赖于运输合理化。影响运输合理化的因素很多，其中起重要作用的包括运输距离、运输环节、运输工具、运输时间和运输费用。实现运输合理化，还必须避免各种不合理的运输现象，如空载、对流运输、迂回运输、重复运输、过远运输、无效运输等。

为了实现运输安全、经济、快速、及时、准确的原则和目标，必须对运输过程中所施行的各种技术、措施、方法等进行科学管理和统一规划。

二、电子商务物流仓储管理

储存，或称为保管储存，是指对物品进行保存，对其数量、质量进行管理控制的活动。储存也是物流活动的主要功能要素之一，可以创造时间价值，是第三利润源的主要源泉，在整个物流系统中起着十分重要的作用。

储存是通过仓库的功能来实现的。仓库尤其是电子商务环境下的现代仓库，运用先进的技术和信息化的管理手段，对物品的采购、验收、保管、分拣、配货、发货等业务进行科学、规范、统一的管理，使物品流通实现高速、高效。

仓库的分类多种多样。仓库按基本形态，可分为自用仓库、营业仓库、公共仓库和租赁仓库；按流通环节，可分为产地仓库、集散地仓库、流通中心仓库和消费地仓库。

自动化技术在仓储领域中的发展可分为五个阶段：人工仓储阶段、机械化仓储阶段、自动化仓储阶段、集成化仓储阶段和智能自动化仓储阶段。

从一定意义上来讲，企业要保证正常的生产经营秩序不被破坏，一般要有一定的库存。但企业为追求利润最大化，避免产品过分积压，零库存的理念受到推崇。零库存的实现对于企业来讲，可以说是综合管理实力的体现。要做到零库存，就必须重视市场，要以销定产，做到产得出、销得掉。电子商务时代缩短了经营者与经营者之间的距离，缩短了经营者与消费者之间的距离，减少了烦琐的中间环节，为直接实现交易奠定了基础，由定购约束生产的经营模式日渐成型。这有效地避免了盲目生产，从而为企业实现零库存创造了条件。

三、电子商务物流装卸搬运管理

装卸是在指定地点，以机械或人力将货物装入运输设备或从运输设备卸下。装卸是物流过程中对于保管物资和运输两端物资的处理活动，具体包括物资的装载、卸货、移动、货物堆码上架、取货、备货、分拣等作业，以及附属于这些活动的作业。

搬运是指在同一场所内，对货物进行以水平移动为主的物流作业。

装卸搬运是指在同一地域范围内所进行的货物存放状态和空间位置变更的物流活动。装卸和搬运既有区别又有联系，两者密不可分，广义的装卸则包括了搬运活动。在实际业务中，更多的情况是装卸和搬运二者的结合，统称为装卸搬运。而搬运和运输的主要区别在于运输是在较大范围内的活动，如两个城市之间、两个工厂之间；而搬运则是在同一地点的活动，活动范围较小。

物流活动的各要素之间，如运输、储存、包装等都要有装卸搬运作业的连接才能顺利完成，因此，装卸搬运是发生频率最高的一项物流作业，其作业质量的优劣，与物流成本、物流速度、物流工作质量、客户的满意度等紧密联系。

企业要提高物流效率、降低物流成本、改善服务质量、提高经济效益，就必须使装卸搬运合理化。要实现装卸搬运合理化，就要从装卸搬运方式的选择、装卸搬运机械的选择、减少装卸作业次数、提高装卸搬运活性等几个方面加以考虑。其中，提高装卸搬运活性是重要的措施之一。装卸搬运活性是指把货物从静止状态转变为装卸搬运状态的难易程度。

四、电子商务物流流通加工管理

流通加工是指物品在从生产地到使用地的过程中，在保证物品的使用价值不发生改变的前提下，根据需要对物品加以包装、分割、计量、挑选、贴标签、刷标志、组装、检验等一系列简单作业的总称，属于一种辅助性加工活动，涉及的内容非常丰富。

流通加工既存在于社会流通过程中，也存在于企业内部的流通过程中，用来弥补生产加工过程中的不足。它在物流中有着重要的意义，属于增值服务的范畴，具有强劲的发展前途。

其一，弥补生产加工的不足。生产加工一般属于大批量的生产活动，有时不能完全满足用户的临时、个体需要，要弥补生产加工的不足，进行流通加工是理想的方式。实践证明，有的流通加工通过改进包装装潢能使商品档次提升而使其价值充分实现，有的流通加工能使产品利用率提高20%～50%，比如，将木材加工成各种规格的板材，就可以做到合理套裁、优材优用甚至小材大用，取得较好的技术经济效果。

其二，方便配送。企业在安排配送时，必然要考虑用户的条件与需求，而要更好地考虑用户的条件、满足用户的需求，运用流通加工的手段是一个明智的选择，因为流通加工是配送的前提。尤其在企业自行安排流通加工与配送的情况下，必要合理的流通加工与配送很好地衔接，能使物流整个过程顺利实现。但流通加工永远不能代替生产加工，它只是在必要的情况下对生产加工的补充和完善。

＞＞＞＞＞＞【阅读材料6-3】京东自营物流案例分析

一、京东简介

京东商城是中国最大的综合网络零售商，是中国电子商务领域最受消费者欢迎和最具有影响力的电子商务网站之一，在线销售家电、数码通信、电脑、家居百货、服装服饰、母婴、图书、食品、在线旅游等12大类数万个品牌百万种优质商品。2012年第一季度，京东商城以50.1%的市场占有率在中国自主经营式B2C网站中排名第一。

目前，京东商城已经建立了华北、华东、华南、西南、华中、东北六大物流中心，同时在全国超过300座城市建立了核心城市配送站。2012年8月14日，京东与苏宁开打"史上最惨烈价格战"。

京东商城以"商品、价格、服务"为核心，致力于为消费者提供质优的商品、优惠的价格，同时领先行业推出"211限时达""售后100分""全国上门取件""先行赔付"等多项专业服务。京东商城通过不断优化的服务引领网络零售市场，率先为中国电子商务行业树立了诚信经营的标杆。

相较于同类电子商务网站，京东商城的特色在于提供正品行货、机打发票和售后服务的同时，还推出了"价格保护""延保服务"等优质服务。京东商城凭借更具竞争力的价格和逐渐完善的物流配送体系等优势，赢得市场占有率，多年稳居行业首位。

二、京东的物流配送体系

京东商城并没有像其他B2C企业那样完全将物流外包出去，而是创办了自己的物流配送体系。目前，京东有两套物流配送体系：一套是自建的，另一套是和第三方合作。

（一）京东商城自营物流配送模式

自2007年8月开始，京东商城先后赢得今日资本、DST和老虎基金等共计三轮融资，金额高达15亿美元，每一轮融资都给京东商城带来了蓬勃的发展动力。2009年年初，京东商城就斥巨资成立了自己的物流公司，开始分别在北京、上海、广州、成都、武汉设立了自己的一级物流中心，随后在沈阳、济南、西安、南京、杭州、福州、佛山、深圳8个城市建立了二级物流中心。这些城市的顾客是京东商城的主要顾客。以华东物流中心——上海为例，每日能正常处理2.5万个订单，日订单极限处理能力达到5万单。目前，京东商城正在筹建一个新的项目——"亚洲一号"，即在上海嘉定购置260亩土地用于打造亚洲最大的现代化B2C物流中心。"亚洲一号"将至少支持百万级的SKU（Stock Keeping Unit，库存量单位），目标是适应未来5~10年的发展。正是有了如此大规模的自营物流体系的支持，京东商城才敢在2010年4月正式推出"211限时送达"服务，即指每天上午11点前下订单，下午送达；晚上11点前下订单，次日上午送达。

（二）京东商城的外包物流配送体系

京东商城在自营配送到达不了和订单量相对较少的区域，选择与专业的快递公司合作，这样不仅使京东商城减少了物流成本的支出，还让京东商城回归自己的核心业务，专注于自身的业务发展。

三、京东商城自建物流的原因

我国的B2C企业各有其特点——淘宝以电商平台为核心，凡客以货源品牌为核心，当当以先发优势为核心，而京东商城则是以仓储配送为核心。一直以来，京东商城不断地投入巨资于物流当中。

随着电子商务的发展，目前物流问题一直是制约电子商务企业进一步发展的瓶颈，而在各种电子商务模式中，受物流配送影响和制约最大的是B2C企业，作为一家典型的B2C企业，京东商城也面临着同样的问题。

如何解决这一瓶颈，京东商城选择了自建物流体系，这样京东商城就能够将物流最大程度地控制在自己手里，并且形成了对整个供应链链条的控制。自建物流体系为其保持高速发展提供了强有力的支撑，大幅提升了其在全国的配送速度，服务质量得到了更大的改善，解决了许多问题，最终帮助京东商城将物流从成本控制中心转变成未来新的盈利点。这也形成了京东商城的差异化战略，提高了电子商务网站竞争的门槛。

拓展阅读6-3

德邦物流公司
战略分析

6.4 电子商务物流配送模式

一、电子商务物流配送的概念

配送是有着千年历史的送货形式在现代经济社会中的发展、延伸和创新。关于配送的概念，并没有一个统一的说法。按照《中华人民共和国国家标准物流术语》中对配送的解释："配送是指在经济合理区域内，根据用户的要求，对物品进行拣选、加工、包装、分割、组配等作业，并按时送达指定地点的物流活动。"

视频6-2

配送中心实景流程演示

配送既包含了商流活动，也包含了若干物流活动，配送将商流与物流紧密结合起来了。从物流角度来说，配送几乎包括了所有的物流功能要素，是物流的一个缩影，或者说是在某个小范围内物流全部活动的体现。

配送是"配"和"送"的有机结合。在进行了充分的备货、储存前提下，"配"包括分拣、配货与配装；"送"包括配送运输和送达服务。配送运输与物流活动要素中的运输不同，配送运输一般是距离较短、规模较小、频率较高的运输形式，更多使用汽车作为运输工具，属于末端运输、支线运输，由于配送用户较多，配送运输是难度较大的一项工作。送达服务不仅仅是把商品送到用户手中，还包括进行结算、相关手续的处理、卸货等，是与客户联接最紧密的环节。

从商流关系来说，现代配送必须以用户要求为出发点，是按用户要求、从用户利益出发的一种活动，明确用户的主导地位。作为配送企业，必须树立"用户第一""质量第一""服务第一"的理念，在满足用户需求的基础上，以最合理的方式，追求合理性和经济性，实现共同受益。

二、电子商务物流配送的功能

配送从总体上看，包括备货、理货和送货三个基本环节，其一般工作流程是：进货、储存、分拣、配货、配装、送货。配送业务主要是在配送中心进行的。配送的长久发展，在很大程度上取决于配送中心的发展。

（1）通过发展配送，实施集中库存，可发挥规模经济的优势，降低库存成本，使企业实现低库存或零库存。

（2）采用配送方式，批量进货，集中发货，可有效节省运力，降低物流成本，有利于物流运动实现合理化。

（3）通过配送，提高了物流服务水平，为电子商务的发展提供了基础和支持。

（4）完善了运输及整个物流系统，提高了末端物流的效益。

三、电子商务物流配送中心

配送中心是从事货物配备（集货、加工、分货、拣选、配货）和组织对用户的送货作业，以高水平实现销售或供应的现代流通企业。这是在市场经济条件下，在计算机网络开放的环境下，提高流通企业组织化程度，实现集约经营，优化社会资源配置，创造规模效益的有效形式。

物流配送中心按运营主体的不同，可分为四种类型：①以制造商为主体的配送中心；②以批发商为主体的配送中心；③以零售业为主体的配送中心；④以仓储运输业者为主体的配送中心。

《中华人民共和国国家标准物流术语》中规定，从事配送业务的物流场所和组织，应符合下列条件：①主要为特定的用户服务；②配送功能健全；③完善的信息网络；④辐射范围小；⑤多品种，小批量；⑥以配送为主、储存为辅。

作为专业化、集约化的配送中心，通常应具备以下功能：集货功能、储存功能、分拣功能、流通加工功能、配送功能、信息处理功能、商品采购功能。

电子商务下的新型配送中心的特征：反应快速化、功能集成化、服务系列化、作业规范化、目标系统化、手段现代化、组织网络化、经营市场化、管理法制化。

四、电子商务物流配送的几种模式

电子商务下的物流配送模式主要有：

1.企业自营物流

自营物流是指电子商务企业借助于自身物质条件（包括物流设施设备和管理机构等）自行组织的物流活动。适合采用自营物流解决配送问题的电子商务企业，一般必须具备以下特征：业务集中在所在城市；拥有覆盖面很广的渠道；大规模、资金雄厚的一种战略选择。

2.借助传统流通渠道

对于已经开展传统商务的企业，可以建立基于网络的电子商务销售系统，同时也可以利用原有的物流渠道承担电子商务的物流业务。传统流通渠道在电子商务环境下依旧具有不可替代的优势，即可以降低成本。

3.物流企业联盟模式

物流企业联盟，是指在物流方面，通过签署合同形式，形成优势互补、要素双向或多向流动、相互信任、共担风险、共享收益的物流伙伴关系。

组建物流伙伴，可降低成本，减少投资，获得管理技术，提高服务水平，取得竞争优势，降低风险和防范不确定性。

4.第三方物流模式

第三方物流（Third-Party Logistics，3PL/TPL），也称合同物流、契约物流，是物流专业化和社会化的一种形式。1988年，美国物流管理委员会在一项面向客户的服务调查中，首次提到"第三方服务提供者"一词。

物流活动和配送工作由专业的物流公司或储运公司来完成，由于它们不参与商品的买卖，只提供专门的物流服务，因此是独立于买方和卖方的第三方，故称"第三方物流"。第三方物流的发展程度反映和体现着一个国家物流业发展的整体水平。

第三方物流运作的分类主要有：提供基本的仓储和运输服务，提供仓储和货运管理等增值服务，提供一体化的物流管理服务。

我国目前提供第三方物流服务的企业主要是一些原来的国有大型仓储运输企业和中外合资、独资企业等。它们的营业范围都在不同程度上涉及全国配送、国际物流、多式联运等服务，并在不同程度上进行了综合物流代理运作模式的探索与实践。另外，我国越来越多的企业也开始将物流业务外包出去。目前，我国大约有1.6万家物流服务行业公司，随着中国经济的持续增长以及全球化程度的提高，2015年第三方物流市场规模超过1 000亿元，比上年增长30%左右。预测未来几年，中国物流业将保持快速增长态势，第三方物流市场发展前景广阔。

5.第四方物流模式

安生咨询公司提出，将第三方物流和技术服务供应商结合，在第三方物流的基础上对管理和技术等物流资源进一步整合，为客户提供全面意义上的供应链物流解决方案。第四方物流是一个供应链的集成商，它对公司内部和具有互补性服务供应商所拥有的不同资源、能力与技术进行整合和管理，提供一整套供应链解决方案。

拓展阅读6-4

海尔物流

拓展阅读6-5

亚洲物流（天津）有限公司

>>>>>>技能训练6-1

1.任务

某电子商务公司经营办公用品、文具、耗材等，属于中小企业。其物流业务原来采用自营物流的模式，由于该公司的物流能力有限，造成物流效率低下，客户满意程度较低。今年伊始，企业领导层决定把本企业的物流业务交由专业的第三方物流公司运作，以充分享有第三方物流带来的各种优势。首先需要解决的问题就是挑选一家合适的第三方物流公司；其次是与第三方的物流战略合作伙伴关系应如何建立和保持的问题。领导层决定将后一个问题交给电子商务专业的大学毕业生张韶华完成。领导层委派他做一份有关情况的分析报告，为解决该问题提供帮助。现在请你代张韶华来完成这一任务，字数要求在500字左右，此分析报告对其他经营者也要有一定的参考价值。

2.分析思考

（1）在企业目前的情况下，运用第三方物流有哪些好处？对企业的发展会有怎样的促进作用？

（2）如何选择一家为自己提供第三方物流服务的企业？应从哪些方面对第三方物流企业进行考察？

（3）企业与第三方物流企业建立起长期、稳定的战略合作伙伴关系，是运用第三方物流的正确选择。企业应如何建立起这一合作伙伴关系？需注意哪些问题？

（4）作为第三方物流企业，应怎样更好地开展第三方物流业务，更好地为企业提供物流服务？

3.训练方法与步骤

（1）结合教材内容，说明企业运用第三方物流的优势。

（2）查阅相关网站资料，分析应如何选择一家为自己提供服务的第三方物流企业。

（3）参观当地一家第三方物流企业，观察、分析其业务运作过程和效益实现途径，了解其与其他企业战略合作伙伴关系建立与保持的原则和具体做法。

（4）根据参观与对网站资料的查阅，分析作为第三方物流企业，应如何更好地为其他企业提供服务。

（5）完成分析报告。

4.任务训练结果与评价

（1）列表分析。

项目	内容说明
企业运用第三方物流的优势	
第三方物流企业的选择依据	
第三方物流企业的效益来源	
与第三方物流战略合作伙伴关系的建立和保持	
教师评语	

（2）整理撰写该分析报告。

5.拓展任务

请选择你身边的一家第三方物流企业，试分析该企业的活动状况及效益来源。

<<<<<< ─────────

本章小结

电子商务是互联网发展的重要产物，与物流发展关系密切，二者相辅相成，互为动力、相互制约，共同推动人类文明进步。一个完整的电子商务交易过程，一般包含以下四种基本的流：信息流、商流、资金流和物流，物流对整个交易的完成起到非常关键的作用。随着电子商务的迅猛发展，越来越多的人在网店进行交易，从而推动电子商务物流的快速发展。电子商务的发展离不开现代物流的支持，现代物流必须与电子商务协调发展，才能在激烈的市场竞争中取得更大的效益，市场经济才能得到更快的发展，人们生活的各个方面也会更加方便，进而维护社会的稳定和经济的繁荣。

思考题

随堂测6

一、单项选择题

1."物流"一词是在（　　）年才传入我国的。

A.1956　　　　　　B.1964　　　　　　C.1979　　　　　　D.1981

2.物质资料从供给者向需要者的物理性移动，是创造时间性、场所性价值的（　　）。

A.后勤管理　　　　　　B.流通活动　　　　　　C.后勤工程　　　　　　D.经济活动

3.在第二次世界大战期间，美国在对军火等进行战时供应时，首先采取了（　　　）。从此，这逐渐形成了单独的学科。

A.后勤管理　　　　　　B.物流管理　　　　　　C.库存管理　　　　　　D.运输管理

4.产成品的库存管理属于（　　　）。

A.供应物流　　　　　　B.生产物流　　　　　　C.销售物流　　　　　　D.回收、废弃物流

5.原材料的采购、进货、运输、仓储、库存管理等属于（　　　）。

A.供应物流　　　　　　B.生产物流　　　　　　C.销售物流　　　　　　D.回收、废弃物流

6.现代物流按照物流系统性质分类有：社会物流、行业物流和（　　　）。

A.微观物流　　　　　　B.宏观物流　　　　　　C.运输物流　　　　　　D.企业物流

7.运输改变了物品的时间状态，更重要的是改变了物品的（　　　）状态。

A.品种　　　　　　　　B.批量　　　　　　　　C.风险　　　　　　　　D.空间

8.运输提供了物品位移和（　　　）的职能。

A.品种效用　　　　　　B.批量效用　　　　　　C.风险效用　　　　　　D.短期库存

9.物流按其实用价值分类，可分为（　　　）。

A.宏观物流与微观物流　　　　　　　　　B.供应物流与销售物流

C.国际物流与国内物流　　　　　　　　　D.社会物流与企业物流

10.电子商务过程的终结是（　　　）。

A.物流　　　　　　　　B.配送　　　　　　　　C.运输　　　　　　　　D.搬运

二、多项选择题

1.从物流的范畴来看，物流包括（　　　）。

A.包装　　　　　　　　B.装卸　　　　　　　　C.保管

D.库存管理　　　　　　E.流通加工

2.后勤管理的方法后来被引入商业部门，被称为商业后勤，它的领域包括（　　　）。

A.废弃物流　　　　　　B.生产物流　　　　　　C.销售物流

D.回收物流　　　　　　E.原材料物流

3.按物流在供应链中的作用分，可以分为（　　　）。

A.废弃物流　　　　　　B.供应物流　　　　　　C.生产物流

D.销售物流　　　　　　E.回收物流

4.物流从原材料采购开始直到废旧物品回收等整个流通过程包括（　　　）。

A.供应物流　　　　　　B.资料物流　　　　　　C.销售物流

D.生产物流　　　　　　E.绿色物流

5.物流管理的发展经历了（　　　）几个发展阶段。

A.物流概念形成　　　　B.实物分配　　　　　　C.供应链管理

D.现代物流　　　　　　E.综合物流

6.现阶段电子商务公司采取的物流模式有（　　　）。

A.企业自营物流　　　　B.第四方物流　　　　　C.借助传统流通渠道

D.物流企业联盟　　　　E.第三方物流

7.物流的价值体现在可以创造（　　　）。

A.时间价值　　　　　　　B.空间价值　　　　　　　C.使用价值

D.流通价值　　　　　　　E.交换价值

8.以下属于电子商务物流技术的有（　　　）。

A.GIS　　　　　　　　　B.GPS　　　　　　　　　C.EDI

D.FMS　　　　　　　　　E.CIMS

9.电子商务物流的特点主要是（　　　）的统一。

A.信息化　　　　　　　　B.自动化　　　　　　　　C.社会化

D.柔性化　　　　　　　　E.网络化　　　　　　　　F.智能化

10.以下属于物流增值服务功能的有（　　　）。

A.增加便利性的服务　　　B.加快反应速度的服务　　　C.降低成本的服务

D.装卸搬运服务　　　　　E.延伸服务

三、判断题

1.物流是指物品从接收地向供应地的实体流动过程。（　　　）

2.B2B电子商务企业普遍采用供方物流或自营物流，较少采用第三方物流。（　　　）

3.供应链管理的目标在于获得高服务水平和低库存投资、低单位成本，并且寻求两个目标间的平衡。（　　　）

4.装卸搬运是指在同一地域范围内进行的、以改变物品的存放状态和空间位置为主要内容和目的的活动。（　　　）

5.流通加工是生产加工在流通领域中的延伸，流通加工可提高商品附加值，扩大商品差别。（　　　）

6.物流管理的目标就是以最低的成本提供最优质的物流服务。（　　　）

7.第三方物流有助于提升企业核心竞争力，降低企业物流成本。（　　　）

8.物流是电子商务发展的先决条件。（　　　）

9.条码技术是一种自动识别技术，可解决物流企业数据录入和采集的瓶颈问题。（　　　）

10.物流是电子商务系统的重要组成部分，不能独立于电子商务系统单独存在。（　　　）

四、简答题

1.物流的定义如何表述？试分析物流的活动要素。

2.电子商务物流的特点有哪些？

3.电子商务物流的发展经历了哪几个阶段？

4.现代物流技术应用表现在哪些方面？

5.现代物流有哪几种模式？

6.企业自营物流必须具备哪些特征？

7.什么是第三方物流？

8.企业采用第三方物流具有怎样的优势？

9.简述电子商务与物流的关系。

10.谈谈你对第四方物流的认识。

第7章　电子商务安全

学习目标

1.了解电子商务安全的含义；

2.了解电子商务安全需求；

3.理解日常生活中的电子商务安全风险；

4.掌握电子商务安全风险的防范措施。

引导案例

小红书用户信息遭大面积泄露：至少50人被骗，总额近90万元

2018年3月13日，西北民族大学研一学生李西（化名）接到"小红书客服"电话，在理赔过程中，李西根据"客服"指示，最终被骗18 100元。

4月20日，李西的遭遇被《中国青年报》报道后，截至5月31日，先后有50名受骗者联系该报。她们的经历和遭遇极其相似，都是因为在小红书上有网购经历，最后都接到自称是"小红书客服"的电话，以购买商品存在质量问题退款为由被骗。

据统计，50人受骗总额为879 163.58元。让人不敢想象的是，除了这50名受骗者，可能还有更多人受骗，还有更多人接到或者正在接到诈骗电话。

小红书出现的用户信息大面积泄露事件，是近年来典型的电子商务安全事件之一。据了解，被泄露信息的用户接到诈骗电话，诈骗分子以退款为诱饵，通过蚂蚁借呗、来分期、马上金融、360借条等借贷平台进行诈骗，用户遭受不同程度的经济损失。信息泄露几乎是当下电商市场的通病，而信息泄露中受害最大的是处于被动的消费者。如今很多诈骗都与信息泄露有直接关系。

资料来源　李超、蒋丰蔓.小红书用户信息遭大面积泄露：至少50人被骗，总额近90万元［EB/OL］.［2017-06-14］.https://www.thepaper.cn/newsDetail_forward_1708229.

案例思考

小红书出现的用户信息泄露事件属于哪种电子商务安全风险？你认为该如何用法律手段来维护用户自身的权益呢？

我国已经在电子商务的各个领域领跑世界了。5～10年前，电商还是少数人的、偶发性行为，但是随着4G、5G、Wi-Fi和智能终端的发展，电子商务在中国出现了井喷式的、普及性的发展，电商已经变成一种大众性的行为，尤其是在一些发达的城市，电商已经变成了越来越多人的一种生活方式。然而，由于人们的安全意识淡薄、安全法规的缺失等原因，电子商务领域存在诸多安全风险，一时间，信息泄露、网络售假、虚假促销、网络诈骗、支付安全等问题困扰着人们，电子商务安全成为人们关注和议论的焦点。

互联网再进一步更大规模地向前发展，或者以更快的速度发展时，还必须解决电商领域的诸多安全问题，如果产生的安全问题不能根治的话，会严重影响我国电商行业的发展和未来。

7.1 电子商务安全概述

一、电子商务安全的含义

电子商务安全包括电子商务过程中的网络安全和电子商务信息安全。网络安全主要包括网络设备的安全、网络系统的安全和数据库的安全等。电子商务信息安全是传统商务活动在网络上应用的整个过程中所表现出的经济安全，主要包括电子商务的完整性、不可否认性、真实性和机密性。

二、电子商务安全需求

电子商务的安全需求包括两方面：

（一）电子交易的安全需求

（1）身份的可认证性。在双方进行交易前，首先要能确认对方的身份，要求交易双方的身份不能被假冒或伪装。

（2）信息的保密性。要对敏感重要的商业信息进行加密，即使别人截获或窃取了数据，也无法识别信息的真实内容，这样就可以使商业机密信息难以被泄露。

（3）信息的完整性。交易各方能够验证收到的信息是否完整，即信息是否被人篡改过，或者在数据传输过程中是否出现信息丢失、信息重复等差错。

（4）不可抵赖性。电子交易通信过程中的各个环节都必须是不可否认的，即交易一旦达成，发送方不能否认其发送的信息，接收方则不能否认其所收到的信息。

（5）不可伪造性。电子交易文件也要能做到不可修改。

（二）计算机网络系统的安全需求

（1）物理实体的安全，包括但不限于：①设备的功能失常；②电源故障；③由于电磁泄露引起的信息失密；④搭线窃听。

（2）自然灾害的威胁。各种自然灾害如风暴、泥石流、建筑物破坏、火灾、水灾、空气污染等对计算机网络系统都构成强大的威胁。

（3）黑客的恶意攻击。所谓黑客，现在一般泛指计算机信息系统的非法入侵者。黑客的攻击手段和方法多种多样，一般可以粗略地分为以下两种：一种是主动攻击，它以各种方式有选择地破坏信息的有效性和完整性；另一种是被动攻击，它是在不影响网络正常工作的情况下，进行截获、窃取、破译以获得重要机密信息。

>>>>>> 【阅读材料7-1】韩国最大的交易所Bithumb遭到黑客攻击

2018年6月19日，韩国最大的交易所Bithumb遭到黑客攻击。超过350亿韩元（约合3 000万美元）的加密货币被窃取。在袭击发生时，Bithumb交易量排名全球第六，但随后跌至第10位。根据Cointelegraph Japan的说法，黑客们劫持了Bithumb的热钱包。诡异的是，该交易所在6月16日（袭击发生前几天）开始将"所有资产"转移到一个冷钱包中，以升级其安全系统。当Bithumb的团队意识到他们的服务器被黑客入侵后，他们停止了所有的存取服务。在6月21日的一份官方声明中，交易所证实了它打算补偿受盗窃影响的用户。此外，Bithumb 表示，他们的钱包系统正在进行"彻底的改变"，以防止进一步的攻击，并且声称这次失窃不会对其客户造成"损害"，并强调其对客户和公司资产的严格分离。据当地媒体报道，韩国科技部已对此次黑客攻击事件展开调查。据报道，韩国互联网与安全局（KISA）也参与进来，与当地警方和其他机构密切合作，以查明攻击究竟是如何发生的。据称，当局还派官员到 Bithumb 在首尔的办公室，从该公司的电脑中收集数据和记录。这起攻击事件发生在 Bithumb 被韩国政府调查后几周。此前，韩国政府经过三个月的调查，确认 Bithumb 没有任何不法行为，但责令交易所支付 300 亿韩元（约合 2 800 万美元）的税款。Bithumb 曾经也被黑客攻击过。在 2017 年 7 月，3 万名用户的个人数据被窃取，原因是一名员工的电脑受到攻击，同时一些用户也遭受了损失。

资料来源：佚名. 2018 年迄今全球加密行业最大的黑客攻击事件盘点［EB/OL］.（2018-06-29）. https：//www.colabug.com/3377761.html.

<<<<<<<

（4）软件的漏洞和"后门"。软件漏洞是指应用软件或操作系统软件在逻辑设计上的缺陷或错误，被不法者利用，通过网络植入木马、病毒等方式来攻击或控制整个电脑等。"后门"是指绕过安全控制而获取对程序或系统访问权的方法。后门的最主要目的就是方便以后再次秘密进入或者控制系统。

（5）计算机病毒（Computer Virus）的攻击。计算机病毒在《中华人民共和国计算机信息系统安全保护条例》中被明确定义，即病毒是指"编制者在计算机程序中插入的破坏计算机功能或者破坏数据，影响计算机使用并且能够自我复制的一组计算机指令或者程序代码"。计算机病毒不是天然存在的，是人们利用计算机软件和硬件所固有的脆弱性编制的一组指令集或程序代码。它能潜伏在计算机的存储介质（或程序）里，条件满足时即被激活，通过修改其他程序的方法将自己的精确拷贝或者可能演化的形式放入其他程序中，从而感染其他程序，对计算机资源进行破坏。所谓的病毒就是人为造成的，对其他用户的危害性很大。

可以说，电子商务安全不仅仅是技术层面的问题，而且是包含预防、检测、管理和制度层面在内的一整套体系的建设问题。

7.2 日常生活中的电子商务安全

2016 年 11 月 7 日，《中华人民共和国网络安全法》（以下简称《网络安全法》）获得通过，并于 2017 年 6 月 1 日起施行。这是中国第一部关于网络安全的基础性法律。《网络安全法》明确了网络空间主权的原则，以及网络产品与服务提供者的安全义务和网络运营者的安全义务，完善了个人信息保护规则，建立了关键信息基础设施安全保护制度，确立了关键信息基础设施重要数据跨境传输的规则。

然而，人们在日常生活中还是经常碰到一些电子商务领域的安全风险，有时这些风险来源于不同的环节和领域，令人防不胜防。

微课 7-1

日常生活中的电子商务安全风险

一、日常生活中的电子商务安全风险

（一）个人信息安全风险

如今的时代是数据的时代，个人隐私信息时刻面临着被泄露的风险，这些信息被泄露出去会造成很大的危险，信息、照片、文件等任何一样外泄都会被有心人利用，给自己或者家人带来麻烦。那么在日常生活中，个人信息安全面临着哪些风险呢？

（1）部分手机 App 过度收集、违规使用个人信息，可能导致个人隐私信息泄露或被窃取。"是否同意服务条款？"这是注册网站账户或下载手机 App（应用软件）时经常遇到的问题，选择"同意"才能进入下一步，这就显现出了条款中可能存在的过度采集个人信息的安全风险。

（2）拥有个人信息资料的商业机构被外部窃取或内部泄露。商业机构的用户数据泄露主要有以下几种方式：黑客利用平台存在的安全漏洞入侵网站，盗取用户数据库；网站内部工作人员倒卖用户信息；通过撞库攻击，窃取用户数据；利用钓鱼软件攻击窃取用户信息；通过木马、病毒窃取用户隐私信息。

（3）技术漏洞所致，造成用户大量隐私内容曝光。例如，一些快捷酒店因开房记录由第三方存储，造成用户大量隐私内容泄露等。

（4）由于用户对个人信息保管不当，被不法分子获得，尤其是在互联网应用中使用简单密码或者相同的密码等。

（5）犯罪分子使用特制的读卡器，隔着厚厚的钱包和衣服就能读取银行卡的数据。而这些数据可能涉及卡主的姓名、身份证号等个人信息。例如，仅通过一个薄薄的读卡器，具有闪付功能的银行卡上的个人信息就可能被泄露。

>>>>>>> 【阅读材料 7-2】国家标准《信息安全技术个人信息安全影响评估指南》公开征求意见

2018 年 6 月 13 日，全国信息安全标准化技术委员会发布国家标准《信息安全技术个人信息安全影响评估指南》（征求意见稿）征求意见的通知。本标准为自主制定标准，由颐信科技有限公司牵头，中国电子技术标准化研究院、深圳市腾讯计算机系统有限公司、华为技术有限公司、全知科技有限公司、北京信息安全测评中心、四川大学网络空间安全研究院、中国信息通信研究院、阿里巴巴（北京）软件服务有限公司、蚂蚁金服公司、陕西信息安全测评中心、国家金融 IC 卡检测中心等参与编制，归口单位为全国信息安全标准化技术委员会（简称信息安全标委会，TC260）。

随着社会的进步和科技的发展，用户个人信息安全问题日渐凸显。过度收集个人信息、对个人信息进行二次开发利用以及个人信息交易等严重侵犯用户隐私的现象时有发生，诉诸法律的案件和官司缠身的网络公司不胜枚举。如何保护用户信息，采用何种方式保护，已经成为维护用户个人信息安全首先需要考虑的问题。根据中国互联网协会发布的《2016 中国网民权益保护调查报告》，84% 的网民曾亲身感受到由个人信息泄露带来的不良影响。从 2015 年下半年到 2016 年上半年的一年间，我国网民因垃圾信息、诈骗信息、个人信息泄露等遭受的经济损失高达 915 亿元。近年来，警方查获曝光的大量案件显示，公民个人信息的泄露、收集、转卖，已经形成了完整的黑色产业链。

然而，数据、信息已经成为我国实现经济转型升级的基础性资源。"十三五"规划纲要明确提出，要"牢牢把握信息技术变革趋势，实施网络强国战略，加快建设数字中国，推动信息技术与经济社会发展深度融合，加快推动信息经济发展壮大"。在实施国家大数据战略这一章中，"十三五"规划纲要指出要"把大数据作为基础性战略资源，全面实施促进大数据发展行动，加快推动数据资源共享开放和开发应用，助力产业转型升级和社会治理创新"。数据安全是信息化持续推进的基本前提。对此，"十三五"规划纲要提出要"建立大数据安全管理制度，实行数据资源分类分级管理，保障安全高效可信应用。实施大数据安全保障工程，加强数据资源在采集、存储、应用和开放等环节的安全保护，加强各类公共数据资源在公开共享等环节的安全评估与保护，建立互联网企业数据资源资产化和利用授信机制。加强个人信息保护，严厉打击非法泄露和出卖个人数据行为"。因此，面向未来，具备科学性、有效性、可操作性的个人信息保护框架和模式成为落实"十三五"规划纲要要求的重要保障。

《网络安全法》，对个人信息保护也做出专门规定：网络产品、服务具有收集用户信息功能的，其提供者应当向用户明示并取得同意；网络运营者不得泄露、篡改、毁损其收集的个人信息；任何个人和组织不得窃取或者以其他非法方式获取个人信息，不得非法出售或者非法向他人提供个人信息，并规定了相应的法律责任。在落实国家政策和法律要求，切实有效地降低个人信息处理过程中的安全风险，推动数字经济长足发展的大背景下，制定和完善个人信息安全标准体系是有力的抓手，其中，规范有效地实施个人信息安全风险评估更是个人信息安全要求落地的关键。

资料来源 作者根据相关资料整理.

（二）网络诈骗风险

近年来，网络诈骗的事件时有发生，诈骗手段不断翻新花样。随着媒体曝光的日益广泛，相关机构技术方案的不断改进，以及网民自身防骗意识的不断提高，早年流行的虚假中奖、冒充房东、冒充公检法、消费者保障金等诈骗，现如今虽然仍不断发生，但已不再流行，取而代之的是红包诈骗、信用支付诈骗、实名认证诈骗、积分兑换诈骗、账户资金异常变动诈骗等全新的诈骗手法。

2015年堪称网络诈骗的"创新年"，互联网上一下子涌现出了多种新型的网络诈骗手法，仅猎网平台当年监测发现的新型网络诈骗手法就多达12种，这其中很多骗术的设计非常巧妙，甚至出现了一些普通人几乎无法识别的"完美诈骗"手法。

以虚假微信公众号AA诈骗为例。骗子冒充某些游戏平台，注册了虚假的微信公众号，并以优惠充值为由，向关注了其微信公众号的网友集体发送AA收款链接，受害者付款之后，骗子还会以充值不成功、没有收到钱等理由，要求受害者反复支付。在此类诈骗中，骗子不需要制作和使用任何木马病毒及钓鱼网站，就可以轻松地实现网络诈骗，而普通用户很难识别其真伪。

除了上述难以识别的网络诈骗手法外，2015年以来，还相继出现了账户资金异常变动诈骗、抢红包木马诈骗（抢红包外挂软件为木马）、微信提现诈骗、微信传销诈骗、微信游戏诈骗、微信公众号申请诈骗、网购优惠券诈骗、短信保管箱盗刷、支付宝花呗套现诈骗、开通支付平台信用支付功能诈骗、新型退款诈骗、跨境代购诈骗、实名认证诈骗等多种其他形式的新型流行骗术，确实让人防不胜防。

（三）虚假广告风险

当前，互联网已经成为人们生活与工作的重要工具。由于发布便捷、形式多样，互联网广告也成为当前商业广告的主要形式，一些用户多、粉丝多的平台、客户端、微信公众号等，社会影响大、覆盖面广，低投入、高回报，更是深受广告商的青睐。但是如火如荼的互联网广告市场，已经呈现出鱼龙混杂的局面，如一些低俗的涉黄广告藏匿其中，虚假的违法电商广告泛滥横行……这些都严重损害了消费者的合法权益，污染了网络环境。而且此类广告具有变化快、隐蔽性强的特点，传统手段难以对其进行追踪和查处。

（四）虚假信用风险

虚假信用，就是老百姓经常说的刷单。网络上为商家加钻，是为网民提供质量保障的信用体系，而这个信用体系显然被不法分子利用进行网上刷单。如果在一个电商平台的网店上看到它有几颗钻，有多高的信用，这不一定都是真的。

2015年4月3日，商务部发布《中华人民共和国商品流通法》，其中第四十条明确规定：交易场所内"禁止经营者自行或通过他人虚构信用评价"，这个新规能有效地阻止刷假信誉、假好评所产生的虚假信用的现象。

2018年8月31日通过的《电子商务法》将重拳打击不实评价、恶意炒信等行为，助力建设诚实信用、公平公正的电商市场生态环境，为网购消费者撑起一把"安全伞"。

二、日常生活中如何防范电子商务安全风险

（一）防范个人信息安全风险

（1）使用手机App时不要轻易同意获取个人信息权限的要求，尽量避免在不熟悉的手机App上输入银行账号及密码等重要个人信息。一旦个人信息遭到侵害，应及时向有关部门投诉举报。

（2）网购要谨防钓鱼网站。

那么，网购时究竟应该怎样防钓鱼网站呢？

①提高警惕，不登录不熟悉的网站，键入网站地址的时候要核对，以防输入错误，误入狼窝，细心就可以发现一些破绽。

②不要打开陌生人发送的电子邮件，更不要轻信他人说教，特别是即时通信工具上传来的消息，很有可能是发送钓鱼网站链接或病毒的。

③安装杀毒软件并及时升级病毒库和操作系统补丁。

④将敏感信息输入隐私保护，打开个人防火墙。

⑤收到不明电子邮件和聊天工具信息时不要点击其中的任何链接。登录银行网站前，要留意浏览器地址栏，如果发现网址和官方网址不一样、网页地址不能修改、最小化浏览器窗口后仍可看到浮在桌面上的网页地址等现象，请立即关闭浏览器窗口，以免账号密码被盗。

（3）妥善处置快递单、车票、购物小票等包含个人信息的单据，及时对包含个人信息的单据进行处理，比如，焚烧、用文件粉碎机粉碎或用消字灵涂抹等。

（4）不在社交媒体群聊中透露个人信息。通过微博、QQ空间、贴吧、论坛和熟人互动时，信息有可能会被不法分子利用，很多不法分子在网上伪装身份实施诈骗。

（5）慎重参加网上调查活动。上网时经常会碰到各种网络"调查问卷"、购物抽奖活动或者申请免费邮寄资料、申请会员卡等活动，应选择信誉可靠的网站认真核验对方的真实情况，不要贸然填写，以免导致个人信息泄露。

（6）针对远程读取银行卡（如闪付卡）、身份证信息的风险，可以购买一个有防电磁功能的钱包或者卡套，因为其具备隔绝信号的功能，这样银行卡不仅可以免于被消磁，也可以挡住读卡器发射的信号。

（二）防范网络诈骗

我们在生活中该如何防范网络诈骗呢？要做到"三不要"和"两个及时"、"一个尽量"。

"三不要"就是：①不要轻信威胁、陌生人的转账电话；②不要轻易透露个人信息，尤其是身份证号码和银行卡密码，且银行卡密码设置要设成高安全性；③不要未经核实就转账。"两个及时"就是及时报案，及时联系银行冻结账户。"一个尽量"就是尽量不在免费网络下使用手机银行等网上交易。

（三）防范虚假广告

作为消费者，在防范虚假广告时，应重点做到"六个充分"：

（1）充分了解商品基本价格，避免"贪小便宜吃大亏"。尤其是海淘类商品，除了在购买行为结束后跟踪物流信息、索取购物小票外，还应该在购买前充分了解所买商品的基本价格，在泛滥的"低价"轰炸中保持理性，如果所报价格过低很有可能是假货。

（2）充分核对来电者的身份信息，避免陷入连环诈骗。消费者突然接到网购平台、银行、物流等购物链条上相关人员来电时，应保持"戒心"，反复求证对方身份，并通过主动拨打官方客服电话或与线上平台客服沟通等方式印证来电的真实性，不急于按照对方要求操作，避免陷入连环诈骗圈套。

（3）充分掌握商家活动规则，避免落入消费陷阱。了解商家对于优惠活动设置的前置条件，对"不支持七日无理由退货""定金恕不退还"等不合理条款要坚决予以抵制。应清晰知晓商家的活动规则，为防"超售"等现象出现，消费者可保留"抽奖秒杀"细则、礼品清单、订单细节等相关截图，防止商家私自取消订单、修改活动详情，事后概不认账的情况。

（4）充分了解自身需求，避免轻信社交好友推荐。网购社交化程度日益提升，在此过程中，好友"感情分"和"推荐分"容易加载在商品上，从而忽视自身需要和对商品细节的了解。因此，消费者在社交网购环境下更应理性消费，避免买到质量欠佳的非必需品。

（5）充分筛选认识海淘平台，避免卖家以次充好。目前，海淘商品全链条造假让消费者防不胜防，因此，消费者在选购海淘商品时，更应该认真筛选海淘平台或买手，到实体店了解实物细节，多渠道了解物流信息，以及提前商定好售后服务条款。

（6）充分了解第三方支付平台，避免个人信息泄露。目前，第三方支付能够得到广泛的消费者信息，如果第三方平台的信用度或信息系统安全有限，将可能给付款人带来重大风险，主要包括：①资金寄存风险。第三方支付平台是非金融机构，与银行、证券、保险等金融机构相比资金寄存能力存在差距，资金寄存具有一定风险。②网络安全风险。由于第三方支付平台涉及网络问题，可能遭受黑客等攻击。

（四）防范虚假信用

第一，看商品，先看差评，简单甄别此评论；第二，看评论者的等级，如果是等级特别高的账户，那就要小心了，因为一般来说，虚假评论者的账户是不大可能高等级的；第三，看评论者所购买的物品，那些虚假账户所购买的商品数量和消费的金额跟一般消费者差别是很大的。

>>>>>> 【阅读材料7-3】国内首张电子商务认证证书颁发 我国电子商务认证制度实现新突破

在2015年"双十一"到来之际，中国国家认证认可监督管理委员会（以下简称"国家认监委"）颁发了国内首张电子商务认证证书，松下电器、老板电器等成为第一批B2C电子商务交易服务（商品类）认证获证企业。

为了促进电子商务健康发展，针对电子商务交易过程中监督约束机制不完善、行为规范不明确、信息不对称等难题，国家认监委建立了我国的电子商务认证制度，制定了"良好电子商务规范（GECP）"等一系列标准规则，运用国际通行的第三方认证方式，对电子商务的在线供应商、平台商等经营主体实施监督评价，形成了对商品质量、售中售后服务、信息安全等电子商务全过程可评价、可追溯、可持续改进的机制。

电子商务认证制度的推出，有利于进一步规范电商服务行为，引导电商企业完善内部管理体系，强化对商品和服务质量的控制，提升我国电子商务总体质量和信用水平。通过国际互认机制可以帮助我国电商企业"走出去"，促进跨境电子商务发展。同时，我国自主建立的电子商务认证制度，实现了"互联网+"时代下认证模式的创新突破，有利于我国在全球电子商务领域争取技术规则的话语权。

近年来，我国电子商务发展迅猛，产业规模迅速扩大。与此同时，电商产品及服务总体质量状况堪忧，消费者投诉居高不下。2015年质检总局针对网络销售的玩具、服装、鞋类、背提包、小家电5大类11种产品组织开展的国家监督专项抽查显示，近三成电子商务产品不合格。中国消费者协会发布的《2014年全国消协组织受理投诉情况分析报告》显示，2014年全国消协组织受理消费者各类投诉中，网络电商购物占92.28%。

为了推动电子商务认证的实施，国家认监委信息中心牵头6家国内知名认证机构共同发起成立了"中国电子商务认证联盟"，率先开展了针对B2C商品交易类型的电商认证。下一步，"中国电子商务认证联盟"还将吸收电子商务龙头企业、认证机构、检测机构、研究机构等单位参与，逐步开展针对B2B、跨境电商等认证，形成覆盖电子商务全产业链的较为完善的电子商务认证体系。

资料来源 马文生. 国内首张电子商务认证证书颁发 我国电子商务认证制度实现新突破 [EB/OL]. （2015-11-11）.http://www.aqsiq.gov.cn/zjxw/dfzjxw/dfftpxw/201511/t20151111_453824.htm.

>>>>>>技能训练7-1

广东的陈先生某日在淘宝网购买了几件衣服。当天晚上，一个陌生人用一个陌生号码打来电话说他是淘宝卖家，由于支付宝系统繁忙，无法收到货款，希望陈先生能帮忙先将之前的交易退款，再重新拍一遍。陈先生信以为真，便在对方的指导下加了一个QQ号。对方从QQ上发来一条链接，说是退款链接（实际是钓鱼网页链接），页面打开后，看上去是"支付宝退赔中心"。由于页面和支付宝、淘宝正规页面很相似，陈先生并没有怀疑，直接按照网站的提示输入了淘宝登录密码、支付宝支付密码。但对方随后又称，支付宝系统太忙，绑定的工商银行卡号退不了钱，又要走了陈先生的招商银行卡号以及身份证号。而钓鱼网站页面上也显示让陈先生输入收到的短信验证码，才能退赔。

陈先生输入短信验证码后没能等来退款，却收到了扣款短信，招行卡已经被扣除了19 999元，他这才意识到上当了，而之前他绑定快捷支付的工商银行卡也被盗刷了4 990元，陈先生共被骗走了近25 000元。

1.不法分子通过什么手段获取受害者的网购信息？

2.当遇到这种情况，有什么需要值得注意的地方？

<<<<<<

本章小结

本章通过分析电子商务安全的含义、电子商务的安全需求，阐述了电子商务安全的重要性。通过分析日常生活中存在的电子商务安全风险，并提出防范日常生活中的电子商务安全风险的方法，使学生重视电子商务安全风险并能在日常生活中加以防范。

思考题

1.电子商务的安全需求包括（　　　）。

A.电子交易的安全需求　　　　　　　　B.计算机网络系统的安全需求

C.物流配送的安全需求　　　　　　　　D.人身安全需求

2.人们常说的"商家要求买家给好评"，这明显是违反了《电子商务法》，涉嫌构成（　　　）。

A.虚假商品　　　　　　　　　　　　　B.虚假广告

C.虚假信用   D.差评

随堂测7

3.虚假广告具有（   ）的特点。

A.变化快   B.隐蔽性强

C.好看   D.成本低

4.商业机构的用户数据泄露方式主要有哪些？

5.日常生活中的电子商务安全风险有哪些？

第8章 电子商务网络营销

□ 学习目标

1.掌握网络营销的基本内容与特点；
2.学习运用网络营销的模式与策略；
3.了解网络营销的技术与战略管理。

□ 引导案例

网易云音乐"看见音乐的力量"

近年来，营销界发生了很多大事。随着互联网的变革，互联网在中国传统制造业的全面渗透和营销方式的变革已是大势所趋。借助病毒式网络营销，低成本地与目标客户建立联结和互动，追求最优的营销和传播绩效，实现持续地创造市场需求的目标，将是"互联网+"时代的营销的根本使命。

2017年3月20日，网易云音乐包下了杭州地铁1号线的车厢以及江陵路地铁站，发起了一场名为"看见音乐的力量"的营销活动。从网易云音乐应用平台上的4亿条评论中，挑出点赞数最高的5 000条，经人工筛选，最终选定85条，没有广告公司的参与，没有大手笔的费用预算，与其说是"音乐的力量"，其实倒不如说是网易用户原生、优质的文字内容，戳中了人们心中的孤独感和表达欲，从而迅速地引爆了社交网络。经过一层层的晒照分享转发，此案例最终成为2017年不可跳过的经典病毒营销案例。微信指数陡然攀增，同期官方微信公众号的阅读量也突破10万+，为往日阅读量的5倍。

资料来源 作者根据相关资料整理.

微课 8-1

8.1 网络营销概述

网络营销概述

一、网络营销的概念

网络营销是企业营销实践与现代信息通信技术、计算机网络技术相结合的产物，是指企业以电子信息技术为基础，以计算机网络为媒介和手段而进行的各种营销活动（包括网络调研、网络新产品开发、网络促销、网络分销、网络服务等）的总称。随着互联网技术的成熟以及互联网成本的降低，互联网好比一种万能胶，将企业、团体、组织以及个人跨时空联结在一起，使得他们相互之间的信息交换变得非常容易。随着上网人数的迅速增加，覆盖的受众越来越全面，网络营销的影响力也越来越大。与传统的营销方式相比，网络营销具有得天独厚的优势，呈现出以下十个主要特点，如图8-1所示。

互联网络无所不及，其超越时空限制与多媒体声光功能，正好可以发挥营销人员的创意。互联网络可以展示商品型录、连接资料库，提供有关商品信息的查询，可以和顾客做互动双向沟通，可以收集市场情报，可以进行产品测试与消费者满意度调查等，是

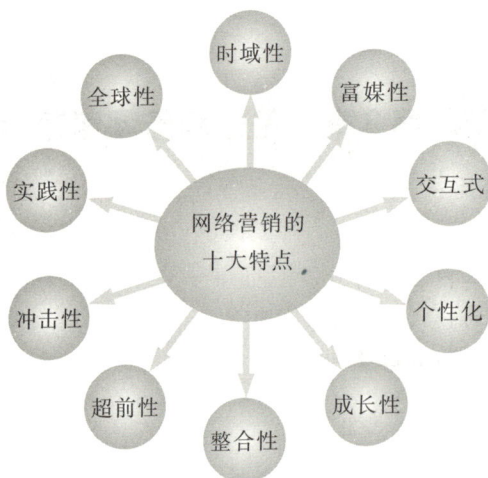

图 8-1 网络营销的十个主要特点

产品设计、商品信息提供以及服务的最佳工具。互联网络上的促销是一对一的、理性的、消费者主导的、非强迫性的、循序渐进式的，而且是一种低成本与人性化的促销，因此，网络营销符合分级与直销的发展趋势。互联网使用者数量快速增长并遍及全球，使用者多属年轻、中产阶级、高教育人群，因此，互联网是一项极具开发潜力的市场渠道。互联网上的营销可由商品信息至收款、售后服务一气呵成，因此，互联网也是一种全程的营销渠道。互联网是一种利用通信线路，将全球电脑纳入国际联网的信息传送系统，必将是未来市场营销最重要的渠道。它的职能不仅表明了网络营销的作用和网络营销工作的主要内容，同时也说明了网络营销可以实现的效果，对网络营销职能的认识有助于全面理解网络营销的价值和网络营销的内容。网络营销的职能包括八个方面：网络品牌、网站推广、信息发布、销售促进、网上销售、顾客服务、顾客关系和网上调研，如图 8-2 所示。

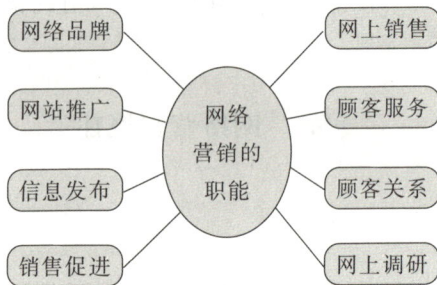

图 8-2 网络营销的职能

二、网络营销的发展趋势

互联网产业的突飞猛进为网络营销发展带来新的机遇。互联网不断向社会各个方面渗透，越来越多的传统企业面对巨大的生存挑战、营销方式的多样化、营销的产品和服务不断升级，对网络营销更加重视，都不约而同地加大对网络的投入。在如今互联网迅速发展的时代，要实现市场完全网络化还有很长的路要走，传统的营销方式暂时还是会占主导地位，网络营销不可能完全取代传统营销。目前最好的营销方式不是网络营销也不是传统营销，两者取长补短，

才是顺应时代发展最适合的营销方式。

8.2 网络营销的工具和方法

在现阶段的网络营销中，常用的网络营销工具就是企业网站、搜索引擎、病毒式网络营销、即时通信、博客、贴吧、论坛、社交媒体、直播、抖音等，在这里面最重要、最基本的就是企业网站，没有企业网站，很多网络营销推广的方法都无法使用。

一、企业网站在网络营销方法中的应用

（一）企业网站借助搜索引擎在网络营销中的应用

搜索引擎营销主要是 SEM 和 SEO。SEM（Search Engine Marketing），是指搜索引擎营销，就是根据用户使用搜索引擎的方式，利用用户检索信息的机会尽可能将营销信息传递给目标用户。SEO（Search Engine Optimization），是指搜索引擎优化，是一种利用搜索引擎的规则提高网站在有关搜索引擎内的自然排名的方式。其目的是：为网站提供生态式的自我营销解决方案，让其在行业内占据领先地位，获得品牌收益。SEO 包含站外 SEO 和站内 SEO 两方面。为了从搜索引擎中获得更多的免费流量，从网站结构、内容建设方案、用户互动传播、页面等角度进行合理规划，还会使搜索引擎中显示的网站相关信息对用户来说更具有吸引力。两者在做营销的前提就是企业网站。不管是 SEM 的搜索竞价排名，还是 SEO 的搜索引擎优化，都是围绕企业网站进行的，点击后打开的都是企业网站，将搜索流量引导到企业网站。

（二）企业网站就是企业的网络门面

很多企业在做品牌建设的时候都会将企业的门面做得很好，给人的第一印象就会好。同样，企业网站就是企业在网络上的门面，如果说一家企业连一个企业网站都没有，只会让人感觉这家企业可能有问题。

二、搜索引擎营销

搜索引擎营销，就是根据用户使用搜索引擎的方式，利用用户检索信息的机会，尽可能将营销信息传递给目标用户。简单来说，搜索引擎营销就是基于搜索引擎平台的网络营销，利用人们对搜索引擎的依赖和使用习惯，在人们检索信息的时候将信息传递给目标用户。搜索引擎营销的基本思想是让用户发现信息，并通过点击进入网页，进一步了解所需要的信息。

（一）搜索引擎营销的基本原理

通过进一步分析可以发现，搜索引擎营销得以实现的基本过程包括：

（1）企业将信息发布在网站上成为以网页形式存在的信息源（包括企业内部信息源及外部信息源）。

（2）搜索引擎将网站/网页信息收录到索引数据库。

（3）用户利用关键词进行检索（对于分类目录则是逐级目录查询）。

（4）检索结果中罗列相关的索引信息及其链接 URL。

（5）用户根据对检索结果的判断选择有兴趣的信息，并点击 URL 进入信息源所在

网页。

（二）搜索引擎优化的基本内容和方法

搜索引擎优化工作是将一个对搜索引擎友好性不足的网站，通过对其进行合理设计，改善其在搜索引擎检索结果中的表现，获得用户的关注和点击，并为用户提供有价值的信息。根据网站对搜索引擎优化的基本特征，网站对搜索引擎优化的内容可以归纳为下列几个方面：①网站栏目结构和网站导航系统优化；②网站内容优化，包括网页标题、META标签设计、网页正文内容；③网页布局优化设计；④网页格式和网页 URL 层次；⑤增加网站外部链接。

搜索引擎作为一种信息引导工具，是网络营销的重要方法。目前，搜索引擎营销的主要模式有：免费登录分类目录、付费登录分类目录、搜索引擎优化和关键词广告。

搜索引擎优化是网站优化的组成部分，是通过对网站栏目结构、网站内容、网站功能和服务、网页布局等网站基本要素的合理设计，使得用户更加方便地通过搜索引擎获取有效的信息。

三、博客营销

博客最初的名称是 Weblog，由 web 和 blog 两个单词组成，英文单词为 blog（Weblog 的缩写），按字面意思就是网络日记。后来，喜欢新名词的人把这个词的发音故意改了一下，读成 we blog。由此，blog 这个词被创造出来。

（一）博客营销的特点

（1）博客与企业网站相比，博客文章的内容题材和发布方式更为灵活。

（2）与门户网站发布广告和新闻相比，博客传播具有更大的自主性，并且无需直接费用。

（3）与供求信息平台的信息发布方式相比，博客的信息量更大，表现形式灵活，而且完全可以用"中立"的观点来对自己的企业和产品进行推广。

（4）与论坛营销的信息发布方式相比，博客文章显得更正式，可信度更高。

（二）博客营销的优势

（1）细分程度高，定向准确。

（2）互动传播性强，信任程度高，口碑效应好。

（3）影响力大，引导网络舆论潮流。

（4）与搜索引擎营销无缝对接，整合效果好。

（5）有利于长远利益和培育忠实用户。

四、网络广告营销

网络广告是常用的网络营销策略之一，在网络品牌、产品促销、网站推广等方面均有明显作用。网络广告除了常见的形式外，很多新的广告形式不断涌现。以 Banner 广告为代表的传统网络广告形式所依托的是网页，关键词广告属于搜索引擎营销的一种形式，E-mail 广告则是许可 E-mail 营销的一种。可见，网络广告本身并不能独立存在，需要与各种网络工具相结合才能实现信息传递的功能。也可以认为，网络广告存在于各种网络营销工具中，只是具体的表现形式不同而已。

（一）网络广告的形式

网络广告的形式主要有：网幅广告、文字链接广告、弹出窗口式广告、对联广告和富媒体广告。

（二）网络广告营销的特点

网络广告营销的特点包括：覆盖面广、形式多样、信息量大、传播高效、互动性强。

（三）网络广告营销的局限

网络广告营销的局限有：传播的被动性、创意的局限性、广告位有限。

（四）网络广告提高营销效果的方法

网络广告提高营销效果的方法包括：①网页的上方比下方效果更好；②网页广告的面积越大越好；③经常更换图片；④选择恰当的关键词；⑤充分运用动画形式。

五、许可式 E-mail 营销

（一）许可式 E-mail 营销的含义

许可式 E-mail 营销是指发信方在收信方主动要求的前提下，通过电子邮件向收信方传递有价值信息的一种网络营销手段，简称为 E-mail 营销。许可式 E-mail 营销的含义包括三个基本因素：一是拥有足够多的许可潜在用户的电子邮箱地址资源，这是开展许可 E-mail 的必要条件；二是对潜在用户有价值、能引起关注的电子邮件内容，这是许可 E-mail 营销发挥作用的基本前提；三是技术基础，即要从技术上保证用户自由订阅、退订电子邮件，并实现对用户资料的管理、邮件发送和效果跟踪等功能。

（二）许可 E-mail 营销的特点

与直邮广告、电话营销等直复营销方式相比，规范的许可 E-mail 营销具有成本低廉、个性化信息定制、高效等优点，但是它同时也存在应用条件限制、寿命较短等潜在问题。许可 E-mail 营销的具体特点如下：

1.范围广

随着国际互联网的迅猛发展，中国的上网总人数已达 8 亿多人，全球已经超过 25 亿人。面对如此巨大的用户群，作为现代广告宣传手段的 E-mail 营销正日益受到人们的重视。只要你拥有足够多的 E-mail 地址，就可以在很短的时间内向数千万目标用户发布广告信息，营销范围可以是中国全境乃至全球。

2.操作简单，效率高

使用专业邮件群发软件，不需要烦琐的制作及发送过程，发送上亿封广告邮件一般在几个工作日内便可完成。

3.成本低廉

E-mail 营销是一种低成本的营销方式，所有的费用支出就是上网费，成本比传统广告形式要低得多。

4.应用范围广

广告的内容不受限制，适合各行各业。因为广告的载体就是电子邮件，电子邮件本身具有定向性，可以针对某一特定的人群发送特定的广告邮件，也可以根据需要按行业或地域等进行分类，然后针对目标客户进行广告邮件群发，使宣传一步到位，这样可使营销目标明确，效果显著。

（三）提升许可 E-mail 营销效果的关键环节

提升许可 E-mail 营销效果的关键环节是避免被当成垃圾邮件。随着垃圾邮件的泛滥，全球 ISP 和服务器提供商都采取了严格的垃圾邮件过滤措施，同时也给合法合理、用户欢迎的电子邮件营销带来了不便。因此，采用许可 E-mail 营销方式的企业必须采取措施尽量避免营销邮件被当成垃圾邮件或降低这种概率。

六、微博营销

（一）微博营销的概念

微博的火热，催生了与之有关的营销方式，即微博营销。微博营销是指通过微博平台进行品牌推广、活动策划、个人形象包装、产品宣传等一系列营销活动，为企业创造价值而执行的一种营销方式。与传统博客营销相比，微博的信息传播更为方便和快捷，是2009 年以来最受关注的网络营销形式之一。

（二）微博营销的分类

1.个人微博营销

一般个人的微博营销是通过个人本身的知名度来得到别人的关注和了解。以明星、成功商人或者其他的成功人士为例，他们使用微博通常是想使微博粉丝更进一步地去了解自己和喜欢自己，发布的微博多为记事或抒发感情，功利性不是很明显，他们的宣传工作一般是由粉丝们转发来达到营销效果的。

2.企业微博营销

企业一般是以营利为目的的，它们使用微博往往是想通过微博来提高自己的知名度，最后实现将自己的产品卖出去的目的，所以企业微博营销要难得多。因为企业知名度有限，短短的微博不可能让消费者对产品或服务有直观或深入的了解和体验。所以，企业开展微博营销时，应当建立起自己固定的消费群体，与粉丝多交流、多互动，多做企业宣传工作。

（三）企业微博营销的表现形式

视频 8-1

网络营销沟通技巧

在微博平台上，无论是个人用户还是企业用户，其表现形式都是一个用户 ID，用户名可以是个人姓名、代号、昵称、企业名称、公司品牌、产品名称，或者其他任何文字字符的组合；而正式的企业微博通常使用公司名称或者品牌名称等易于实现网络品牌传播的名称，如有些冠以"××公司官方微博"字样，以明确其属于企业的官方微博。

8.3 网络营销策划

网络营销策划并不单指网站推广，也并不单指在网上销售，所以，网络营销工作所带来的效果也有多种表现，比如网络营销对客户服务的支持、对线下产品销售的促进、对公司品牌拓展的帮助等。网络营销策划就是为了达成特定的网络营销目标而进行的策略思考和方案规划的过程。

一、网络营销基本策略

（一）网络品牌策略

网络营销的重要任务之一就是在互联网上建立并推广企业的品牌，知名企业的品牌可以在网上得以延伸，一般企业则可以通过互联网快速树立品牌形象，并提升企业整体形象。网络品牌建设是以企业网站建设为基础，通过一系列推广措施，达到顾客和公众对企业的认知和认可。从一定程度上说，网络品牌的价值甚至高于通过网络获得的直接收益。

（二）网页策略

中小企业可以选择比较有优势的地址建立自己的网站，建立后应有专人进行维护，并注意宣传，以节省原来传统市场营销的很多广告费用，而且搜索引擎的大量使用会提高搜索率，在一定程度上对中小企业来说比广告效果要好。

（三）产品策略

中小企业要使用网络营销方法，必须明确自己的产品或服务，明确哪些是网络消费者会选择的产品或服务，并确定目标群体，因为产品或服务网络销售的费用远低于其他销售渠道的销售费用，因此，中小企业如果产品或服务选择得当，可以通过网络营销获得更大的利润。

（四）价格策略

价格策略也是最为复杂的问题之一。网络营销价格策略是成本与价格的直接对话，由于信息的开放性，消费者很容易掌握同行业各个竞争者的价格，如何引导消费者做出购买决策是关键。中小企业如果想在价格上网络营销成功，应注重强调自己产品的性价比以及与同行业竞争者相比自身产品的特点。除此之外，由于竞争者的冲击，网络营销的价格策略应该适时调整，可根据中小企业营销的不同目的、不同时间制定价格。例如，在自身品牌推广阶段，可以以低价来吸引消费者，在计算成本的基础上，减少利润而占有市场；品牌积累到一定阶段后，制定自动价格调整系统，降低成本，价格可以根据变动成本、市场供需状况以及竞争对手的报价进行适时调整。

（五）促销策略

营销的基本目的是为增加销售提供帮助，网络营销也不例外。大部分网络营销方法都与直接或间接促进销售有关，但促进销售并不限于促进网上销售，事实上，网络营销在很多情况下对于促进网下销售十分有价值。以网络广告为例。网上促销没有传统营销模式下的人员促销或者直接接触式的促销，取而代之的是使用大量的网络广告这种软营销模式来达到促销效果。这种做法对于中小企业来说可以节省大量人力支出和财力支出。通过网络广告的效应，可以在更多人力到达不了的地方挖掘潜在消费者，可以通过网络的丰富资源与非竞争对手达成合作的联盟，以此拓宽产品的消费层面。网络促销还可以避免现实中促销的千篇一律，可以将本企业的文化与帮助宣传的网站的企业文化相结合来取得最佳的促销效果。

（六）渠道策略

网络营销的渠道应该是本着让消费者方便的原则设置的。为了在网络中吸引消费者关注本公司的产品，可以根据本公司的产品联合其他中小企业的相关产品作为自己企业的产品外延，相关产品的同时出现会更加吸引消费者的关注。为了促进消费者购买，应该及时在网站发布促销信息、新产品信息和公司动态。为了方便购买，还要提供多种支付模式，让消费者有更加多样的选择，在公司网站建设时候应该设立网络店铺，增加销售的机会。

（七）顾客服务策略

网络营销与传统营销模式的不同还在于它特有的互动方式。在传统营销模式中，人与人之间的交流十分重要，营销手法比较单一；网络营销则可以根据自身公司产品的特性、特定的目标客户群以及特有的企业文化来加强互动，节约开支，形式新颖多样，避免了原有营销模式的老套和单一化。

二、网络营销策划的基本原则

（一）系统性原则

网络营销是以网络为工具的系统性的企业经营活动，它是在网络环境下对市场营销的信息流、商流、制造流、物流、资金流和服务流进行管理的。因此，网络营销方案的策划，是一项复杂的系统工程。策划人员必须以系统论为指导，对企业网络营销活动的各种要素进行整合和优化，使"六流"皆备，相得益彰。

（二）创新性原则

网络为顾客对不同企业的产品和服务所带来的效用和价值进行比较带来了极大的便利。在个性化消费需求日益明显的网络营销环境中，通过创新，创造和顾客的个性化需求相适应的产品特色和服务特色，是提高效用和价值的关键。特别的奉献才能换来特别的回报。创新带来特色，特色不仅意味着与众不同，而且意味着额外的价值。在网络营销方案的策划过程中，必须在深入了解网络营销环境尤其是顾客需求和竞争者动向的基础上，努力营造旨在增加顾客价值和效用、为顾客所欢迎的产品特色和服务特色。

（三）操作性原则

网络营销策划的第一个结果是形成网络营销方案。网络营销方案必须具有可操作性，否则毫无价值可言。这种可操作性，表现为在网络营销方案中，策划者根据企业网络营销的目标和环境条件，就企业在未来的网络营销活动中做什么、何时做、何地做、何人做、如何做的问题进行了周密的部署、详细的阐述和具体的安排。也就是说，网络营销方案是一系列具体的、明确的、直接的、相互联系的行动计划的指令，一旦付诸实施，企业的每一个部门、每一个员工都能明确自己的目标、任务、责任以及完成任务的途径和方法，并懂得如何与其他部门或员工相互协作。

（四）经济性原则

网络营销策划必须以经济效益为核心。网络营销策划不仅本身消耗一定的资源，而且通过网络营销方案的实施，改变企业经营资源的配置状态和利用效率。网络营销策划的经济效益，是策划所带来的经济收益与策划和方案实施成本之间的比率。成功的网络营销策划，应当是在策划和方案实施成本既定的情况下取得最大的经济收益，或花费最少的策划和方案实施成本取得目标经济收益。

（五）协同性原则

网络营销策划应该是各种营销手段的应用，而不是方法的孤立使用，诸如论坛、博客、社区、网媒等资源要协同应用才能真正达到网络营销的效果。

三、网络营销整体策划

网络营销整体策划的第一步就要找出该企业在这个时期的网络营销目标。目标设置主要涉及五类：销售目标、增强服务目标、品牌型网络营销目标、提升型网络营销目标以及混合型网络营销目标。

微课 8-2

网络营销整体策划

确定目标之后，就要考核企业要达到其目标要采取什么样的网络营销战略和战术。当今网络营销战略的重点主要包括：①顾客关系的再造，即如何跨越地域、文化和时空差距，再造顾客关系，这是网络营销能否成功的关键；②发掘网络顾客、吸引顾客、留住顾客，了解顾客的愿望以及利用个人互动服务与顾客维持关系，即企业如何建立自己的顾客网络，如何巩固自己的顾客网络；③定制化营销，指利用网络优势，一对一地向顾客提供独特化、个人化的产品或服务；④建立企业的网上营销伙伴，即运用网络组成合作联盟，并以网络合作伙伴所形成的资源规模创造竞争优势，将企业自己的网站与他人的网站关联起来，以吸引更多的网络顾客。

当企业管理者对网络营销的目标和战略已经有了一定的认识时，预先做好网络营销管理设置是很多企业通常会忽略的部分，同时这也是保证企业营销效果的关键。

四、网络营销策划流程

（一）网络营销策划概述

"凡事预则立，不预则废"。策划是为了达成特定目标而构思、设计、规划的过程。策划具体可分为策略思考与计划编制两个过程。

从现代管理的发源地西方的管理角度来说，策划就是计划。需要注意的是，这是一个动词，也就是表述一种动作和过程。在理解网络营销策划概念的时候，一定要有"特定的网络营销目标"这一前提，也就是要明白策划的对象、策划要达成的目标。同时，网络营销策划首先要做的是营销策划，网络只是营销策划的范围而已。

（二）网络营销策划内容

网络营销策划是一个大概念，它其实可以分解成很多模块和内容。一般来说，网络营销策划主要可分成以下几大模块：

（1）网络营销盈利模式策划：主要解决通过什么途径来赚钱的问题。

（2）网络营销项目策划：其加上盈利模式就相当于一份商业计划书，主要解决我们是谁，我们做什么，我们的核心优势，我们靠什么赚钱，我们的目标是什么，我们应该怎样实现目标等一些宏观层面的问题；同时需要将具体的行动编制成甘特图，也就是行进路线和进度控制。

（3）网络营销平台策划：是策划建设网站，还是借助第三方平台来做？这个和模式需要相匹配。网站怎么规划？从结构逻辑、视觉、功能、内容、技术等方面怎么去规划？

（4）网络推广策划：包括网站怎么推广，品牌产品怎么推广，怎么广而告之，怎么吸引目标客户，通过什么手段来传播推广，有什么具体的操作细节和技巧，怎么去执行等。

（5）网络营销运营系统策划：其实，从系统层面来说，网络营销策划就包括上面几个模块，因为在具体的网络营销运营过程中，要动态平衡，专题策划。比如，某网站的销售力差、转化率低，那就形成了以转化率为核心的网站销售力策划，但是这其实在网站平台策划中就包含了。而网络推广策划就可以形成以单一传播形式为核心的策划，如博客营销策划、软文策划、网络广告策划、SEO策划、论坛推广策划，也可形成以主题为核心的阶段性整合传播策划，将各种网络传播渠道集中加以利用。

另外，在网络营销运营过程中，数据分析是一个非常重要的模块，可理解为"为了达成提升公司网络营销效率的目标而进行网络营销数据统计、分析、比对、解构和总结"的网络营销数据分析策划。

五、网络营销策划体系

网络营销策划体系包括定位系统、推广系统、展示系统（即营销平台）、销售系统，主要解决以下问题：

（一）网络营销定位（盈利模式、目标人群、地域、关键词、习惯）

盈利模式主要有三种：线上推广-线下销售、线上推广-线上销售以及线上推广-线上线下销售。目标人群的定位，包括对购买者的性别、年龄、职业、收入、受教育程度、购买习惯等消费行为的相关分析和预判。

（二）营销型网站的策划

网络营销的4S标准，即进行网络营销必须要遵循的四大核心原则：①产品功效和客户利益点；②权威可信度，包括第三方认证；③性价比优势；④沟通和购买的便利性。

六、网络营销策划方案

网络营销策划方案主要包括以下内容：

（1）网络营销战略整体规划：市场分析、竞争分析、受众分析、品牌与产品分析、独特销售主张提炼、创意策略制定、整体运营步骤规划、投入和预期设定。

（2）网络营销的营销型网站规划：网站结构、视觉风格、网站栏目、页面布局、网站功能、关键字策划、网站SEO、设计与开发。

（3）网络营销传播内容规划：品牌形象文案策划、产品销售概念策划、产品销售文案策划、招商文案策划、产品口碑文案策划、新闻资讯内容策划、各种广告文案策划。

（4）网络营销整合传播推广：SEO排名优化、博客营销、微信营销、微博营销、论坛营销、知识营销、口碑营销、新闻软文营销、视频营销、事件营销、公关活动等病毒传播方式。

（5）网络营销数据监控运营：网站排名监控、传播数据分析、网站访问数量统计分析、访问人群分析、咨询统计分析、网页浏览深度统计分析、热门关键字访问统计分析。

（6）网络营销的可视化与互动性。现代社会新事物不断涌现，在这种趋势的影响下，消费者的消费心理已慢慢改变，使得传统营销方式稳定性降低，企业开始寻找和社会同步的营销方式。消费者消费心理的改变给了其他营销方式一个发展的机会，网络营销成了企业的另一种营销手段。网络营销已成为企业实现盈利的必经之路，网络的可视化与互动性，使企业的品牌变得更加突出，品牌意义同时得到提升。

七、网络营销策划注意事项

（一）倾听客户

网络营销策划服务的基本出发点是满足顾客需求，它们的站点设计的共同特点之一就是便于顾客使用，这使顾客能够直接给企业反馈信息。顾客能告诉企业某种产品是否适应市场需求，或他们希望产品做哪些具体的改进等。很多企业发现顾客直接反馈系统能激发工作人员最好的创意，促使提高产品质量。供应商、零售商、顾客应是整个营销过程的重要参与角色，由此可形成一个互动的系统。

（二）循序渐进

应将每一种服务和产品都视为一个多步骤、循序渐进的过程，而不是一蹴而就的事。这要求每天都要对站点进行不断的改进，如更换图形、修补破损的链接，改正拼写错误等。从这些小事做起，使站点不断完善。同时，顾客也会赞赏企业所做的这些持续的努力。

（三）密切注意变化

企业设立站点最初的一个原因就是要减少电话服务，但顾客仍然可能会打电话，就一个技术细节或比较棘手的问题咨询技术服务部门。顾客通过了解网络站点的信息，对服务的要求与以前相比已大大不同了——他们对产品的知识基础、信息需求的水平都大大提高了。公司要适应各种需求的增长，无疑也应不断地积累、增长自身的知识。

（四）灵活性

网络媒体允许企业不断地完善和扩展它的内容，可以一步一步地扩展，而不必也不可能一下子就尽善尽美，可以有较大的灵活性。

（五）应急支持计划

应将开发、运送、培训的部门都包括到网络顾客服务支持小组中来。如果他们都不知道网络服务是怎样运用的，就无法通过网络工具帮助顾客。同时还要考虑到某种灾难性事件发生的可能性：如果每天有 10 000 个顾客利用站点要求获得帮助，可是有一天系统突然出现故障，怎么办？所有企业都要保证有一个应急的支持系统，支持在线数据库分析系统或其他解决问题的方法。

（六）做到先知先觉

随着科学技术的发展和网民数量的激增，网络在人们的日常生活中扮演着越来越重要的角色；同时，网络营销推广也凭借其诸多优点正在逐渐成为最重要、最有效的营销推广方式。据网络策划人段中洋统计，在国外，80%的个人和企业都选择网络媒介进行营销推广，并从中获得了极好的效果。而在中国，选择"网络营销"的企业和个人只有 7%～8%，不到国外的十分之一，但仅仅在这选择了网络营销的"十分之一"中，就有多半的企业、个人因为网络营销的强大力量，得以在与对手的竞争中崭露头角、赢得商机。随着网络影响的进一步扩大，随着人们对于网络营销理解的进一步加深，以及越来越多出现的网络营销推广的成功案例，人们已经开始意识到网络营销的诸多优点，并越来越多地通过网络进行营销推广。

视频 8-2

网络营销竞价模式

▶▶▶▶▶▶▶ 【阅读材料8-1】网络营销发展前景

2018年8月20日，中国互联网络信息中心（CNNIC）在京发布第42次《中国互联网络发展状况统计报告》。截至2018年6月30日，我国网民规模达8.02亿人，互联网普及率为57.7%。

一、基础资源保有量稳中有升，资源应用保持增长态势

截至2018年6月，我国IPv6地址数量为23 555块/32，半年增长0.53%。自2017年11月《推进互联网协议第六版（IPv6）规模部署行动计划》发布以来，我国运营商已基本具备在网络层面支持IPv6的能力，正在推进从网络能力到应用普及的转变。中国国际出口带宽为8 826 302Mbps，半年增长率为20.6%，网民上网速度更快，跨境漫游通话质量更佳，网络质量更优。同时，移动互联网接入流量和App数量均在2018年上半年实现显著增长。

二、中国网民规模超8亿人，互联网普惠化成果显著

截至2018年6月，我国网民规模达8.02亿人，互联网普及率为57.7%；2018年上半年新增网民2 968万人，较2017年年末增长3.8%；我国手机网民规模达7.88亿人，网民通过手机接入互联网的比例高达98.3%。我国互联网基础设施建设不断优化升级，网络扶贫成为精准扶贫的工作途径，提速降费政策稳步实施，推动移动互联网接入流量显著增长，网络信息服务朝着扩大网络覆盖范围、提升速度、降低费用的方向发展。交通、环保、金融、医疗、家电等行业与互联网融合程度加深，互联网服务呈现智慧化和精细化特点。

三、互联网理财使用率提升明显，市场规范化、有序化发展

我国互联网理财使用率由2017年年末的16.7%提升至2018年6月的21.0%，互联网理财用户增加了3 974万人，半年增长率达30.9%。我国互联网理财用户规模持续扩大，网民理财习惯逐渐得到培养，资管业务打破刚性兑付，有效降低金融机构业务风险，减少监管套利，同时进一步促进机构主动提升管理能力，推动互联网保本理财产品向净值型理财产品加速转化。货币基金发行放缓，促使互联网理财市场朝着合理规范化方向发展。

四、电子商务与社交应用融合加深，移动支付使用率保持增长

截至2018年6月，我国网络购物用户和使用网上支付的用户占总体网民的比例均为71.0%，网络购物与互联网支付已成为网民使用比例较高的应用。一方面，电子商务、社交应用、数字内容相互融合，社交电商模式拓展了电子商务业务。在此基础上，电子商务总体保持稳定发展，在协调供给侧结构性改革、拉动就业、助力乡村振兴等方面发挥了重要作用。另一方面，绝大多数支付机构接入网联，提高了资金透明度和网络支付的安全性，手机网民中使用移动支付的比例达71.9%。

五、互联网娱乐健康发展，短视频应用迅速崛起

2018年上半年，网络娱乐市场需求强烈，相应政策出台，以鼓励引导互联网娱乐生态健康发展。网络音乐原创作品得到扶持，网络文学用户阅读方式多样，网络游戏类型的多样化和游戏内容的精品化趋势明显。短视频应用迅速崛起，74.1%的网民使用短视频应用，以满足碎片化的娱乐需求。与此同时，网络文化娱乐内容进一步规范，网络音乐、网络文学版权环境逐渐完善，网络游戏中违法违规内容得到整治，视频行业构建起以内容为核心的生态体系，直播平台进入精细化运营阶段。

六、共享出行用户高速增长，市场资源得到进一步整合

2018年上半年，分别有30.6%、43.2%和37.3%的网民使用过共享单车、预约出租车、预约专车/快车，用户规模较2017年末分别增长了11.0%、20.8%和26.5%。共享单车市场由2017年年末的二强争霸重回多强竞争格局，单车企业尝试通过多种方式拓展营业收入来源，并开始提供免押金服务以规避风险。网约车行业出现跨界融合现象，平台企业围绕出行服务领域进行全面化布局，由单一业务开始向平台化生态拓展。

七、近六成网民使用在线政务服务，政府网站集约化进程加快

截至2018年6月，我国在线政务服务用户规模达到4.70亿人，占总体网民的58.6%，有42.1%的网民通过支付宝或微信城市服务平台获得政务服务。首先，政府积极出台政策推动政务线上化发展，打破信息壁垒，构建全流程一体化在线服务平台，建设人民满意的服务型政府；其次，各级政府网站集约化程度明显提升，全国政府网站总数为19 868个，较2015年第一次普查时缩减70.1%；最后，各级党政机关和群团组织等积极运用微博、微信、客户端等"两微一端"新媒体，发布政务信息、回应社会关切、推动协同治理，不断提升地方政府信息公开化、服务线上化水平。

八、信息领域新兴技术取得重要进展，产业应用稳步推进

2018年上半年，我国量子信息技术、天地通信、类脑计算、人工智能、超级计算机、工业互联网等信息领域新兴技术发展势头向好。我国在量子芯片、量子编程、量子软件等方面均有布局；天地信息网络一体化进程加快；具备自主知识产权的类脑计算芯片产品得以推出；人工智能在线下零售店、家庭儿童教育、养老陪护、家务工作、医疗健康、投资风控等多种场景迅速落地；超级计算机在自主可控、峰值速度、持续性能、绿色指标等方面实现突破；企业信息系统进一步向云平台迁移，工业互联网平台快速发展。

资料来源　佚名. 2018年上半年中国互联网发展趋势八大特点分析［EB/OL］.［2018-08-21］. http://www.askci.com/news/chanye/20180821/0948421129453.shtml.

>>>>>>技能训练8-1　成功的网络卖家营销创新创意的调研与分析

三只松鼠和裂帛，都是近年来在淘宝上大获成功的"小"卖家，它们在网络营销的创新创意上超凡脱俗、技高一筹。请对这两家网店开展网络调研，对它们的营销手法进行分析评估。

>>>>>>技能训练8-2　产品目标用户及网络市场调研

请选择一个你在网络创业时最感兴趣的产品市场，如服装、茶叶、土特产等，通过电子商务平台、搜索引擎、论坛等途径对目标市场进行网络调研。

>>>>>>技能训练8-3　产品独特卖点的分析和提炼

　　请选择一个你在网络创业时最感兴趣的产品市场，如服装、茶叶、土特产等，在前面目标市场的定位和选择的基础上，对自己企业产品的独特卖点进行提炼。

<<<<<<<

本章小结

　　网络营销就是以国际互联网络为基础，利用数字化的信息和网络媒体的交互性来辅助营销目标实现的一种新型的市场营销方式。简单来说，网络营销就是以互联网为主要手段进行的，为达到一定营销目的的营销活动。网络营销的优势就是超越时空、低成本、实时互动沟通、服务个性化、容易实现5C策略、方便地获取商机和决策信息、多媒体展示、丰富的促销手段、具有扩展性、信息透明化、长尾效应显著等。

思考题

1.什么是网络营销？网络营销有哪些功能？

2.网上市场调研问卷包括哪些部分？每部分又由哪些内容组成？

3.网络商务信息发布的常用方法有哪些？

4.站外推广方式有哪些？总结出各自的特点。

5.淘宝网有哪些常见的平台推广方式？

6.如何理解网络营销产品整体概念？怎样塑造网络品牌？

第9章　电子商务网店运营与管理

□ 学习目标

1.掌握电子商务网店运营的基本流程和内容；

2.掌握电子商务网店推广和日常管理的方法；

3.了解电子商务网店运营平台的规则和发展前景。

□ 引导案例

"90后"开淘宝网店的成功案例

1995年出生的毛毛，早在大三的时候就利用业余时间开了个网店，产品主要定位在走甜美路线的青春时尚服饰。在毕业时，毛毛店里每天都能接到20宗左右的订单，两年时间已经积攒了不少"老客户"。当年，读电子商务专业的她还找到了一份在IBM的体面工作，但她心里始终放不下网店，于是毅然辞职，全身心投入到网店经营中。这位刚毕业的小姑娘就当上了老板，很快就请了一名员工，专门负责与买家在网上洽谈，提供咨询服务。毛毛的目标很明确，她抓住了与供应商开展促销活动的契机，使网店的业务量迅速提升，从蓝钻一步步突破，如今已经成为"四皇冠"的实力卖家，好评度保持在99%以上。目前，她采用了公司的运营模式，设计、推广、客服、查件、售后、批发以及投诉等岗位都安排专人负责。

2018年，毛毛的网店又开始扩招员工，她面试了近10名应聘者。记者了解到，如今该店的经营已步入正轨，如网店页面的设计和更新由专门的技术人员负责；原来由毛毛一手经办的进货等环节，已交由采购员专职负责。此次招聘是由于仓库扩大，需要增加人员管理。毛毛本人则主要参与营销、活动策划等。

毛毛认为，网店涉及方方面面，但核心竞争力还是产品本身。随着行业的逐渐规范及商业化，若产品本身款式、质量等条件过硬，就不用担心卖不出去。毛毛告诉记者，为了使自己的产品更有价值，80%的产品都是特色商品，是经专门设计好模板后交由厂家生产的。同在深圳的阿雪也是一名成功的网上卖家。阿雪也是在2016年开网店的，其创办的网上店铺"绝色衣仙子"目前在淘宝网上成交量近7万件，好评度为99%。阿雪认为，产品是最重要的，经营网店对人的最大要求则是"嗅觉敏感"。

毛毛特别注重节日、大型促销活动及换季"上新"等环节，她笑言本科所学的计算机专业知识使她获益良多，因为她的思维模式比较系统和具有逻辑性，在网店的经营和统筹方面特别有优势。记得在2017年网站女装"双十一"的活动中，毛毛提前一个月就开始进行活动预热，以一件月销量3 000件的衣服为例，原价80元，"狠"推五折优惠还包快递。已经买了相同产品的老客户投诉怎么办？毛毛的团队考虑到了这些细节问题，他们还提供了退货服务。毛毛告诉记者，有时候"做生意亏一点没关系，最重要的是网店的总体流量大了好多"。因为许多网购人士都有这样一种购物心理：购物时为了避免浪费邮费，通常会同时选择多件产品。

资料来源 佚名．80后女孩把握商机，开网店创业，月入十几万［EB/OL］．［2018-08-08］． https://baijiahao.baidu.com/s？id=1608199151403361011&wfr=spider&for=pc.

9.1 电子商务网店运营

（一）准备工作（注意：身份证、银行卡、照片都要是同一个人的）

（1）准备一张年满18周岁的身份证。

（2）注册一个淘宝账号，如果你之前在淘宝买过东西，已经有淘宝账号了，就不需要再注册了，可以直接用来开网店。

（3）准备一张开通网上银行功能的银行卡，如果没有开通，就带着银行卡和身份证去银行柜台开通网上银行功能。

（4）准备三张照片，分别是：自己的上半身照、身份证的反面照、手持身份证正面的上半身照。

（二）详细步骤（如果你已经有账号了就可以跳过注册账号部分）

1.打开淘宝网。

2.单击"卖家中心"。

3.单击"免费开店"。

4.填写实名认证信息。

（1）账号名：默认是你的淘宝会员名。

（2）真实姓名：填自己身份证上面的名字。

（3）身份证号码：填自己身份证号码。

（4）联系方式：固定电话或者手机至少填一项。

（5）身份证类型：看自己是属于哪一代的身份证。

（6）身份证正反面：上传已经拍摄好的身份证正反面

（7）身份证到期时间：见身份证反面。

（8）常用地址：写身份证上面的地址。

（9）填好后点"下一步"即可。

5.之后，要继续完成身份认证即上传认证照片。

6.等待照片审核（需要1个工作日左右）。审核完成后，点击"下一步"。

7.进入完善店铺信息流程，等待10秒后点"同意"按钮。

8.填写以下店铺信息（按自己的产品信息填写，以后可以改）：

（1）登录名/昵称：这个是自己之前设置的淘宝会员名，也就是阿里旺旺会员名。

（2）店铺名称：淘宝会员名不能改，但是店铺名以后可以改。

（3）店铺标志：这个就跟自己的QQ头像一样，不过淘宝对大小和格式有规定，可以上传能表现店铺特色的图片或Logo。

（4）店铺类目：设置店铺类目，例如，如果是卖手机的话，就要设置成手机类目。这个设置了以后也是能修改的，就是说以后不一定是主打卖手机。

（5）店铺简介：可以简单地介绍一下自己想卖的宝贝，或者对以后店铺做简单的介绍。

（6）经营类型：可以按自己的实际情况填写。具体类型有：①个体全职，是没有其他的工作，只经营自己的淘宝店铺；②个体兼职，是除了经营淘宝，还有其他的工作；③公司开店，即非个体的团队管理模式。

（7）联系地址：这个可以写所在经营地的地址。假如你在北京的某个地址经营淘宝店铺，就可以写这个地址。

（8）邮政编码：写所在经营地的邮政编码。

（9）店铺介绍：可以多放一些照片或图片，不一定要单纯的文字。这样买家会感觉到你的店铺非常正规，但切记不要堆砌图片或是文字，要给人页面整齐的印象。图片的量以不影响载入速度为准，不要让买家感到载入你的页面有延迟。

（10）主要货源：看自己是在哪里拿货，或者自己做，按要求填写好就行。

（11）是否有实体店：如果在现实生活中开店，然后准备在淘宝上销售，就可以点"是"，反之点"否"。

（12）是否有工厂或仓库：如果在线下有自己的工厂或者仓库，然后在淘宝上销售，就可以点"是"，反之点"否"。

（13）填完了以后点"保存"，即可完成填写。

完成以后，最下面的店铺地址要牢记。

9.2 网店定位及网店商品发布

一、网店定位

（一）网店产品定位

店铺80%的产品注定是配角，要很快分清楚哪些产品是"精英"，哪些是"炮灰"。对于那些"炮灰"产品，打折、引流、赠品等方式全都要用到。主打产品不要轻易降价，要保留充足的库存，好的口碑，详尽的描述，不错的毛利，所有产品都要尽可能向它们引流。

（二）网店推广策略

当你明白了哪些是你需要精心维护的地方，其余的便可以舍弃。你可以将"炮灰"产品三天两头打折，许多时候不是不能成功，而是不知道自己需要放弃什么，突出什么，维护什么。如果用力太平均，就会导致资源分散，一切都很平庸。只要不伤及筋骨，许多商品销量差点、流量差点，根本无所谓。打折促销引流就是，流量来了就拼命往主打产品上面关联。最保守的估计，用10个"炮灰"就能够给1个主打产品创造机会。

（三）网店价格定位

经商有风险，没有人做生意能稳赚不赔。不是所有产品都能赚钱，不是所有产品都值得精心维护；绝对不能将所有产品一概而论，更不能一视同仁。在这方面，必须首先定位，找出自己需要培养的产品，然后下一步需要思索的是：如何牺牲那些"炮灰"角色来换回主打产品的上位。

（四）网店店铺定位

店铺只能有一个定位，不能风格多变，不能奢求所有人都喜欢。如果什么客户都想获得，最终只会表现平平。店铺的风格定位是一种取舍，为了获得一部分客户，就必须要果断地放弃另一部分客户。缺点太多，难以全部完善，所以只能尽力发挥长处，而不是费时费力地补充短处。扬长永远比避短有效。

（五）网店产品描述

产品的描述也要遵从"二八定律"，只要将其中的20%说明白，让顾客领悟并认可就够了。产品描述要使用聚光灯的模式，周围一片漆黑，然后聚焦产品的最独特卖点。理解这种残缺，这种不完美，才能集合店铺的资源优势，打造出一个拳头产品。

二、网店商品发布

网店注册成功之后，接下来要做的就是将商品上传并发布。通常发布10件及10件以上商品，店铺就可以正常营业了。商品发布的操作流程如下：

（1）登录淘宝，点击"卖家中心"。

（2）在"卖家中心"首页点击左侧菜单栏中的"宝贝管理"，在子菜单中，点击第一个"发布宝贝"。

（3）点击"一口价"，在出现的页面中，根据需要发布的宝贝类型，选择宝贝类目。选择完成后，点击"我已阅读相关内容，现在发布宝贝"。

视频9-1

淘宝关键词选词办法

（4）接下来，就根据提示填写宝贝基本信息，必须如实填写，带"*"号为必填项目。

（5）宝贝基本信息填写完成后，接下来就是宝贝图片的发布。

（6）图片上传完成，就应该填写宝贝描述和物流信息等。根据提示，填写完整就可以了。

（7）最后，点击"确认"，就大功告成了。

9.3 网店店铺装修

一、网店店铺装修中店招设置的具体步骤

现在的网店店铺装修分电脑端和手机端，我们按照步骤进入【卖家中心】-【店铺装修】选择手机端和电脑端，进入装修页面。

电脑端店招设置方式：在"布局管理"中将左侧店铺招牌模块拖动到右侧模块中，再回到"页面编辑"，将鼠标移到店铺招牌模块上会出现"编辑"按钮，进入编辑页面，可选择"默认招牌"，在此处上传图片做背景，也可选择自定义模式插入图片。提醒：高度不超过120像素，如图9-1所示。

手机端店招设置方式：鼠标点击店铺招牌进入设置页面，再点击上传店招进行图片上传，最后点击发布。提醒：图片尺寸750×580，大小在400KB左右，支持jpg和png格式，如图9-2所示。

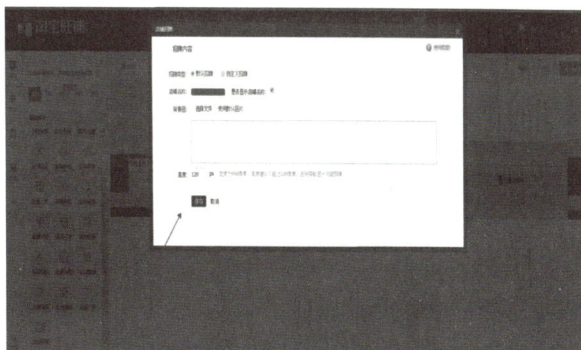

图 9-1　默认招牌

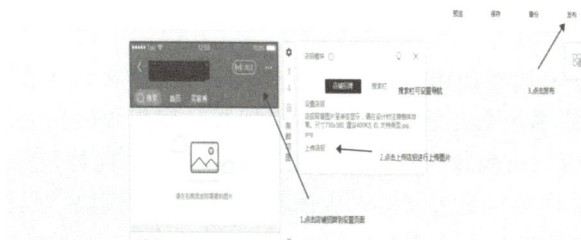

图 9-2　店招设置

二、网店店铺装修导航栏位置及编辑步骤

店铺装修导航栏请进入【卖家中心】-【店铺装修】，可选择手机端和 PC 端进行装修。

1.电脑端：鼠标移到导航，点击"编辑"，对导航栏中的宝贝分类进行设置后保存、发布，如图 9-3 所示。

图 9-3　电脑端编辑宝贝

2.手机端：进入手机端装修页，点击店招的编辑，可对店招图片和搜索栏进行编辑，编辑后保存、发布，如图9-4所示。

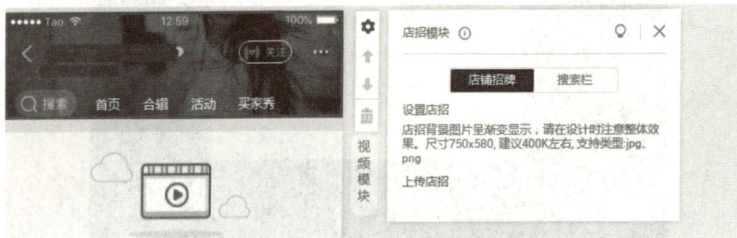

图9-4　手机端店招的编辑

三、店招的制作

店铺招牌是旺铺所有版本通用模块。所不同的是：扶植版、标准版店招的高度可以调整，区间为100～150像素，宽度是950像素；拓展版、旗舰版店招的高度可以调整，区间为0～200像素（拓展版、旗舰版店招可删，用"自定义区"代替）。

店招是店铺第一屏内容，是买家进入店铺看到的第一个模块，是打造店铺品牌也是让买家瞬间记住店铺的最好阵地。现在店铺的店招一般都走两个路线，比较好的店招都是和促销区呼应的，特别是风格和颜色。

第一个路线，是传统性的店招，通过掌柜的用心装修而强调品牌，如图9-5所示。

图9-5　传统性店招

第二个路线，是非传统性的店招，完全和促销区或者左侧栏融为一体，如图9-6所示。

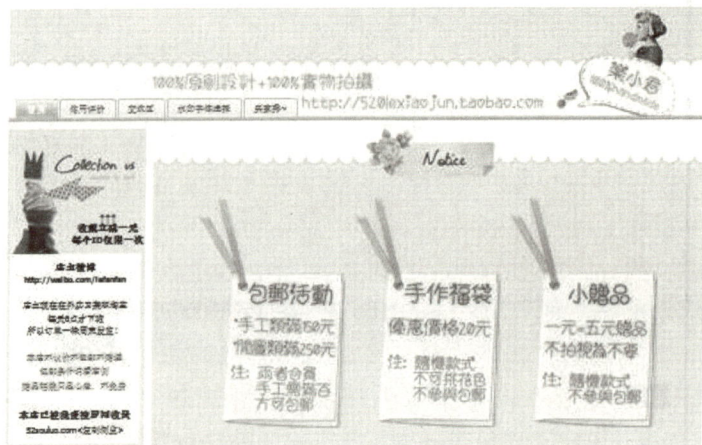

图9-6　非传统性店招

如何添加店招呢？操作步骤如下：点击【我是卖家】-【店铺装修】，在弹出的窗口中可以更换现有背景图，也可以直接点击"在线编辑"。点击"在线编辑"后会自动跳转到 banner maker 页面，挑选自己心仪的店招，然后点击"开始制作"，如图 9-7 所示。

图 9-7　添加店招

点击"预览/保存"按钮后，便可以输出修改好的店招，最后点击"应用到店招"，如图 9-8 所示。

尺寸：950x150

➡ 应用到店招

图 9-8　店招制作

页面会跳转到店铺装修后台，点击"发布"即可。

9.4　网店日常运营及商品管理

一、网店日常运营人员配置

网店日常运营组织架构如图 9-9 所示。

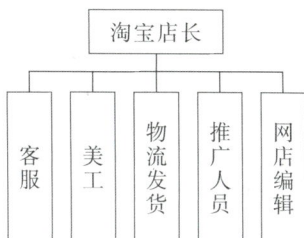

图 9-9　网店日常运营组织架构

二、网店日常运营人员工作内容

（一）淘宝店长

淘宝店长的主要工作内容如下：

（1）负责网店整体规划、营销、推广、客户关系管理等系统经营性工作。

（2）负责网店日常改版策划、上架、推广、销售、售后服务等经营与管理工作。

（3）负责网店日常维护，保证网店的正常运作，优化店铺及商品排名。

（4）负责执行与配合公司相关营销活动，策划店铺促销活动方案。

（5）负责收集市场和行业信息，提供有效应对方案。

（6）负责制订销售计划，带领团队完成销售业绩目标。

（7）负责客户关系维护，处理相关客户投诉及纠纷问题。

（二）客服人员

客服人员的主要工作内容如下：

（1）通过聊天软件，耐心回答客户提出的各种问题，愉快地达成双方的交易，处理订货信息。

（2）熟悉淘宝的各种操作规则，处理客户要求，修改价格，管理店铺等。

（3）解答顾客提问，引导顾客进行购买，促成交易。

（4）为网上客户提供售后服务，并以良好的心态及时解决客户提出的问题，满足客户的需求。

（5）配合公司淘宝店铺和独立网站的推广宣传，在各种群和论坛发帖宣传、推广店铺。

（三）网店美工

网店美工的主要工作内容是PS合成、调色及抠图，具体包括：①负责网络店铺视觉规划、设计，以及产品描述工作；②负责网站产品和模特后期图片的处理和排版。

网店美工的应聘要求如下：

（1）爱好设计，对设计有天生的感觉，追求完美。

（2）具有网页美工设计能力和平面设计能力，具有一年以上的工作经验。

（3）熟悉淘宝货品上架、宝贝编辑等功能。

（4）熟悉Dreamweaver、Photoshop等相关设计软件。

（5）有良好的团队合作精神，有耐心，做事认真、细心、负责，诚实可靠，能承受一定的工作压力。

（6）熟练编写DIV/CSS者优先。

（四）网店编辑

网店编辑的主要工作内容如下：

（1）负责网店产品上架和下架的相关工作。

（2）负责网店产品的宝贝描述文字和配图文字的撰写。

（3）负责促销活动文案的构思和撰写。

（4）负责网店产品标题的编辑和修改等。

（五）配送人员

配送人员的主要工作内容如下：

（1）负责商品进库、出库，发货包装。

（2）准确无误地核对面单与商品货号、数量等。

（3）登记商品出库记录。

（4）定期对库房进行盘点。

三、网店日常运营规划

（一）店铺的上线及日常管理

（1）确定店铺的整体风格，做好各个区域的美工工作。

（2）细化买家须知内容，尽量做到顾客可以自主购物。

（3）美工负责将待售产品的图片做好处理，编辑配置好相关的文案说明。

（4）编辑好各个产品的标题、宝贝描述，核实价格及库存信息后，全部上架。

（二）营销活动

（1）首先确定3~5款主打产品，以后历次活动优先考虑这几款产品的报名，以此吸引客户，做好关联销售。

（2）配合淘宝的新店铺的推广活动，做好开店营销活动，全场折扣，设置好VIP折扣价格。

（3）设置淘宝客、聚划算等活动，以此引进流量。

（三）售后支持

委任有经验的、沟通能力强的客服担任售后工作。同时，细化各种售后问题，作为应对方案。比如，安抚客户的不满情绪；不同情况对客户的损失如何补偿；快递丢件如何索赔，如何追件；其他相关售后问题。

（四）配送及仓库管理

（1）仓库管理人员要及时核对库存信息，和编辑保持沟通，避免店铺出售状态的产品实际无货情况的出现，对缺货产品及时下架处理。

（2）发货周期为一天一次；除有活动订单较多的情况外，订单一般要在24小时内发出，最迟不超过48小时；如果遇到缺货或其他问题不能及时发货的，及时通知客服，联系客户沟通，做好换货或退款事宜，极力避免缺货没有及时和客户沟通导致客户严重不满的情况出现。

视频 9-2

钻石展位推广

9.5　网店运营的推广方法

在中国互联网不断发展的今天，网上购物已经逐渐成为越来越多人生活的一部分。淘宝网作为我国当前网络购物的最大网站之一，在影响着消费者生活的同时也在影响着人们赚钱的方式，淘宝网店开始成为一种潮流。淘宝网店的运行主要依靠源源不断的流量，如何有效推广自己的网店是当前淘宝网店运营面临的一大挑战。

一、淘宝网店店内推广运营要点

（一）淘宝网店要重视对商品基本信息的推广

网络消费占社会消费品零售总额的20%左右，淘宝网现在的职业卖家成为我国电子商务的主导者之一。很多网店卖家，虽然辛苦经营，但并没有得到应有的收获，而且每天都有近万家网店处于停运或者倒闭状态。相对于传统的零售方式，淘宝网店的商品是通过网页的形式来陈列的。顾客在淘宝网店中对商品的了解主要通过店主对商品名称和商品照片的描述，因此，商品基本信息的介绍是淘宝网店运行的基本推广手段和运营攻略。顾客对淘宝商品的搜索很多时候是靠关键词完成的，淘宝网店可有效利用关键词来促进网店浏览量的提升。在编辑商品名称时，在一定限制的字符容量中尽可能地对更多的关键词加以选用，通过扩大消费者关键词搜索范围促进网店商品被发现概率的提高。一般来说，属性、品牌、评价等都是编辑商品必不可少的关键词。在对商品进行描述时，网店应对商品的优势和价值详细说明，比如商品的型号、生产加工工艺、交易、配送说明、服务保障等，从而打消消费者网购看不到实物的疑虑。在商品的图片编辑中，应尽可能地还原产品原貌，多向消费者展现产品细节，同时做到画面美观，刺激消费者视觉，提高消费者的购买欲。

（二）合理地调整网店商品上下架时间，积极跟进老顾客

淘宝流量高峰期的时间段据统计主要有三个：上午9点至11点，下午2点至5点，晚上8点至11点。所以，淘宝网店店主首先应对宝贝上下架时间进行合理调整，与淘宝流量高峰期时段保持一致，这样就能使网店商品获得更多的展现机会。其次，淘宝网店应做好对老顾客的跟进，对淘宝店铺来说，老顾客是最省时省力的推广群体，因为双方通过曾经成功的交易已经获得彼此的信任。淘宝直通车在买家进行点击后才开始扣费，在此之前的推广均为免费，扣费多少与买家点击量成正比，卖家可根据预算自由对推广价值进行设置。通过淘宝直通车对网店进行推广，一方面能够促进店铺宝贝曝光率的提高，另一方面可以通过精准的搜索匹配对潜在买家进行有针对性的锁定。淘宝店家可对淘宝直通车的推广功能在不同经营阶段选择性采用，对每天因点击而产生的费用上限进行设置，即可保证推广产生的费用不超过预期，为网店带来新的订单。因此，淘宝网店可以通过信息设置等定期向老顾客传递祝福、促销信息及新品上新等信息，对店铺的热情和关心进行传递，促进顾客忠诚度的提高。

（三）利用聊天平台、VIP会员制、各种促销、赠品等进行推广

首先，在淘宝网店购物的买家一般都会通过阿里旺旺等即时聊天工具与商家进行交流，淘宝网店可以通过对聊天工具的一些设置来展开日常的推广宣传。例如，商家可以在离开电脑时设置阿里旺旺自动回复，在回复中补充说明新品信息、促销信息等引起顾客关注，同时也可以缓解顾客等待答复时的焦虑；也可以对买家建群，通过群发布店铺最新信息，了解买家最新购买动向。其次，淘宝店铺可以根据买家的购买金额力度等设置VIP会员制。从营销学的角度来看，只对会员实施折扣优惠这种不平等对待游戏规则能够被大众普遍接受，且能够让买家产生优越感和优惠感，从而调动买家的再次购买欲。VIP会员制可以根据买家的购买金额来对级别进行设置，且将这种设置信息在店铺显眼处详细公告，所有达到标准的顾客都可享受VIP会员制中的相应折扣。除此之外，淘宝店铺可以根据店

铺经营情况、节假日情况进行各种促销活动，如限时打折、搭配套餐、秒杀、包邮等都可以促进店铺浏览量和成交量的提高，同时帮助淘宝店铺提升更多信誉。

（四）通过淘金币来推广店铺宝贝

淘金币是淘宝网的虚拟积分，卖家在购买商品后往往可获得一定数目的淘金币。当店家对淘金币模式进行设置后，买家在购买商品时即可通过淘金币抵扣加现金方式进行。淘金币平台可以说是品牌折扣换购中心，几乎淘宝全网的积分体系都被淘金币所覆盖，它的使用率可谓是淘宝积分体系中最高的。淘金币对于买家来说是一种折扣优惠，买家还可以通过淘金币兑换页面对自己喜欢的宝贝加以挑选并通过淘金币来兑换或者享受优惠。对于卖家来说，淘金币是一个很好的运营推广平台。淘金币用户通常都已经拥有两星或更高信用等级，这些人是淘宝购买力度最大也最活跃的人群，因此，通过淘金币平台可以为淘宝网店带来更多更优质的潜在买家。此外，淘金币平台还可以对店铺商品进行展示，提高店铺品牌或商品的曝光率，促进店铺形象和口碑的提升，且通过淘金币平台进行七天活动的时段内，能够缩短店铺打造爆款的时间，促进店铺流量和全店营销额的提升。

（五）通过淘宝帮派打造店铺影响力

淘宝帮派是立足类似需求基础而将买家和卖家聚集起来的淘宝站内平台。网店可以通过对帮派的利用来拓展人脉，促进自身或店铺影响力的增加。目前，淘宝里面有很多帮派，有些帮派会不定期举行拍卖，同时会进行发帖送店铺商品宣传册等，使买家在收到商品后能够对店铺有更多了解。

二、淘宝网站站内推广运营手段和攻略

（一）通过淘宝直通车对店铺进行推广

作为淘宝网站站内常见推广工具，淘宝直通车是淘宝为淘宝卖家运行推广专门定制的功能，可用于各个级别的卖家。进行竞价付费后，淘宝网店卖家即可在淘宝搜索网站展示网店商品。其操作十分简单，卖家只需登录淘宝直通车，对店内需要推广的宝贝添加必要的关键词、类目及推广标题等即可。当然，为了吸引更多客源，网店直通车宝贝在对关键词进行设置时必须要足够热门、贴切。淘宝店铺可以多参加帮派举行的各种活动，积攒人脉的同时拉动店内人气。淘宝店铺可在帮派发布适合大众的性价比较高的商品来吸引帮派成员，在帮派中做好拍卖宝贝页面和商品促销广告，如限时打折、包邮、满送等，吸引顾客进入淘宝店铺，并引导顾客对店铺其他商品进行购买。另外，在推广网店的各种手段和攻略中，赞助帮派活动是比较便捷便宜的方式，可以将店铺的商品作为帮派活动的赞助品，借助这一机会在帮派里打广告，促进店铺商品的推广。店铺还可以通过帮派与新老顾客加强互动，增加店铺与买家之间的黏性，从而巩固网店顾客群和人气。

（二）通过友情链接、加入消费者保障等来运营推广

淘宝店铺页面的左下位置处设置有"友情链接"，通常可以加入35个店铺链接，卖家可以通过与其他卖家来互换友情链接使彼此出现在对方店铺页面中来增加顾客流量。友情链接中的店铺在经营内容上应以互不冲突为原则，同时彼此有一定关联性，顾客群比较相近，这样顾客才会感兴趣点击进入友情链接店铺。此外，淘宝店铺还可以通过加入消费者保障来进行运营推广。在淘宝的首页搜索中，前几十页的店铺一般都是加入消费者保障的店铺，没有加入消费者保障的话很难被买家搜索到，加入消费者保障也可以使买家对卖家

店铺的可信度有所提高。

（三）淘宝客推广

这种模式是专门针对卖家淘宝网站以外的推广而开设的，通过淘宝客宣传后可以收获淘宝网以外的流量和人力，吸引更多的顾客，而且通过淘宝客展示商品、获得点击量及推广这些步骤都是免费的，只有在成交后卖家才需要向淘宝客支付佣金，同时卖家还能对佣金比例随时调整，对支出成本进行灵活控制，属于成本低、资源广的一种网店营销推广手段。

在电子商务快速发展的今天，淘宝网店推广手段和运营攻略是每个店铺都必须掌握的技能。合适的网店推广手段和运营攻略能够对网店品牌价值和影响力的提升起到事半功倍之效，淘宝网店必须立足各自店铺的情况，对不同的推广手段和运营攻略进行选择，这样对促进商品成交会有相当大的作用。

三、淘宝外部推广运营手段和广告攻略

（一）通过人脉、论坛加强网店推广

除了店内推广和淘宝站内推广外，淘宝网店还可以充分利用淘宝外部推广手段。首先，在店铺成立初期，卖家可以积极利用人脉关系，将网店推广给亲朋好友等，通过人脉来拓宽店铺潜在客户群，提升店铺初期口碑。其次，淘宝店铺还可以对站外论坛推广加以利用，可以在知名论坛或者专业论坛相关板块发帖，通过帖子宣传自己的店铺，可以让更多的潜在客户群接触到店铺信息。

（二）通过搜索引擎、微博等进行推广

搜索引擎推广主要是买家通过对关键词进行搜索得到店铺名称、地址、经营范围等各种信息的推广方式。通过这种方式，店铺可以获得更多的检索量和更靠前的宝贝展示机会。在微博流行的今天，淘宝网店也可以将微博作为推广领域之一，利用微博发送与产品有关的信息，吸引潜在客户群，利用微博的转发、信息传播快速等优势形成店铺的良性推广。

9.6　网店售后服务

优质的售后服务是品牌经济的产物。当网购经济走入千家万户，成为当今百姓习以为常的消费行为时，网商的售后服务就日益成为人们关注的焦点。其实售后不仅是一种服务，也是一种营销。因此，网店在面对售后服务时，不能只想到纠纷和麻烦，而要通过服务建立起相对稳固的客户关系，同时要积极整合营销资源，实现网店市场营销拓展的目的。

一、树立售后服务观念

（1）售后服务是整个物品销售过程的重点之一。好的售后服务会带给买家非常好的购物体验，可能使这些买家成为你的忠实用户，以后经常购买你店铺内的物品。

（2）做好售后服务，首先要树立正确的售后服务观念。服务观念是长期培养的一种个人（或者店铺）的魅力，卖家都应该建立一种"真诚为客户服务"的观念。

（3）服务有时很难做到让所有用户百分之百满意，但只要你在"真诚为客户服务"的

指导下，问心无愧地做好售后服务，相信一定会得到回报的。

（4）卖家应该重视和充分把握与买家交流的每一次机会。因为每一次交流都是一次难得的建立感情、增进了解、增强信任的机会。买家也会把他们认为很好的卖家推荐给更多的朋友。

二、交易结束及时联系

物品成交后，卖家应主动和买家联系，避免成交的买家由于没有及时联系而流失掉。及时联系买家应该做到：

（1）发送自己制作的成交邮件模板或者旺旺信息，可以包括：银行账号、应付金额、汇款方式等。为了避免收到很多相同金额的汇款而不方便查找，卖家可以加入编号一栏让买家汇款的时候注明，这样就方便查找了。

（2）为了避免冲动性购物的买家流失，"趁热打铁"至关重要，建议物品成交的当天就发出成交邮件。

（3）由于网络有时不稳定，有些买家的邮箱不一定能够收到成交邮件。因此，如果顾客2天内没有回复邮件，卖家可以主动打电话询问是否收到成交邮件或者旺旺留言。

▶▶▶▶▶▶【阅读材料9-1】生鲜电商交易规模破千亿　平台角逐资本、供应链

2018年11月，上海商情信息中心发布《生鲜电商发展趋势报告》，数据显示，从2012年至2016年，生鲜电商市场规模从40亿元猛增至950亿元。2017年，中国生鲜电商市场交易规模约为1 391.3亿元，首度破千亿元，同比增长59.7%。2018年上半年，生鲜电商交易规模为1 051.6亿元。自2012年生鲜电商元年起，各生鲜电商从野蛮生长走向成熟理性，进入深度调整期。

2018年的天猫"双十一"，生鲜商品交易表现抢眼：在"双十一"开抢后仅用29分钟，天猫超市生鲜成交总额就破亿元；"双十一"全天交易额比2017年"双十一"增长136%，持续保持高速增长。

未来，随着行业商业模式优化、供应链体系的搭建以及配送物流效率的提升，生鲜电商平台带来的用户体验将不断提升，渗透率将进一步提高，生鲜消费的线上线下融合愈加紧密，将开拓更多消费场景和创新模式。

在这一领域，阿里巴巴和腾讯均已通过投资的方式深度布局。易果集团董事长兼首席执行官张晔在接受《21世纪经济报道》记者采访时透露，当时接受阿里投资，是因为将生鲜作为零售的一个重要品类。"它不是简单的一个单品销售，而是和整个生态联合在一起，将会变成兵家必争之地。"

生鲜行业最突出的特性，便是刚性需求十分强烈。行业规模虽然很大，但是行业集中度不高，市场也很难形成垄断。相比一些线上渗透率较高的品类，当前生鲜行业面临着错位的局面。新零售的发展，让这个行业更加碎片化，无论是天猫生鲜，还是商超，或者是盒马鲜生和菜市场，需求肯定存在。

因此，对于零售商而言，供应链数字化十分重要。在新零售趋势下，最大的挑战，不仅是零售渠道如何改变，更是供应链产业如何升级，如何满足碎片化、数字化、快速迭代的前端需求。

"宁夏产的枸杞非常好。然而鲜枸杞具有很高的冷藏要求，运输温度必须保持在0°~2°，且需要很快运达。我们与全家一起合作，在24小时内，跨越2 000公里把枸杞送到了上海。"张晔透露，易果旗下的云象供应链能够对接全球生鲜资源，服务中国渠道。目前，阿里内部的盒马鲜生、大润发、联华、三江等渠道的生鲜均由云象供应链完成配送。

一直以来，生鲜产品由于其刚需、高频的特性，在线下卖场和线上平台，都被用于带动客流。既然是用来引流，所以价格往往极具优势，甚至要给予补贴。加上这些品类对冷链要求会更高，实现盈利的时间也会变长。这也是垂直类生鲜电商举步维艰的原因。

易果生鲜也将重点投入到了安鲜达和供应链的布局上，并计划建成一套为中国生鲜行业而生的复合式物流供应链体系。张晔认为，以往的生鲜电商、生鲜供应链的边界仅仅定位于把货买过来，建设农产品运输的高速公路。然而没有好的农产品，高速公路修得再好，也是白搭。"易果接下来，就是对农产品全产业链进行扩展。从种子到盘子，帮助农民一起种好农产品。其中包括品种引进、对整个农业种植过程的监管等，助力传统农业的转型升级。"

资料来源　陶力. 上半年生鲜电商交易规模破千亿 平台角逐资本供应链 [EB/OL]. [2018-11-19]. https://tech.sina.com.cn/i/2018-11-19/doc-ihmutuec1432361.shtml.有删减.

拓展阅读9-1

马云挑战达人连败五场：致敬平凡"双十一"创造者

>>>>>>>**技能训练9-1　商品特性介绍**

1.挑选一件商品作为实训范本。
2.列出该商品的品牌、型号、材质、规格尺寸、促销介绍等项目。
3.在网上寻找各项目相对应的内容。

>>>>>>>**技能训练9-2　普通店铺——店铺介绍、公告栏**

1.编写店铺介绍页面，详细说明店铺的主营业务、经营情况、店主个性展示、联系方式等。
2.填写公告栏的文字内容，并编辑字体、字号和颜色。

>>>>>>>**技能训练9-3　淘宝旺铺——店铺招牌**

上传预先制作好的店铺招牌，使店铺的版面看起来更加美观，且突出经营内容。

本章小结

　　网店运营并不是一件易事，首先在开店初期就要全力推广，需要投入很多，有的甚至说都看不到回报；随着店铺流量的提升，网店经营管理逐步完善与成熟。网店的经营者要考虑对自己的网络销售做一个准确的定位，确立自己网店销售的主营产品与兼营产品；同时，做到合理的推广，重视店铺展示，不断创新，这样才能逐渐见到效果。

思考题

　　1.你认为作为一名合格的网店客服人员应该具备哪些素质？

　　2.淘宝客服的岗位职责及提供的服务有哪些？

　　3.注册阿里旺旺账号，绑定卖家账号，体验客服流程。

　　4.客服人员在电子商务交易中的作用。

第10章　移动电子商务

□ 学习目标

1. 掌握移动电子商务的基本概念；
2. 了解移动电子商务的环境和发展现状；
3. 了解移动电子商务常用基础技术；
4. 了解移动电子商务的应用；
5. 掌握移动营销方法。

□ 引导案例

滴滴出行

滴滴出行是涵盖出租车、专车、快车、顺风车、代驾及大巴等多项业务在内的一站式出行平台，2015年9月9日由"滴滴打车"更名而来。

滴滴出行App是基于LBS的O2O打车应用，GPS自动定位，智能推荐目的地，改变了传统打车方式，建立了大移动互联网时代下引领用户的现代化出行方式。相较于传统电话叫车与路边扬招，滴滴打车的诞生更是改变了传统打车市场格局，颠覆了路边拦车概念，利用移动互联网特点，将线上与线下相融合，从打车初始阶段到下车使用线上支付车费，画出一个乘客与司机紧密相连的O2O闭环，最大限度优化乘客打车体验，改变传统出租车司机等客方式，让司机师傅根据乘客目的地按意愿"接单"，节约司机与乘客的沟通成本，降低空驶率，最大化节省司乘双方的资源与时间。图10-1为滴滴出行手机界面。

图 10-1　滴滴出行手机界面

滴滴出行发展历程：

2012 年 7 月 10 日，北京小桔科技有限公司成立，经过 3 个月的准备与司机端的推广，9 月 9 日在北京上线。

2013 年 10 月，艾瑞集团发布打车软件唯一一份行业报告：滴滴打车市场份额为 59.4%，超过其他打车软件市场份额之和。

2014 年 1 月，与微信达成战略合作，开启微信支付打车费"补贴"营销活动。

2014 年 3 月，用户数超过 1 亿人，司机数超过 100 万人，日均单达到 521.83 万单，成为移动互联网最大日均订单交易平台。

2014 年 5 月，产品正式更名为"滴滴打车"，寓意"滴水之恩，涌泉相报"。

2014 年 8 月，滴滴专车上线，进军商务用车领域。

2015 年，滴滴打车为了更好地为 3 亿出行用户提供服务，将 App、微信公众号、QQ、网页版的在线客服后台统一接入 IMCC 客服系统，高效帮助滴滴打车完成了跨渠道、跨平台的在线客服管理。

2015 年 9 月 9 日，"滴滴打车"更名为"滴滴出行"，并启用新 Logo——一个扭转的橘色大写字母 D。

2017 年 3 月 2 日，滴滴出行宣布，在天津获得"网络预约出租汽车经营许可证"以及申请从事网约车经营具备线上服务能力的认定结果，认定范围为全国。

2018 年 8 月 24 日，温州乐清发生滴滴顺风车司机强奸杀人案件，嫌疑人被警方控制。8 月 26 日，滴滴就乐清顺风车乘客遇害一事发表声明，决定自 8 月 27 日零时起，在全国范围内下线顺风车业务，内部重新评估业务模式及产品逻辑，并免去黄洁莉的顺风车事业部总经理职务，免去黄金红的客服副总裁职务。

2018 年 9 月 4 日，滴滴宣布于 2018 年 9 月 8 日 23 点至 9 月 15 日凌晨 5 点期间在中国大陆地区暂停提供深夜 23：00—5：00 时间段的出租车、快车、优步、优享、拼车、专车、豪华车服务。9 月 5 日，交通运输部等 10 部门及相关专家组成的检查组进驻滴滴公司。9 月 14 日，滴滴发布公告称，9 月 15 日起将恢复深夜出行服务。9 月 27 日，滴滴出行宣布在全国范围内无限期下线顺风车业务。10 月 18 日，滴滴 App 做出版本更新，试运行"黑名单"功能。

资料来源：佚名. 滴滴出行 ［EB/OL］. ［2019-04-10］. https://baike.baidu.com/item/%E6%BB%B4%E6%BB%B4%E5%87%BA%E8%A1%8C/18596106? fr=aladdin.

——□ 案例思考

1. 滴滴出行的成功是基于什么模式？

2. 如何来把控移动电子商务领域的安全问题？

10.1 移动电子商务概述

一、移动电子商务的概念及特点

1.移动电子商务的概念

移动电子商务（M-commerce）是指通过手机、PDA（个人数字助理）、掌上电脑等手持移动终端从事的商务活动。它由电子商务（E-commerce）的概念衍生而来，电子商务以 PC 机为主要界面，是"有线的电子商务"；而移动电子商务，则是通过手机、PDA 这些可以装在口袋里的终端与我们谋面，无论何时、何地都可以开始。

移动电子商务将互联网、移动通信技术、短距离通信技术及其他信息处理技术完美地结合，使人们可以在任何时间、任何地点进行各种商务活动，实现随时随地、线上线下的购物、在线电子支付以及各种交易活动、商务活动、金融活动和相关的综合服务活动等。

2.移动电子商务与传统电子商务的区别

移动通信网络技术的发展和移动终端的普及，为电子商务向移动电子商务方向发展提供了更大的空间。移动通信网络和移动终端的新特性，使得移动电子商务与传统电子商务不仅仅有"无线"与"有线"的区别，而且在技术特点、商业管理、商业模式和市场规模等方面都有较大的区别。

（1）终端设备区别。电子商务使用个人计算机（PC），显示器屏幕大、内存大、处理器快、采用标准键盘，不用考虑电池问题。移动通信设备屏幕小、内存小，移动性强，既是通信工具，又是一个移动 POS 机、一个移动的银行 ATM 机。用户可在任何时间、任何地点进行电子商务交易和各项支付业务。

（2）用户群区别。从电脑和移动电话的普及程度来看，移动电话远远超过了电脑，移动商务的潜在用户群远大于电子商务。从消费用户群体来看，传统的上网用户中以缺乏支付能力的年轻人为主，手机用户中基本包含了消费能力强的中高端用户。总体来说，以移动电话为载体的移动电子商务不论在用户规模上，还是在用户消费能力上，都优于传统的电子商务。

（3）服务个性化。无线通信具有地理定位功能，移动商务能够提供更多用户的动态信息（如各类位置信息、手机信息），为个性化服务提供创造了更好的条件。移动用户能更加灵活地根据自己的需求和喜好来定制服务及获取相关信息。电子商务强调的则是无差别的服务。

（4）不受时空控制。移动商务是电子商务从有线通信到无线通信、从固定地点的商务形式到随时随地的商务形式的延伸，移动用户可随时随地获取所需的服务、应用、信息和娱乐。用户可以在自己方便的时候，使用智能手机或 PDA 查找、选择及购买商品或其他服务。

（5）有较好的身份认证基础。对于传统电子商务而言，用户的消费信誉成为最大的问题，而移动电子商务手机号码具有唯一性，通信终端的私有性可以帮助交易双方确认对方身份，使得移动商务供应商能精准地与最有希望达成交易的用户交互，提高了交易的成功率。

二、移动电子商务的发展现状及趋势

1.移动互联网的发展及商务应用现状

中国互联网络信息中心（CNNIC）发布第41次《中国互联网络发展状况统计报告》。报告显示，截至2017年12月，我国网民规模达7.72亿人，全年共计新增网民4 074万人。互联网普及率为55.8%，较2016年提升2.6个百分点。截至2017年12月，我国手机网民规模达7.53亿人，较2016年增加5 734万人。网民中使用手机上网人群的占比由2016年的95.1%提升至97.5%，网民手机上网比例继续攀升。2007—2017年中国手机网民规模及其占整体网民比例如图10-2所示。

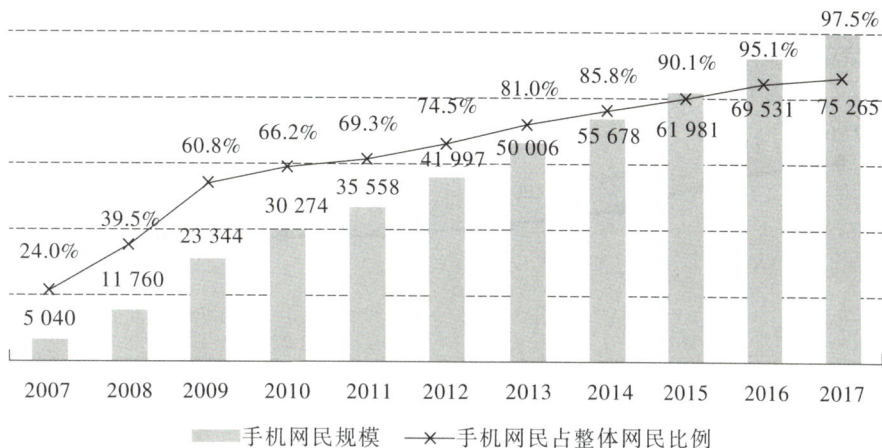

图 10-2　2007—2017 年中国手机网民规模及其占整体网民比例

艾瑞咨询最新数据显示，2017年中国移动购物在整体网络购物交易规模中占比达81.3%，较2016年增长4.6%。移动端渗透率进一步提升，移动网购已成为最主流的网购方式。艾瑞分析认为，智能手机和无线网络的普及、移动端碎片化的特点及更加符合消费场景化的特性，使用户不断向移动端转移。在全渠道融合的浪潮之下，购物场景变得多元化、碎片化，用户线下的消费行为通过移动端得以数据化，全渠道、系统化、纵深化的数据能为零售所有环节提供指导，帮助企业提高运营效率、实现精准营销。2013—2020年中国网购交易额PC端和移动端对比预测如图10-3所示。

2017年中国移动购物市场交易规模达4.9万亿元，同比增长37.4%，增速逐渐放缓，但仍保持了较高的增长水平。艾瑞咨询认为，在中国零售市场线上线下加速融合的大趋势下，消费场景日益多元和分散，逐步构建起全渠道零售网络。移动端作为连接线上线下消费场景的核心途径，得以进一步渗透发展。2013—2020年中国移动购物市场交易规模预测如图10-4所示。

2017年，我国个人互联网应用保持快速发展，各类应用用户规模均呈上升趋势，其中网上外卖用户规模增长显著，在经历几年市场补贴培育后，网上外卖已成为网民又一常态化的就餐方式，高频市场需求已经形成。我国网上外卖用户规模达到3.43亿人，较2016年增加1.35亿人，同比增长64.6%，继续保持高速增长。其中，手机网上外卖用户规模达到3.22亿人，增长率为66.2%，使用比例达到42.8%，提升14.9个百分点。

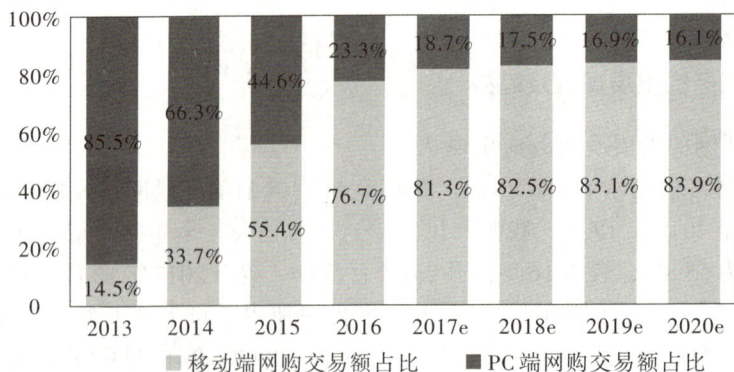

注释：1.本图为口径1（详见前文）下的数据。2.艾瑞根据最新掌握的市场情况，对历史数据进行修正。

来源：综合企业财报及专家访谈，根据艾瑞统计模型核算．

图10-3　2013—2020年中国网购交易额PC端和移动端对比预测

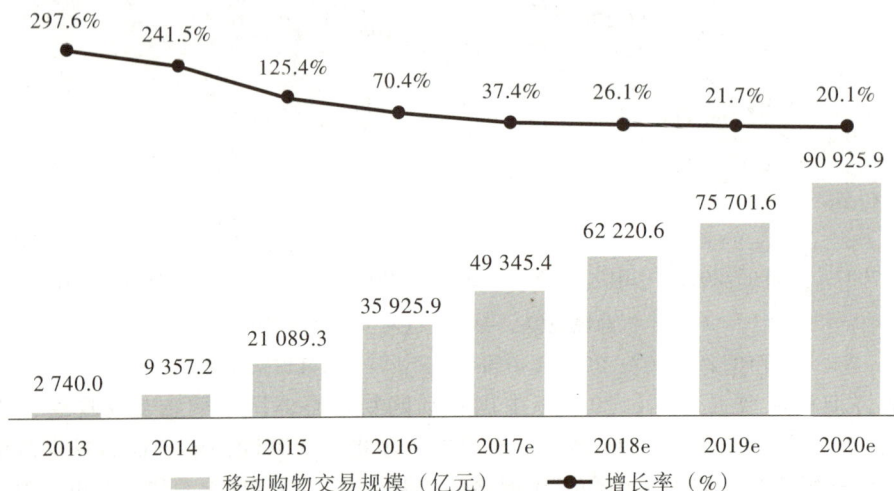

注释：1.本图为口径1（详见前文）下的数据。2.艾瑞根据最新掌握的市场情况，对历史数据进行修正。

来源：综合企业财报及专家访谈，根据艾瑞统计模型核算．

图10-4　2013—2020年中国移动购物市场交易规模预测

手机应用方面，2017年手机旅行预订用户规模增长明显，在线旅行预订用户规模达到3.76亿人，较2016年增长7 657万人，增长率为25.6%；在线旅行预订使用比例达到48.7%，较上年提升7.8个百分点。手机成为在线旅行预订的主要渠道。2017年通过手机进行旅行预订的用户规模达到3.40亿人，较2016年增长7 782万人，增长率为29.7%。我国网民使用手机在线旅行预订的比例由37.7%提升至45.1%。

共享单车成为2017年下半年用户规模增长最为显著的互联网应用类型，国内用户规模已达2.21亿人。共享单车业务在国内已完成对各主要城市的覆盖，并渗透到21个海外国家和地区。

截至2017年12月，我国购买互联网理财产品的网民规模达到1.29亿人，同比增长30.2%，网民使用率为16.7%，较上年同期增长3.2个百分点。

P2P网贷理财市场利率继续下降，业务进一步合规发展；现金贷、金交所、网络小额贷等不合规业务得到有效整顿，有效降低了系统性风险。

网络娱乐应用中网络直播用户规模年增长率最高，达到22.6%；网络游戏增长率最低，但也达到5.9%。

近几年，移动游戏行业发展硕果累累，依靠人口红利优先获得了大量关注，而随着企业资本化趋于理性，以及更多具有运营研发优势的上游企业的进入，都将给移动游戏行业的发展提供更良好的驱动力。以苹果 App Store 为代表的移动互联网应用的飞速发展是推动移动互联网迅猛发展的强大动力。上百家应用商店推动移动互联网的应用普及，满足了网民多元化的信息需求，从而改变了网民娱乐、生活和工作的方式。

截至2017年12月，我国网络游戏用户规模达到4.42亿人，占整体网民的57.2%，较2016年增长2 457万人。手机网络游戏用户规模较2016年年底明显提升，达到4.07亿人，较2016年年底增长5 543万人，占手机网民的54.1%。

从产品类型变化来看，得益于游戏直播的强大宣传能力，新兴的沙盒类射击游戏在2017年取代 MOBA 游戏成为最受用户喜爱的游戏类型；从市场覆盖范围来看，以腾讯、网易、蓝港互动、心动网络为代表的中国游戏厂商在2017年热情高涨。

截至2017年12月，网络直播用户规模达到4.22亿人。其中，游戏直播用户规模达到2.24亿人，较2016年年底增长7 756万人，占总体网民的29.0%；真人秀直播用户规模达到2.2亿人，较2016年年底增长7 522万人，占总体网民的28.5%。

行业发展方面，网络直播行业依旧延续了蓬勃发展的趋势。

政策监管方面，2017年网络直播行业的内容监管力度得到持续提升，对违法违规的直播内容的治理成效显著。

2.移动电子商务的发展趋势

中国电子商务市场继续稳步发展，移动电子商务的占比不断扩大。随着智能终端技术和移动互联网技术的快速发展，移动互联网已进入最好的时代，移动电子商务正在高速发展。移动互联网与云计算、物联网的有效融合，给人们带来了无限想象的空间，给人们的工作和生活带来了极大便利，给传统的商业模式带来了巨大影响，改变甚至颠覆了传统的消费行为。

不论是传统的还是新兴的互联网公司都拥有更多创新和发展的机会，随着用户消费习惯的转移，各企业需要把握住移动互联网的发展趋势，更好地适应移动互联网的发展要求，摸索着向移动端发力。开放平台成为移动互联网的重要特征，围绕开放平台的移动互联网产业格局也在深刻变革，产业链主体之间的关系也更加复杂。移动互联网的繁荣和发展必将催生更多成功的公司和品牌，它们会不断地创新，共同推动整个行业的快速发展。

纵观近年来移动互联网的发展现状不难发现，移动电子商务未来发展呈现以下5大趋势。

（1）移动互联网产业规模不断扩大。近年来，移动互联网用户规模迅速上升，逐步超越固定互联网用户规模，移动互联网增长势头强劲。网络购物进入移动消费时代，移动交易规模占比继续扩大，移动端成为流量主要来源。传统的和新兴的互联网企业将更多的目光投向移动互联网，在谋划移动互联网领域的布局，持续向移动端发力，加速向移动端渗透。

移动终端的小型化、多样化以及接入方式的多样化，带来了全新的互联网生态环境。以苹果iPhone、iPad为代表的智能终端的推出、智能终端产业链各方的努力及千元以内智能手机的发展，加速推动了智能终端的普及。同时，手机上网成为第一大上网方式，消费者通过移动智能终端上网消费的习惯逐渐形成，进一步带动了智能终端的加速普及，也为移动互联网产业的发展提供了强大动力。当前，我国手机网民已超越PC网民，移动互联网已超越传统互联网，这给人们带来了无限商机和可能。

艾瑞咨询最新统计数据显示，2017年中国移动购物市场交易规模为4.9万亿元，同比增长37.4%，增速逐渐放缓但仍保持了较高的增长水平。预计未来几年，中国移动购物市场仍将继续保持较快增长。移动端渗透率进一步提升，移动网购已成为最主流的网购方式。未来几年，中国移动网购仍保持稳定增长。移动端随时随地、碎片化、高互动等特征使购物受时间、空间限制更小，消费行为变得分散。随着移动购物模式的多样化，社交电商、直播、VR、O2O等与场景相关的购物方式和大数据的应用将成为驱动移动购物发展的新增长点。同时，移动互联网与传统产业相互融合并进一步深化，正在融入人们的工作和生活中，为经济发展、方便社会生活注入了新的活力，也为社会经济发展提供了更加广阔的空间。

（2）全渠道、线上线下融合发展是趋势。移动电商时代，智能手机和无线网络的普及、移动端碎片化的特点及更加符合消费场景化的特性，使用户不断向移动端转移。一方面，消费者的需求和网购发展环境均有较大改变，用户希望在任何时间、任何场景下，通过任何方式，可以随时随地精准购买到所需的商品和服务；另一方面，由于商品供大于求的现象越来越严重，市场营销从"传播性"走到"互动性"，货架销售从"展示货品"到"提供内容"，单一渠道发展的增量空间有限，线上和线下均在布局全渠道发展。购物场景变得多元化、碎片化，逐步构建起全渠道零售网络，用户线下的消费行为通过移动端得以数据化，全渠道、系统化、纵深化的数据能为零售所有环节提供指导，帮助企业提高运营效率、实现精准营销。

线下消费体验和线上购物便利的双向需求将带来线上和线下购物期望值的融合，未来线上线下融合是新零售时代的重要发展趋势。移动端作为连接线上和线下消费场景的核心途径，得以进一步渗透发展。

（3）移动社交电商和自媒体爆发，电商走向去中心化的新模式。社交化分享是移动电商时代的新营销方式，传统的电子商务主要根据电商销售的货品进行区分，是企业通过一个平台聚集所有商家和流量的中心化模式，如当当网最初主打图书类的产品，京东主要经营电子类产品，在此思维下，各个电商的网站也是根据货品进行分类、搜索、导航来进行分流，这些传统的模式在PC时代、大屏时代取得了不错的效果，但在移动终端和小屏时代，这种模式不再适用，而是走向去中心化的电子商务模式。很多移动用户往往被内容和社交所引导，以微博、微信等移动社交平台为依托，通过自媒体的粉丝经济模式的分享传播来获取用户，消费者的购买需求会在人们碎片化的社交场景中被随时激发。比如微商，很多微商通过优质的内容资源吸引和聚集消费者，引导消费者进行消费，然后通过口碑相传，进而培养更多的粉丝，通过互粉等社交方式帮电商推送相应的产品和服务。例如，贝贝网开设红人街频道，融合了社交、内容及直播等新型营销方式，达人分享服饰搭配并通过与粉丝的互动来引导用户消费。因此，通过丰富优质的内容资源，逐步培养忠实的粉丝，将是未来移动电子商务发展的一个重要趋势。

（4）内容化、粉丝化成为发展新方向。移动电商时代，用户的消费路径和习惯发生了很大的变革，消费需求场景化，移动购物模式多样化，内容化、粉丝化成为吸引流量的新方式。各大移动电商网站纷纷布局内容营销。

从搜索到推荐，用户对精准内容要求越来越高，消费者的消费路径和习惯发生较大变革，优质内容成为最强大的流量生产器。随着社交媒体的发展，意见领袖的引导作用越来越大，消费者希望关注意见领袖或者明星、网红，并且和他们产生互动。而作为某一领域的明星，本身具有强烈的品牌效应，通过自身的品牌背书使得消费者产生购买信任感。

（5）移动电商将提供更加精准的服务。随着国民经济的快速发展，人民生活水平提高，各方面消费力量兴起。基于移动终端设备的升级，LBS技术的应用，可以精确定位用户所属地理位置信息，有利于发掘用户需求，同时向用户推送附近相应的产品和服务。借助社交软件，比如微信、QQ、微博、百度搜索等收集和整理用户的社交和搜索信息，通过对这些信息的分析挖掘可以帮助判断用户的消费行为和消费习惯，根据用户个性化的需求为用户推送相应的产品。"90后"、女性等细分用户成为消费新动力，这些用户更加注重商品品质，更多地选择符合自身特征的商品。在此基础上，移动电商基于特定品类和特定人群的垂直经济成为新的发展趋势，从流量、速度的比拼转为用户精细化运作，为用户提供更加精准的服务。

10.2　移动电子商务的技术基础

一、移动通信技术

1.移动通信技术的基本概念

移动通信，就是指通信双方至少有一方是在运动状态中进行信息交换的通信方式。例如，运动着的车辆、船舶、飞机或行走着的人与固定点之间进行信息交换，或者移动物体之间的通信都属于移动通信。

移动通信系统由移动台、基台、移动交换局组成。若要同某移动台通信，移动交换局需通过各基台向全网发出呼叫，被叫台收到后发出应答信号，移动交换局收到应答后分配一个信道给该移动台并从此话路信道中传送一信令使其振铃。

移动通信的类型很多，可按不同方法进行分类：①按业务性质分，有电话业务和数据、传真等非话业务；②按服务对象分，有公用移动通信、专用移动通信；③按移动台活动范围分，有陆地移动通信、海上移动通信和航空移动通信。

2.移动互联网

移动互联网（Mobile Internet，MI）是将移动通信和互联网二者结合起来成为一体，是指互联网的技术、平台、商业模式和应用与移动通信技术结合并实践的活动的总称。通过智能移动终端，采用移动无线通信方式获取业务和服务的新兴业务，包含终端、软件和应用三个层面。其中，终端层包括智能手机、平板电脑、电子书、MID等；软件包括操作系统、中间件、数据库和安全软件等；应用层包括休闲娱乐类、工具媒体类、商务财经类等不同应用与服务。随着技术和产业的发展，未来，LTE（长期演进，4G通信技术标准之一）和NFC（近场通信，移动支付的支撑技术）等网络传输层关键技术也将被纳入移动互联网的范畴之内。

随着宽带无线接入技术和移动终端技术的飞速发展，人们迫切希望能够随时随地乃至在移动过程中都能方便地从互联网获取信息和服务，移动互联网应运而生并迅猛发展。在最近几年里，移动通信和互联网成为当今世界发展最快、市场潜力最大、前景最诱人的两大业务。移动互联网正逐渐渗透到人们生活、工作的各个领域，短信、微信、铃图下载、移动音乐、手机游戏、视频应用、手机支付、位置服务等丰富多彩的移动互联网应用迅猛发展，正在深刻改变信息时代的社会生活，移动互联网经过几年的曲折前行，迎来了新的发展高潮。

在移动互联网时代，传统的信息产业运营模式正在被打破，新的业务模式正在形成。对终端厂商、互联网公司和电信运营商来说，这是机遇，但在移动终端、接入网络、应用服务、安全与隐私保护等方面还面临着一系列的挑战。只有重视商业模式创新的企业，才能发展得更好。

二、移动终端设备

移动终端设备是指带无线通信功能，能接受移动通信服务的轻便型的微型计算机，是移动通信系统的重要组成部分，加上关键的支撑系统——移动设备操作系统才能发挥作用。移动用户可以通过移动通信终端接触移动通信系统，使用所有移动通信系统。

移动终端设备产品种类多，个人移动通信终端设备主要包括手机、掌上电脑、平板电脑、便携式计算机和GPS定位设备等。各种终端产品对使用者来说没有太大的区别，主要是运营商不同，包括中国移动、中国联通和中国电信；功能上大同小异，但外观上千差万别。

1.手机

移动电话，或称为无线电话，通常称为手机，原本只是一种通信工具，早期又有"大哥大"的俗称，是可以在较广范围内使用的便携式电话终端，最早是由美国贝尔实验室在1940年制造的战地移动电话机发展而来。

1958年，苏联工程师列昂尼德·库普里扬诺维奇发明了ЛК-1型移动电话。1973年，美国摩托罗拉工程师马丁·库帕发明了世界上第一部商业化手机。迄今为止，手机已发展至5G时代了。手机分为智能手机（Smart Phone）和非智能手机（Feature Phone）两种。

2.掌上电脑

PDA（Personal Digital Assistant），又称为掌上电脑，是个人数字助手的意思，是辅助个人工作的数字工具，主要提供记事、通讯录、名片交换及行程安排等功能，帮助人们在移动中工作、学习、娱乐等。按使用来分类，PDA分为工业级PDA和消费品PDA。工业级PDA主要应用在工业领域，常见的有条码扫描器、RFID读写器、POS机等；消费品PDA包括的种类比较多，例如智能手机、平板电脑、手持游戏机等。

掌上电脑最大的特点是具有开放式的操作系统，支持软硬件升级，集信息的输入、存储、管理和传递于一体，具备常用的办公、娱乐、移动通信等强大功能。因此，PDA完全可以称作一个移动办公室。当然，并不是任何PDA都具备以上所有功能；即使具备，也可能由于缺乏相应的服务而不能实现。但可以预见，PDA 发展的趋势和潮流就是计算、通信、网络、存储、娱乐、电子商务等多功能的融合。

其实目前对掌上电脑也没有一个确切的定义，也有人把记事本称作掌上电脑。一般情况下，掌上电脑带有 PalmOS、Windows CE 或者其他开放式操作系统，具有网络功能，并且可以由用户自由进行软硬件升级。也就是说，用户除了扩展硬件以外，还可以加装软件，甚至可以自己开发程序在它上面运行。

3. 平板电脑

平板电脑也叫便携式电脑（Tablet Personal Computer，简称 Tablet PC、Flat PC、Tablet、Slates），是一种小型、方便携带的个人电脑，以触摸屏作为基本的输入设备。它拥有的触摸屏（也称为数位板技术）允许用户通过触控笔或数字笔来进行作业而不是传统的键盘或鼠标。用户可以通过内建的手写识别、屏幕上的软键盘、语音识别或者一个真正的键盘（如果该机型配备的话）实现输入。

平板电脑的概念由微软创始人比尔·盖茨提出，支持来自 X86（Intel、AMD）和 ARM 的芯片架构。平板电脑分为 ARM 架构（代表产品为 iPad 和安卓平板电脑）与 X86 架构（代表产品为 Surface Pro），后者一般采用 Intel 处理器及 Windows 操作系统，具有完整的电脑及平板功能，支持 exe 程序。从微软提出的平板电脑概念产品来看，平板电脑就是一款无须翻盖、没有键盘、小到可以放入女士手袋，却功能完整的 PC。

目前的平板电脑，最常见的操作系统是 Windows 操作系统、Android 操作系统和 iOS 操作系统，还有像 Windows CE 操作系统，另外 Meego 和 Moblin 两个操作系统作为 Intel 针对手机和 MID 市场的主打产品，在未来也很有可能出现在平板电脑平台上，还有被称为云计算必然产物的 WebOS。

4. 便携式笔记本

便携式笔记本是指移动性能较高的个人笔记本电脑产品。通常来说，12 英寸及以下、重量不超过 2 千克的都可以算作便携式笔记本。便携式笔记本首要考虑的是便携性，有时为了追求轻薄甚至会牺牲部分性能和功能。

5. GPS 定位器

全球定位系统（Global Position System，GPS）是在全球范围内实时进行定位和导航的系统。GPS 功能必须具备 GPS 终端、传输网络和监控平台 3 个要素，缺一不可。GPS 定位器是内置了 GPS 模块和移动通信模块的终端，用于将 GPS 模块获得的定位数据通过移动通信模块（gsm/gprs 网络）传至 Internet 上的一台服务器上，从而可以实现在电脑或手机上查询终端位置。GPS 导航系统现在已经被广泛使用。

三、移动操作系统

操作系统是对计算机系统内各种硬件和软件资源进行控制和管理，以及有效地组织多道程序运行的系统软件，是用户与计算机之间的接口。以前人们普遍认为操作系统就是计算机所拥有的，现在手机也应用了操作系统，包括 Android、iOS、Windows Phone 等。

1. Android 操作系统

Android 是一种基于 Linux 的自由及开放源代码的操作系统，主要使用于移动设备，如智能手机和平板电脑，由 Google 公司和开放手机联盟领导及开发。Android 操作系统的标识如图10-5所示。Android操作系统最初由Andy Rubin开发，主要支持手机。

图10-5　Android操作系统的标识

Android系统有其独特的优势：

（1）开放性。Android平台的开放性，有利于积累人气，这里的人气包括消费者和厂商，开放的平台允许任何移动终端厂商加入到Android联盟中来，可以使其拥有更多的开发者，随着用户的增多和应用的日益丰富，一个崭新的平台也将很快走向成熟。

（2）丰富的硬件。由于Android的开放性，众多厂商会推出千奇百怪、功能特色各异的多种产品。功能上的差异和特色，不会影响到数据同步甚至软件的兼容，如同从诺基亚Symbian风格手机一下改用苹果iPhone，同时还可将Symbian中优秀的软件带到iPhone上使用，联系人等资料更是可以方便地转移。

（3）方便开发。Android平台提供给第三方开发商一个十分宽泛、自由的环境，不会受到各种条条框框的限制，因此诞生了许多新颖别致的软件。但也有其两面性，血腥、暴力、情色方面的程序和游戏如何控制是留给Android的难题之一。

2.iOS操作系统

iOS是由苹果公司开发的移动操作系统。苹果公司最早在2007年1月9日的Macworld大会上公布了这个系统，最初是设计给iPhone使用的，后来陆续套用到iPod touch、iPad以及Apple TV等产品上。iOS操作系统的标识如图10-6所示。iOS与苹果的Mac OS X操作系统一样，属于类Unix的商业操作系统。原本这个系统名为iPhone OS，因为iPad、iPhone、iPod touch都使用iPhone OS系统，所以2010年WWDC大会上宣布改名为iOS。

图10-6　iOS操作系统的标识

iOS的系统架构分为4个层次：核心操作系统层（Core OS Layer）、核心服务层（Core Services Layer）、媒体层（Media Layer）和可轻触层（Cocoa Touch Layer）

（1）核心操作系统层提供了整个 iPhone OS 的一些基础功能。

（2）核心服务层为所有应用提供基础系统服务，提供了日历和时间管理等功能。

（3）媒体层提供了图像、音频和视频等多媒体功能。

（4）可轻触层开发 iPhone 应用的关键框架，呈现应用程序界面上的各种组件。

从最初的 iPhone OS，演变至最新的 iOS 系统，横跨 iPod touch、iPad 和 iPhone，成为苹果最强大的操作系统，给用户带来了极佳的使用体验。

3.Windows Phone 操作系统

Windows Phone（WP）是微软于 2010 年 10 月 21 日正式发布的一款手机操作系统，初始版本命名为 Windows Phone 7.0。Windows Phone 是开放的、可裁剪的、32 位的实时嵌入式窗口操作系统。Windows Phone 系列操作系统主要包括 Pocket PC 和 Smartphone。Windows Phone 的标识如图 10-7 所示。Windows Phone 软件分为 4 层：硬件层（存储和运行操作系统的存储单元）、OAI 层（建立操作系统与外部设备的通信）、操作系统服务层（提供操作系统的服务）和应用层（实现网络客户端和应用个性化等）。

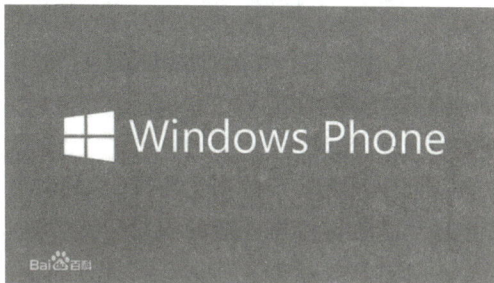

图 10-7　Windows Phone 的标识

Windows Phone 具有桌面定制、图标拖拽、滑动控制等一系列前卫的操作体验。其主屏幕通过提供类似仪表盘的体验来显示新的电子邮件、短信、未接来电、日历约会等，让信息保持时刻更新。缺点在于其操控显得更复杂，系统运行速度较慢。比起 iPhone、Android 等产品，同样采用触摸屏操作的 Windows Phone 手机在操控体验方面差距明显。

4.其他移动操作系统

除了上述三大移动操作系统外，市场上还存在其他份额较小的移动操作系统，如黑莓的 Black Berry OS、诺基亚的 Symbian、三星的 BADA 以及 Palm OS、HP WebOS、Firefox OS、Tizen 和 Ubuntu 等。

10.3　移动支付

支付是商务活动的重要环节，是交易活动得以顺利进行的基础条件。移动电子商务的优点之一就是能够实现随时随地的商务处理，方便、快捷是其特点，这就要求移动电子商务的支付方式也应该同样表现出方便、快捷的特点。

一、移动支付的定义

移动支付可以定义为允许用户使用其移动终端（如手机、平板电脑、PDA 和移动 POS 机等）对所消费的商品或服务进行账务支付的一种服务方式。单位或个人通过移动设备、互联网或者近距离传感直接或间接向银行金融机构发送支付指令，产生货币支付与资金转移行为，从而实现移动支付功能。移动支付将终端设备、互联网、应用提供商以及金融机构相融合，为用户提供货币支付、缴费等金融服务。

移动支付可以用于多种支付情况，移动支付的场景如图10-8所示。

图10-8　移动支付的场景

二、移动支付流程

移动支付需要移动网络运营商及所使用的浏览协议（如WAP和HTML、信息系统SMS或USSD等）支持。在流程上，移动支付与一般的支付行为没有太大的区别，都要涉及4个环节：消费者、出售者、发行方和收款方。其中，发行方和收款方都应该是金融机构。

移动支付流程如下：

（1）购买请求。消费者可以对准备购买的商品进行发行方查询，在确定了准备购买的商品后，通过移动通信设备发送购买请求给出售者（商业机构）。

（2）收费请求。出售者（商业机构）在接收到消费者的购买请求后，发送收费请求给支付平台。支付平台利用消费者账号和本次交易的序列号生成一个具有唯一性的序列号，代表这次交易过程。

（3）认证请求。支付平台必须对消费者和内容提供商账号的合法性及正确性进行确认。支付平台把消费者账号和内容提供商账号信息发送给第三方信用机构，第三方信用机构再对账号信息进行认证。

（4）认证。第三方信用机构把认证结果发送给支付平台。

（5）授权请求。支付平台在收到第三方信用机构的认证信息后，如果账号通过认证，则支付平台把交易的详细信息，包括商品或服务的种类和价格等发送给消费者，请求消费者对支付行为进行授权。如果账号未能通过认证，支付平台就把认证结果发送给消费者和商业机构，并取消本次交易。

（6）授权。消费者核对完交易细节后，发送授权信息给支付平台。

（7）收费完成。支付平台得到了消费者的支付授权后，开始在消费者账户和内容提供商账户之间进行转账，并且记录转账细节。转账完成后，传送收费完成信息给商业机构，通知其交付消费者商品。

（8）支付完成。支付平台传送支付完成信息给消费者，作为支付凭证。

（9）交付商品。商业机构在得到了收费成功的信息后，把商品交给消费者。

以上所讨论的流程是一种成功支付的方式，即消费者、商家、金融机构能在支付网关的支持下进行移动支付。如果在其中某一步发生错误，整个流程就会停滞，并且系统会立刻向用户发出消息。

三、移动支付的种类

1.按用户支付的额度，可以分为微支付和宏支付

（1）微支付：根据移动支付论坛的定义，微支付是指在互联网上进行的一些小额的资金支付，通常是指购买移动内容业务，如游戏、视频下载等。

（2）宏支付：是指交易金额较大的支付行为，例如在线购物或者近距离支付（微支付方式同样也包括近距离支付，例如交停车费等）。

2.按完成支付所依托的技术条件，可以分为近场支付和远程支付

（1）近场支付：是指通过具有近距离无线通信技术的移动终端实现本地化通信进行货币资金转移的支付方式。

（2）远程支付：是指通过移动网络，利用短信、GPRS 等空中接口，和后台支付系统建立连接，实现各种转账、消费等支付功能。

3.按支付账户的性质，可以分为银行卡支付、第三方账户支付、通信代收费账户支付

（1）银行卡支付：是指直接采用银行的借记卡或贷记卡账户进行支付的形式。

（2）第三方账户支付：是为用户提供与银行或金融机构支付结算系统接口的通道，实现资金转移和支付结算功能的一种支付服务。第三方支付机构作为双方交易的支付结算服务的中间商，需要提供支付服务通道，并通过第三方支付平台实现交易和资金转移结算安排的功能。

（3）通信代收费账户支付：是指移动运营商为其用户提供的一种小额支付账户，用户在互联网上购买电子书、歌曲、视频、软件、游戏等虚拟产品时，通过手机发送短信等方式进行后台认证，并将账单记录在用户的通信费账单中，月底进行合单收取。

4.按支付的结算模式，可以分为及时支付和担保支付

（1）及时支付：是指支付服务提供商将交易资金从买家的账户及时划拨到卖家账户。一般应用于"一手交钱一手交货"的业务场景（如商场购物），或应用于信誉度很高的 B2C 以及 B2B 电子商务，如首信、YeePal、云网等。

（2）担保支付：是指支付服务提供商先接收买家的货款，但并不马上就支付给卖家，而是通知卖家货款已冻结，卖家发货；买家收到货物并确认后，支付服务提供商将货款划拨到卖家账户。支付服务商不仅负责资金的划拨，同时还要为互不信任的买卖双方提供信用担保。担保支付业务为开展基于互联网的电子商务提供了基础，特别是对于没有信誉度的 C2C 交易以及信誉度不高的 B2C 交易。担保支付做得比较成功的是支付宝。

5.按用户账户的存放模式，可分为在线支付和离线支付

（1）在线支付：是指用户账户存放在支付提供商的支付平台，用户消费时，直接在支付平台的用户账户中扣款。

（2）离线支付：是指用户账户存放在智能卡中，用户消费时，直接通过 POS 机在用户智能卡的账户中扣款。

10.4 移动营销

移动营销（Mobile Marketing）是指面向移动终端（手机或平板电脑）用户，在移动终端上直接向分众目标受众定向和精确地传递个性化即时信息，通过与消费者的信息互动达到市场营销目标的行为。移动营销是基于定量的市场调研，深入地研究目标消费者，全面地制定营销战略，运用和整合多种营销手段，来实现企业产品在市场上的营销目标。

移动营销是互联网营销在移动互联网技术支持下的延伸，它融合了现代网络经济中的"网络营销"（Online Marketing）和"数据库营销"（Database Marketing）理论，可以实现个性化精准市场营销。其目的主要是通过移动互联网线上线下的营销手段，提高品牌知名度，收集客户资料数据库，增加客户参加活动或者访问店面的机会，改进客户信任度和增加企业收入。

目前移动营销的主要应用有移动 App 营销、二维码营销、LBS 营销和微信营销等。

一、移动 App 营销

App 是应用程序英文 Application 的简称，是运行在智能手机的第三方应用程序。一开始 App 只是作为一种第三方应用的合作形式参与到互联网商业活动中去的，随着互联网越来越开放化，App 作为一种萌生于 iPhone 的盈利模式开始被更多的互联网商业大亨看重，一方面可以积聚各种不同类型的网络受众，另一方面可以借助 App 平台获取流量，其中包括大众流量和定向流量。

移动 App 营销指的是应用程序营销，通过特制手机、社区、SNS 等平台上运行的应用程序来开展营销活动。移动 App 营销是品牌与用户之间形成消费关系的重要渠道，也是连接线上线下的天然枢纽。移动 App 营销的主要对象是所有移动领域的终端使用者，而就目前形势而言，移动 App 应用的主要方向有两个：一是娱乐方向，二是实用方向。这两个方向一直是所有企业 App 商店中获利的主要方向。

1.移动 App 娱乐应用

娱乐 App 的市场占有率仅次于通信、工具和社交，通常作为一种营销手段，主打营销。像爱奇艺、优酷那样的视频网站靠着巨额版权维持的视频平台格局基本稳定，大半娱乐性强的游戏软件附带广告。目前游戏娱乐成为移动 App 发展的主要方向。

2.移动 App 的实用价值

随着移动互联网的兴起，越来越多的互联网企业和电商平台将移动 App 作为销售的流量入口。App 给移动电商带来的流量远远超过了传统互联网（PC 端）的流量，通过 App 盈利也是各大电商平台的发展方向。各大电商平台正在向移动 App 发力，其原因不仅包括每天增加的流量，更重要的是由于手机移动终端的便捷，为企业积累了更多的用户，同时一些用户体验不错的 App 使得用户的忠诚度和活跃度都得到了大幅提升，从而为企业的创收和未来的发展起到了关键性作用。移动 App 营销还有如下特点：

（1）精准营销。移动 App 本身具有很强的实用价值，App 程序本身就是一种实用性很强的工具。一般来说，用户根据自己的需求进行搜索并且主动下载 App，这意味着，用户在下载 App 时往往就已经对这一 App 或 App 代表的企业有一定了解或需求，而且用户对 App 的日常使用往往也与即时的需求和消费直接相关，只有当他们准备消费或有所行动时，才会点开相应的 App，比如外卖订餐、打车、团购，或者给小孩讲故事、玩游戏、跑步健身，等等。App 程序通过可量化的精确的市场定位技术突破传统营销定位只能定性的局限，借助先进的数据库技术、网络通信技术和现代高度分散物流等手段保障与客户的密切互动沟通，从而不断满足客户个性化需求，建立稳定的企业忠实顾客群。移动 App 营销是种双向选择的营销，是营销企业和消费者双方都同时选择了特定 App。

（2）信息全面。移动 App 能够通过定期的推送，全面地展现产品的信息，让用户在购买产品之前就已感受到了产品的魅力，从而刺激用户的购买欲望；还可以通过各种个性化的、趣味性的互动方式增强消费者的产品体验，搜集其反馈意见。

（3）成本低。移动 App 入驻成本低，而且其嵌入式 App 正"吞噬"着与人们生活息息相关的各行各业，它的推广效应深入人心，无需大规模广告和大规模行销人员，就能获得很高的曝光率、转化率和成交率。这种营销模式的营销效果是电视、报纸和传统网络所不能代替的。

（4）用户黏性和互动性强。移动 App 的开发门槛并不高，市场上存在着各种 App，而且还有新的 App 不断被开发出来。在此情况下，移动 App 要脱颖而出，成为消费者的生活助手，成为企业的营销利器，增强用户黏性和互动性是关键。一旦用户将 App 应用下载到手机，应用中的各类任务和趣味性的竞猜、"签到"、转发有奖以及各种互动小游戏等就会吸引用户，形成用户黏性，加强用户的互动性。从接触用户、吸引用户、黏住用户，到管理用户、发起促销，再到最终的达成销售，整个营销过程都可只在 App 这个端口完成。

（5）提升品牌实力。移动 App 营销可以提高企业的品牌形象，让用户了解品牌，进而提升品牌实力。良好的品牌实力是企业的无形资产，为企业形成竞争优势。

移动 App 营销模式要体现营销方式，提升营销效果，实现商业盈利，必须经历几个门槛：第一道是拥有大量用户；第二道是拥有良好的产品体验；第三道是满足用户个性化需求；第四道是能使用户长时间停留。移动 App 不管是采取 PC 时代流量变现这条老路来盈利，还是靠广告实现收益，建立真实的社交关系、形成用户黏性都是关键。

二、二维码营销

二维码（2-Dimensional Bar Code）是用某种特定的几何图形按一定规律在平面（二维方向上）分布的黑白相间的图形记录数据符号信息，通过图像输入设备或光电扫描设备自动识读以实现信息自动处理。它具有条码技术的一些共性：每种码制有其特定的字符集；每个字符占有一定的宽度；具有一定的校验功能等；同时还具有对不同行的信息自动识别功能及处理图形旋转变化点。

1.二维码的商业价值

二维码承载的信息量是巨大的，扫码可获取的信息量也非常大，如果去参加一个展馆，扫描作品周围的二维码，即可将该作品的相关信息存储在手机里面，这样就相当于把整个展馆作品搬回家。另外，扫码缴话费、水电费等也开始逐步应用在我们的日常生活中。

二维码给我们的生活、工作带来了巨大便利，通过黑白相间的矩形方阵，可透析其隐藏的巨大商业价值。二维码在产业链上涉及商业信息化（物流管理、质量监控、产品防伪、身份验证）、移动营销（广告互动、广告监测、数据库营销）、移动商务（移动安全、移动支付、电子票务、移动社交、打折优惠）等，涉及的行业领域越广，其中蕴藏的商家价值就越大。

2.二维码营销模式

从运营和移动营销的层面来看，目前中国二维码移动营销模式分为4类：

（1）社交类。以微博和微信为代表。目前，新浪微博二维码主要支持3项功能：打开个人资料页快捷互粉、打开指定网页，以及直接打开已输入特定内容的微博发布框。虽然新浪宣称，二维码的推出开启了它向本地生活服务领域的渗透，但依目前的产品形态来看，新浪主要还是依托自己庞大的用户群，将二维码作为辅助功能以增加产品活力。

微信则除借二维码增强社交功能外，在O2O方面也继续发力。腾讯电商控股公司生活服务电商部总经理戴志康曾对媒体如此阐释：微信将通过二维码识别，在商家和用户之间建立起联系，形成"熟人"形式的SNS，进而指导O2O业务。他希望将微信打造成除身份证外的第二大账号体系，并将其与带有二维码信息的线下商品编织成一个网络，使个人与商品、买方与卖方、好友与好友之间可随意触发并传递信息。基于此，一方面，微信鼓励线下商户开通公共账号融入网络；另一方面，腾讯旗下支付平台财付通宣布与微信展开合作，依据其摇一摇、二维码扫描等功能有针对性地开发支付方式，解决O2O的线上支付问题。

（2）服务提供类。服务类的二维码范围较广，比如二维码营销为客户提供票证检验到物品信息二维码的一整套运营方案。

（3）购物类。二维码已大量应用于网上购物，网上预订机票、火车票，网上付款等，大量节约了用户时间，同时也简化了购物流程。

（4）工具应用类。扫码工具在二维码业务链条中不可缺少，却也是最具替代性的产品，在工具层面就止步不前的公司几乎毫无竞争优势。

二维码的背后代表了一种趋势：全世界的互联网化。这一趋势不仅指人与人之间关系的互联网化，还包括人与物之间、物与物之间接触与连接的互联网化，未来线下世界的每一种物品也许都能在线上找到对应的信息，人类的很多行为都能在线上发生，然后到线下完成。

微课10-2

基于位置的服务

三、LBS营销

LBS英文全称为Location Based Services，即基于位置的服务，它是通过电信移动运营商的无线电通信网络（如GSM网、CDMA网）或外部定位方式（如GPS）获取移动终端用户的位置信息（地理坐标或大地坐标），在地理信息系统（Geographic Information System，GIS）平台的支持下，为用户提供相应服务的一种增值业务。

LBS包括两层含义：首先是确定移动设备或用户所在的地理位置；其次是提供与位置相关的各类信息服务。其意指与定位相关的各类服务系统，简称"定位服务"，另外一种叫法为MPS（Mobile Position Services），也称为"移动定位服务"。所以说LBS就是要借助互联网或无线网络，在固定用户或移动用户之间完成定位和服务两大功能。

LBS营销就是企业借助互联网或无线网络，在固定用户或移动用户之间完成定位和服务销售的一种营销方式。通过签到这种方式，可以让目标客户更加深刻地了解企业的产品和服务，最终达到宣传企业的品牌、加深市场认知度的目的。

1.通过 LBS 营销可以实现的移动营销目标

（1）利用徽章提升品牌形象。LBS 应用最核心的产品机制是在某个地点签到，就有机会赢取一枚特殊的徽章。徽章对 LBS 用户有非常大的吸引力。这也是品牌与 LBS 合作最简单的一种方式，利用用户赢取徽章的动力，与 LBS 合作发行具有特殊含义的品牌徽章，徽章一旦获得，将永远保留；对品牌来说，将是长期的曝光，能够较好地让用户记住品牌形象。

（2）协助品牌进行产品促销。典型的方式是，当用户登录 LBS 客户端时，LBS 会自动检索用户当前所在的位置，并显示附近正在或即将举行活动的地点，用户可以点击查看活动详情，并选择前往任意一个地点签到、赢取徽章、参加活动。这种定位式广告特别适用于有线下门店的品牌，通过签到营销机制能将消费者直接领到门店，增加线下人流。

（3）通过同步形成口碑传播。社会化媒体平台上的口碑对于品牌来说是提升形象和驱动销售的最直接动力。目前几乎所有 LBS 应用都可以绑定各类微博和常用的 SNS 网站，通过 LBS 客户端的地点、签到、徽章以及商家优惠信息等都可以同步到这些平台。设置巧妙的签到营销机制，可以让消费者成为品牌的传播因子，并通过好友圈子形成更大范围的口碑传播。

2.LBS 移动营销应用

（1）签到（Check-In）模式：可以将地理位置信息同时签到到多个地理位置服务的网站。用户需要主动签到以记录自己所在的位置，通过积分、勋章以及领主等荣誉激励用户签到，满足用户的荣誉感；通过与商家合作，对获得的特定积分或勋章的用户提供优惠或折扣的奖励，同时也是对商家品牌的营销；通过绑定用户的其他社会化工具，以同步分享用户的地理位置信息；通过鼓励用户对地点（商店、餐厅等）进行评价以产生优质内容。

（2）生活服务模式：基于地理位置的周边信息搜索，主要包括三类：第一类是周边生活服务的搜索，以点评网或者生活信息类网站与地理位置服务结合的模式，其代表有大众点评网、美团网等。这种模式的主要体验在于工具性的实用特质，需要信息量的积累和比较广泛的覆盖面。第二类是与旅游相结合，基于旅游移动特性和地理属性，LBS 和旅游的结合是十分契合的，分享攻略和心得体现了一定的社交性质，其代表是途牛网。第三类是会员卡与票务模式，实现一卡制，捆绑多种会员卡的信息，同时电子化的会员卡能记录消费习惯和信息，使用户充分地感受到简捷的形式和大量的优惠信息的聚合。

这些移动互联网化的应用正在慢慢渗透到生活服务的方方面面，使我们的生活更加便利与时尚。

（3）社交模式：不同的用户因为在同一时间处于同一地理位置，构建用户关系，即时通信代表是陌陌。

（4）信息推送服务模式：为用户提供基于地理位置的优惠信息推送服务，将用户吸引到指定的线下商家场所，完成指定的行为后便赠送其可兑换成商品或礼券的虚拟点数，通过和线下商家的合作来实现利益的分成。

四、微信营销

微信（WeChat）是腾讯公司于2011年1月21日推出的一款为智能终端用户提供即时通信服务的免费应用程序，支持跨通信运营商、跨操作系统平台通过网络快速发送免费（需消耗少量网络流量）语音短信、视频、图片和文字，同时，也可以使用通过共享流媒体内容的资料和基于位置的社交插件"摇一摇""漂流瓶""朋友圈""公众平台""语音记事本"等服务插件。

2013年8月5日，微信发布了微信5.0版本，推出支付、游戏和街景等特色功能。此外，将公众账号分成了订阅号和服务号，全新的营销方式和应对方法需要每一位新媒体营销人去思考。2015年1月21日，微信上线了6.1版，新版增加了"附件栏发微信红包""更换手机时，自定义表情不会丢失""可以搜索朋友圈的内容和附近的餐馆"三大功能。2017年是微信"正当时"的一年，这一年，微信月活跃用户达9.8亿人，微信支付用户破8亿人。到了2018年，微信月活跃用户突破10亿人，达10.4亿人。2018年4月1日，微信开通静态条码支付，每天限额500元。

微信营销是伴随着微信的火热而兴起的一种网络营销方式，主要体现在以安卓系统、苹果系统的手机或者平板电脑中的移动客户端进行的区域定位营销，商家通过微信公众平台，结合转介率微信会员管理系统展示商家微官网、微会员、微推送、微支付、微活动，已经形成了一种主流的线上线下微信互动营销方式。

1.微信营销的优势

（1）微信不存在距离的限制。用户注册微信后，可与周围同样注册的"朋友"形成一种联系，订阅自己所需的信息，商家通过提供用户需要的信息，推广自己的产品，从而实现点对点的营销。

（2）庞大的腾讯用户基数。2018年，微信月活跃用户达10.4亿人，微信支付用户突破8亿人。随着智能手机的普及，微信主流用户已经慢慢地从高收入群体走向普通大众。

（3）信息交流的互动性更加突出。虽然前些年火热的博客营销也有和粉丝的互动，但是并不及时，除非你能天天守在电脑面前，而微信不一样，微信具有很强的及时互动性，无论你在哪里，只要你带着手机，就能够很轻松地与你的未来客户进行很好的互动。

（4）能够获取更加真实的客户群。博客的粉丝中存在着太多的无价值粉丝，并不能真实地为你带来多少客户，微信的用户却是真实的、私密的、有价值的。

（5）微信客服的核心优势，在于实现了人与人的实时沟通，此时客户所面对的是一个个专业、服务质量优秀的客服人员，对客户的咨询可以给出满意的回复。

2.微信营销模式

（1）地理位置推送——LBS。基于LBS的功能插件"查看附近的人"，可以根据自己的地理位置查找到周围的微信用户，然后根据地理位置将相应的促销信息推送给附近用户，进行精准投放。在这些附近的微信用户中，除了显示用户姓名等基本信息外，还会显示用户签名档的内容。在人流最旺盛的地方，如果"查看附近的人"使用者足够多，这个广告效果也会随着微信用户数量的上升而增强，这个简单的签名栏也许会变成移动的"黄金广告位"。

（2）活动式微信——漂流瓶。漂流瓶有两个简单功能：①"扔一个"，用户可以选择发布语音或者文字然后投入大海中；②"捡一个"，"捞"大海中无数个用户投放的漂流瓶，"捞"到后也可以和对方展开对话，但每个用户每天只有20次机会。微信官方可以对漂流瓶的参数进行更改，使得合作商家推广的活动在某一时间段内抛出的"漂流瓶"数量大增，普通用户"捞"到的频率也会增加。加上"漂流瓶"模式本身可以发送不同的文字内容甚至语音小游戏等，如果营销得当，也能产生不错的营销效果（目前，微信"漂流瓶"功能已暂停）。

（3）O2O模式——二维码。二维码发展至今，其商业用途越来越多，所以微信也就顺应潮流结合O2O开展商业活动。用户只需用手机扫描商家的独有二维码，就能获得一张存储于微信中的电子会员卡，可享受商家提供的会员折扣和服务。企业可以设定自己品牌的二维码，用折扣和优惠来吸引用户关注，开拓O2O营销模式。

（4）互动营销式——微信公众平台。对于大众化媒体、明星以及企业而言，微信开放平台+朋友圈的社交分享功能的开放，使得微信成为移动互联网上一个不可忽视的营销渠道，而且更加细化和直接。

视频 10-2

（5）微信开店——微信商城。微信商城是指由商户申请获得微信支付权限并开设微信店铺的平台。商户需要的是服务号，申请微信认证，获得微信高级接口权限，然后申请微信支付，进一步利用微信的开放资源搭建微信店铺。

移动互联网时代的心智引爆

>>>>>>【阅读材料10-1】移动通信技术经历的发展阶段

移动通信技术经历了1G、2G、2.5G、3G、4G、5G等几个阶段，分别介绍如下：

1.第一代移动通信系统（1G）

第一代移动通信系统是在20世纪80年代初提出的，它完成于20世纪90年代初，如NMT和AMPS，NMT于1981年投入运营。第一代移动通信系统是基于模拟传输的，其特点是业务量小、质量差、安全性差、没有加密和速度慢。1G主要基于蜂窝结构组网，直接使用模拟语音调制技术，传输速率约为2.4kbit/s。不同国家采用不同的工作系统。

2.第二代移动通信系统（2G）

第二代移动通信系统起源于20世纪90年代初期。欧洲电信标准协会在1996年提出了GSM Phase 2+，目的在于扩展和改进GSM Phase 1及Phase 2中原定的业务和性能。它主要包括CMAEL（客户化应用移动网络增强逻辑）、SO（支持最佳路由）、立即计费、GSM 900/1800双频段工作等内容，也包含了与全速率完全兼容的增强型话音编解码技术，使得话音质量得到了质的改进；半速率编解码器可使GSM系统的容量增加近一倍。

在GSM Phase 2+阶段中，采用更密集的频率复用、多复用、多重复用结构技术，引入智能天线技术、双频段等技术，有效地克服了随着业务量剧增所引发的GSM系统容量不足的缺陷；自适应语音编码（AMR）技术的应用，极大提高了系统通话质量；GPRS/EDGE技术的引入，使GSM与计算机通信/Internet有机结合，数据传送速率可达115/384 kbit/s，从而使GSM功能得到不断增强，初步具备了支持多媒体业务的能力。

3.第2.5代移动通信技术——GPRS技术（2.5G）

GPRS是通用分组无线服务（General Packet Radio Service）的英文简称，也称为2.5G技术，是在GSM网络基础上增加GPRS业务支持节点以及CPRS网点支持节点形成的新的网络实体，提供端到端的、广域的无线IP连接，目的是为GSM用户提供分组形式的数据业务。

4.第三代移动通信系统（3G）

国际电信联盟（ITU）定义的IMT 2000（International Mobile Telecommunication-2000），其最基本的特征是智能信号处理技术，智能信号处理单元将成为基本功能模块，支持语音和多媒体数据通信。它可以提供前两代产品不能提供的各种宽带信息业务，例如高速数据、慢速图像与电视图像等。例如，WCDMA的传输速率在用户静止时最大为2Mbps，在用户高速移动时最大支持144Kbps，所占频带宽度5MHz左右。

3G存在以下不足：首先，第三代移动通信系统的通信标准共有WCDMA、CDMA2000和TD-SCDMA三大分支，共同组成一个IMT 2000家庭，成员间存在相互兼容的问题，因此，已有的移动通信系统不是真正意义上的个人通信和全球通信；其次，3G的频谱利用率还比较低，不能充分地利用宝贵的频谱资源；最后，3G支持的速率还不够高，如单载波只支持最大2~fDps的业务，等等。这些不足远远不能适应未来移动通信发展的需要，因此寻求一种既能解决现有问题，又能适应未来移动通信需求的新技术（即新一代移动通信：Next Generation Mobile Communication）是必要的。

一般来说，在高速移动的物体上，当速度超过时速150千米时，2G/3G的快速功率控制效果不佳，此时就要看哪种通信制式的抗衰落手段多，且衰落储备量大。TD-SCDMA对高速移动情况不太适应，主要是因为技术性能先进的智能天线没有在高铁上全面普及和覆盖，且系统的增益又不高，再加上使用终端的功率不大，使得在高铁上，对于覆盖边缘由于衰落储备不足而掉话。到目前为止，GSM制式在高铁系统中还没有启用功控装置，不过GSM制式只提供语音通话，信道编码纠错技术在这种情况下的作用显著，在通信基站功率达到40W，终端功率达到2W，且在基站距离较短的情况下，衰落储备量发挥作用，高铁的应用效果还可以。GSM系统中的EDGE制式在高铁中的效果不好，主要是由于EDGE在高速数据时的编码效率为1，没有编码冗余度，对应的信道编码增益相对较低，此外，高阶的数据8PSK调制，会使得解调EDGE数据的信噪比较高，导致EDGE边缘的覆盖电压需要更高，其衰落储备要更大；但在实际的高铁系统中，两个基站覆盖区之间的衰落储备一般都不足，使得传输的数据率会迅速下降。所以，就要寻求新的技术体系来解决高铁中的移动通信问题。3G通信技术在我国的发展日新月异。2009年1月7日，我国同时发放了3张3G牌照，即TD-SCDMA、WCDMA、CDMA200，这标志着我国正式进入了3G时代。在3G网络运行的两年多时间里，3G网络在拉动我国GDP增长的同时，还为国内创造了大量的就业机会。从技术角度来分析，3G移动通信网络相对于2G网络的优势在于更大的系统容量和更好的通信质量，且能够实现全球范围的无缝漫游，为通信用户提供包括语音、数据和多媒体等多种形式的通信服务。在国际移动通信领域，国际电联对3G网络有其最低的要求和标准，即：在高速移动的地面物体上，3G网络所能提供的数据业务为64~144kb/s，要能够适应500km/h的移动环境。针对该标准，在我国现行的3种3G网络中，WCDMA和CDMA2000主要采用"软切换"技术，能够实现移动终端在时速500km时的正常通信，即能够实现在与另一个新基站通信时，首先不中断跟原基站的联系，而是在跟新的基站连接好后，再中断跟原基站的连接，这也是3G网络优于2G网络的一个突出特点。WCDMA技术已经解决了高速运动物体的无缝覆盖问题。此外，TD-SCDMA也对高铁通信的覆盖方案进行了研究。因此，3G移动通信网络在技术层面上已经具有为高铁提供通信保障的基本条件，为我国高铁发展过程中移动通信问题的完满解决奠定了坚实基础。

5.第四代移动通信（4G）

4G 是集 3G 与 WLAN 于一体并能够传输高质量视频图像以及图像传输质量与高清晰度电视不相上下的技术产品。4G 系统能够以 100Mbps 的速度下载，比拨号上网快 2 000 倍，上传的速度也能达到 20Mbps，并能够满足几乎所有用户对无线服务的要求。而在用户最为关注的价格方面，4G 与固定宽带网络在价格方面不相上下，而且计费方式更加灵活机动，用户完全可以根据自身的需求确定所需的服务。此外，4G 可以在 DSL 和有线电视调制解调器没有覆盖的地方部署，然后再扩展到整个地区。

4G 移动系统网络结构可分为三层：物理网络层、中间环境层、应用网络层。物理网络层提供接入和路由选择功能，它们由无线和核心网的结合格式完成。中间环境层的功能有 QoS 映射、地址变换和完全性管理等。物理网络层与中间环境层及其应用环境之间的接口是开放的，它使发展和提供新的应用及服务变得更为容易，提供无缝高数据率的无线服务，并运行于多个频带。这一服务具有能适应多个无线标准及多模终端的能力，可以跨越多个运营者和服务，提供大范围服务。第四代移动通信系统的关键技术包括信道传输，抗干扰性强的高速接入技术、调制和信息传输技术，高性能、小型化和低成本的自适应阵列智能天线，大容量、低成本的无线接口和光接口，系统管理资源，软件无线电、网络结构协议等。第四代移动通信系统主要是以正交频分复用（OFDM）为技术核心。OFDM 技术的特点是网络结构高度可扩展，具有良好的抗噪声性能和抗多信道干扰能力，可以提供无线数据技术质量更高（速率高、时延小）的服务和更好的性能价格比，能为 4G 无线网络提供更好的方案。例如，无线区域环路（WLL）、数字音频广播（DAB）等，预计都采用 OFDM 技术。4G 移动通信对加速增长的广带无线连接的要求提供技术上的回应，对跨越公众的和专用的、室内和室外的多种无线系统和网络保证提供无缝的服务。通过对最适合的可用网络提供用户所需求的最佳服务，能应付基于因特网通信所期望的增长，增添新的频段，使频谱资源大大扩展，提供不同类型的通信接口，运用路由技术为主的网络架构，以傅里叶变换来发展硬件架构实现第四代网络架构。移动通信会向数据化、高速化、宽带化、频段更高化方向发展，移动数据、移动 IP 预计会成为未来移动网络的主流业务。

≪≪≪≪≪ 技能训练 10-1　二维码名片制作

设计两张二维码名片：

1.撰写一份包含个人照片的个人简介。

2.根据学校网站发布的公开资料，撰写一份所学专业的专业简介，要求图文并茂，要求 200 字以内；在 QQ 群里发一段简短的文字进行自我介绍，再用手机自拍一张个人照片发到群里。

3.将上述两个文档上传到自己的云空间，并提取对应的文件网址。

4.将上述两个文档的网址分别制作成别具特色的二维码。

本章小结

近年来，无论是中国移动互联网产业还是全球移动互联网产业，其发展速度之快、潜力之大，几乎超出所有人的想象，而这也不断催生出各种机会，移动电子商务由此产生并迅速普及。

移动电子商务基于无线通信网络的能力以及移动终端的特性，满足了用户在任何时间、任何地点、以任何方式获取并处理信息的需求，根据用户所处位置提供与位置有关的服务，也可以借助手机实名制确定手机用户的身份，提供更精准的服务，从而增强手机用户的信任感，提高手机用户交易的意愿。

当前，移动互联网已进入最好的时代，移动电子商务正在高速发展。移动互联网与云计算、物联网的有效融合，给人们带来了无限想象的空间，也给人们的工作和生活带来了极大的便利，使其拥有更多创新和发展的机会，不论是传统的还是新兴的互联网公司都在摸索。对开展移动电子商务的企业来说，把握住移动互联网的发展趋势，才能更好地把握移动互联网的发展规律，以更好地适应移动互联网的发展要求，企业才能走得更好、走得更远。

思考题

1.试阐述移动电子商务所处的环境和发展状况。
2.移动营销相对于传统营销有哪些特点？
3.谈谈未来移动电子商务的发展趋势。
4.谈谈你对移动营销发展趋势的看法。

附录 《电子商务典型岗位和工作任务、核心技能、职业素养》

（节选自教育部《高等职业学校电子商务专业顶岗实习标准》）

1.运营推广岗位群

序号	典型工作岗位	工作任务	核心技能	职业素养
1	网店运营推广	1.编辑、维护网店商品内容，上传商品； 2.制定网店的销售目标及预算，负责商品的促销、专题的策划与执行； 3.进行商品关键词选取、优化及竞价排名； 4.制订各种活动报名计划和周期，跟进活动效果； 5.分析店铺数据，制定相应对策，进行跟踪调整	1.具有熟练应用各种电子商务平台的能力； 2.具有熟练运用各种网络编辑工具和数据分析工具的能力； 3.有良好的广告策划、文案写作和活动组织能力； 4.有熟练应用SEO/SEM进行网店推广的能力； 5.具有熟练使用直通车、钻石展、淘宝客等推广工具的能力	具备良好的文字撰写功底和销售意识，思维活跃，善于创新，对网络热点具有敏锐的洞察力；工作严谨专注，心态积极乐观，团队协作意识强
2	互联网运营推广	1.收集、编辑、维护网站相关栏目的信息； 2.制订网站运营推广计划，策划网站日常活动方案，并负责组织资源执行； 3.实施网站SEO，使其符合搜索引擎喜好，获得较好的自然排名； 4.策划网络广告，利用各种社会化媒体工具开展线上线下互动营销等活动，提升网站知名度和品牌效应； 5.分析网站运营的各项用户数据，优化网站功能，提升网站运营效果等	1.具有熟练运用各种网络编辑工具和数据分析工具的能力； 2.具有较强的栏目、选题策划能力； 3.具有良好的广告策划、文案写作和活动组织能力	
3	微运营	1.开设与维护微官网、微信商城、微店等平台； 2.维护与更新微信公众号、微博； 3.策划和执行微活动，拓展微渠道； 4.监测移动端运营推广数据，并提出优化策略	1.具有对微官网、微信商城、微店等应用管理的能力； 2.具有熟练运用微博、微信、社交软件等微平台的能力； 3.具有扎实的文字功底和活跃的创意思维、良好的专题策划及线上活动策划组织的能力； 4.具有良好的数据统计分析能力	

2.美工设计岗位群

序号	典型工作岗位	工作任务	核心技能	职业素养
1	商品信息	1.整理、归类拍摄商品； 2.搭建拍摄环境，布局灯光； 3.制订拍摄计划； 4.确定拍摄要求，完成商品拍摄	1.具有主流相机和常见摄影设备的操作能力； 2.具有对色彩、构图、镜头语言的认知和分析能力； 3.具有成果复用的意识及创新能力	具备较强的责任心、团队合作意识，具有活跃的创意思维和较强的理解能力、良好的语言表达能力及沟通能力；工作严谨专注、精益求精
2	图片编辑	1.编辑商品原图或图片素材的尺寸、亮度、色调等； 2.通过抠图、修复等手段进行图片的美化，提升图片质感； 3.增加图片的营销信息，提升视觉营销效果	1.具有熟练运用 Photoshop 等图片处理工具的能力； 2.具有对色彩、构图等要素的认知和分析能力； 3.具有一定的视觉营销能力	
3	网页设计	1.设计、修改、更新商品详情页； 2.设计制作活动页面和促销海报； 3.制作网站所需的图像素材和简易动画素材	1.具有熟练运用 Photoshop、Dreamweaver、Illustrator 等平面设计软件的能力； 2.具有较好的页面色彩控制和图文排版能力； 3.具有把控网站整体设计风格的能力	
4	前端UI设计	1.设计页面整体风格、界面及操作流程； 2.设计网页静态原型； 3.优化产品业务流程及交互界面、图标、按钮等相关元素，改善用户体验； 4.推进界面及交互设计的实现	1.具有熟练运用 Photoshop、Dreamweaver、Illustrator 等平面设计软件的能力； 2.具有运用 HTML5、CSS+DIV 布局网页的能力； 3.具有人机交互界面设计能力	

3.客户服务岗位群

序号	典型工作岗位	工作任务	核心技能	职业素养
1	销售客服	1.接待客户，解答售前咨询问题； 2.引导客户购买，做好关联销售； 3.催付款和引导支付； 4.审单核对、跟单	1.具有熟练运用各种即时通信工具的能力； 2.具有熟练运用订单管理系统的能力； 3.具有挖掘客户需求，促进销售的能力	具备良好的语言表达及沟通能力，普通话标准，打字速度快，亲和力强，爱心诚信，耐心细致，心态积极乐观，专业敬业，团队协作意识强
2	售后客服	1.记录并回复客户反馈的问题； 2.处理客户的抱怨和投诉； 3.跟进处理物流、退换货、退款等问题； 4.整理回复客户评价，跟踪及分析消费者满意度	1.具有熟练运用各种即时通信工具的能力； 2.具有熟练运用订单管理系统的能力； 3.具有情绪自我控制能力和一定的抗压能力	
3	客户维护	1.建立客户信息档案，构建客户分类模型； 2.制订客户成长计划，按照客户等级进行差异化关怀和营销； 3.整合多种资源，开发新客户	1.具有熟练运用各种即时通信工具的能力； 2.具有运用各种数据分析统计工具的能力； 3.具有情绪自我控制能力和一定的抗压能力	

4.技术开发岗位群

序号	典型工作岗位	工作任务	核心技能	职业素养
1	前端开发	1.设计网站页面的布局结构； 2.制作重构网站标准化页面； 3.优化网站前端页面和用户体验； 4.设计网站页面交互特效； 5.制作前后台之间的数据交互方式	1. 具有熟练运用 Dreamweaver、PHPDesigner、Sublime等开发工具的能力； 2.具有运用DIV+CSS进行代码质量控制和实施标准化页面制作的能力； 3. 具有熟练运用 JavaScript、Ajax等 Web 开发技术，优化页面交互效果的能力； 4. 具有前端与后台数据交互开发的能力	具备较强的责任心、团队合作意识，能承受一定的工作压力，严谨专注、专业敬业、精益求精，自我学习能力强

序号	典型工作岗位	工作任务	核心技能	职业素养
2	后台开发	1.设计网站功能模块结构； 2.开发网站功能模块接口； 3.测试网站的功能与性能； 4.编写相关设计与开发文档	1.具有利用第三方自主建站工具快速搭建与二次开发网站的能力； 2.具有网站开发环境的配置能力； 3.具有熟练运用主流开发工具的能力； 4.具有一定的面向对象程序设计与数据库编程能力 5.具有技术文档编写能力	具备较强的责任心、团队合作意识，能承受一定的工作压力，严谨专注、专业敬业、精益求精，自我学习能力强
3	网站安全与维护	1.配置网站运行服务器及网络环境； 2.监控网站运行状态，记录安全日志； 3.排除网站常见软硬件故障； 4.制订网站备份计划，定期备份数据； 5.评估网站安全风险，编写系统运行报告	1.具有快速搭建网站运行环境的能力； 2.具有网站安全检测与分析的能力； 3.具有网站数据备份与恢复的能力； 4.具有制订与实施网站安全维护方案的能力	
4	移动端开发	1.设计用户交互界面； 2.开发数据库访问接口； 3.编写 iOS/Android 客户端程序； 4.测试 App 程序	1.具有搭建移动端开发环境的能力； 2.具有熟练运用主流移动端开发工具的能力； 3.具有一定的程序编写与软件测试能力	

附录：中华人民共和国电子商务法

[1] 兰伟，张玉强，何小强，等. 电子商务基础 [M]. 上海：上海交通大学出版社，2017.

[2] 方玲玉，李念，等. 电子商务基础与应用——"学·用·做"一体化教程 [M]. 北京：电子工业出版社，2015.

[3] 秦勇，李东进，等. 电子商务概论 [M]. 北京：清华大学出版社，2015.

[4] 特班，金，李在奎，等. 电子商务——管理与社交网络视角 [M]. 8版. 北京：中国人民大学出版社，2018.

[5] 杨坚争. 电子商务企业模式创新典型案例分析 [M]. 北京：中国商务出版社，2018.

[6] 文继权，于巧娥，任方军，等. 电子商务实务 [M]. 北京：清华大学出版社，2018.

[7] 王冬霞. 电子商务概论及实训 [M]. 北京：科学出版社，2018.

[8] 麻云贞，武晓燕，等. 电子商务基础与实务 [M]. 北京：北京理工大学出版社，2018.

[9] 刘宏. 电子商务概论 [M]. 3版. 厦门：厦门大学出版社，2017.

[10] 范春风，林晓伟，余来文，等. 电子商务：分享、跨界与电商的融合 [M]. 北京：北京交通大学出版社，2018.

[11] 王民. 电子商务概论 [M]. 2版. 北京：北京理工大学出版社，2017.

[12] 曹明元，劲文颖，王丹. 电子商务：网店经营与管理 [M]. 北京：清华大学出版社，2014.

[13] 商玮. 电子商务物流管理 [M]. 北京：中国财政经济出版社，2014.

[14] 徐敏，王蓓. 电子商务实务项目教程 [M]. 北京：化学工业出版社，2014.

[15] 侯红梅. 基于电子商务应用型人才培养的《网店运营实务》课程教学模式探索 [J]. 产业与科技论坛，2015（14）.